圖說天下

中國大歷史

◎主編 童超

三國風雲

圖說天下

前言

歷史類通俗讀物的熱銷，也就是近幾年間發生的「新鮮事兒」。在今天，任你去任何一家書店，尋找以通俗方式解讀的歷史讀物，結果多如牛毛：題材上，從正史到戲說，衍生到經營管理、擇偶家居，五花八門，無所不及。不論是否勾起你捧起一本書的興味，你都會被市場魔力觸動——它竟釋放出如此豐沛的寫作能量。

寫作歷史讀物可以分幾個層次：先是講述歷史，其後是解讀，再接著品味和總結，如果能再有一點新的想像與闡發，那更好不過。作爲人們耳熟能詳的歷史中的「佼佼者」三國風雲，似乎已被無數的作者在上述幾個層次述說殆盡。正說反說，你說我說。爾虞我詐，縱橫捭闔。不過百年的塵封往事，卻有後來人道不盡的英雄氣短，兒女情長。

剝開演義的奇詭，但不能失其精神；滌淨戲說的浮躁，而又要與呆板絕緣，還原一段一千八百年前的存在。從亂世的由來，到官渡的鏖戰；從赤壁的烈火，到三分的鼎足。在人物的交錯中尋找正義與邪惡的關鍵分界，在分合的演變中發現偶然與必然的奇妙交輝。

摒棄那厚黑學對人性陰暗的放大，但不失分析的深度；遠離那懷疑論對人心難測的猜忌，而又不流於一家武斷。追仿一千八百年來的公議，看曹操的奸雄本色，品劉備的寬厚得人，論司馬的後發制人，歎孔明的有心無力。從英雄的成敗中聽取歷史主旋律的黃鐘大呂，從史家的褒貶中品悟人間千百年的公道人心。

三國的歷史，有風雲際會，龍盤虎踞；有人世沉浮，歡樂悲苦。有人爲她譜寫出「談笑間，檣櫓灰飛煙滅」的風流瀟灑，也有人爲她彈唱著「青山依舊在，幾度夕陽紅」的無限惆悵。這是一場豪情英雄的盛筵，是一場群英雲集的智勇較量。

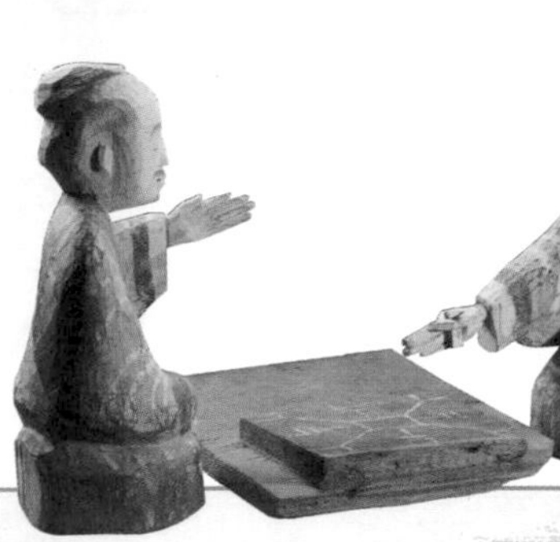

三國風雲

目次

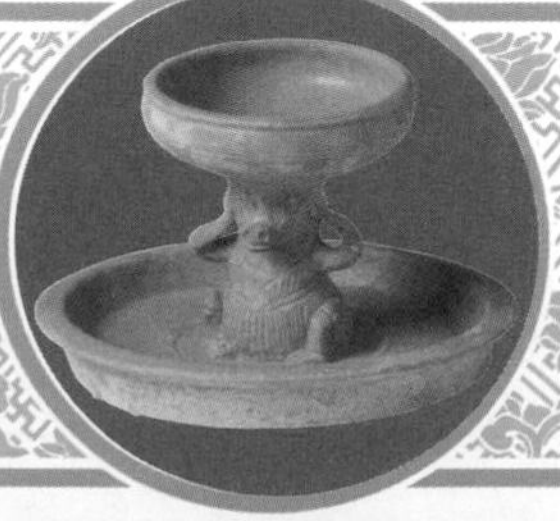

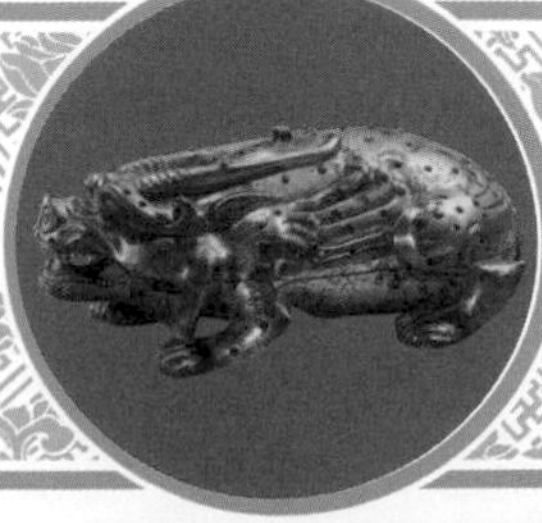

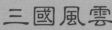

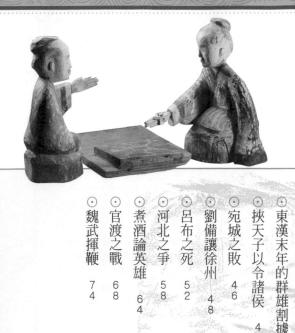

十常侍之亂

東漢末年，國運衰退，朝政混亂，變亂橫生。豪強橫徵暴斂，割據一方；人民顛沛流離，苦不堪言。外戚專權和宦官干政就像兩顆毒瘤一般，加速了東漢王朝的滅亡。終於，雙方之間爆發一場血腥的「十常侍之亂」，揭開了中國歷史上動盪時代的序幕。

外戚專權

外戚專權是東漢時期一個顯著的政治現象。早在光武帝劉秀建立東漢之初，便借鑑西漢的衰亡教訓，透過各種措施加強皇權，以防止外戚專權。然而到了東漢中期，卻出現了歷史上著名的「娃娃皇帝」現象：自漢和帝起，即位的皇帝年齡都十分幼小，如漢和帝即位時年僅十歲，之後即位的漢殤帝更是僅出生幾個月的嬰兒，再之後的漢安帝十三歲即位，漢順帝十歲即位，漢沖帝即位時年僅兩歲，漢質帝即位時八歲，漢桓帝即位時十四歲。

這些「娃娃皇帝」當然沒有能力治理國家，便只能依靠自己的母后。而太后又依靠自己娘家的父輩、兄弟等親戚，一來理政，二來壯大自己在朝廷中的聲勢。如此一來，身爲皇帝姻親的「娘家人」逐漸掌握了朝廷的實權，他們獨攬朝政，飛揚跋扈。

漢質帝時，外戚梁冀當政。梁冀心狠手辣，權欲熏心，根本不把皇帝放在眼裡。他不僅用血腥的方法消滅朝中異己，獨攬大權，而且連地方每年給皇帝的貢物，都要先經他的享用，才輪得到皇帝。忍無可忍的漢質帝禁不住罵了他一句「跋扈將軍」，竟立即被梁冀命人毒死。梁冀一門極盛之時，前後有七人封侯，三人被立爲皇后，六人被選爲貴人，兩人官拜大將軍，其餘高官不計其數。梁冀在位二十餘年，威行內外，百官畏懼，

東漢 · 透雕龍鳳玉珮

無人敢違命，皇帝也只能對他恭恭敬敬而萬事不敢過問。

外戚的大權獨攬極大地影響了皇權，於是翦除外戚勢力，就成了東漢中後期皇帝即位後的頭等大事。

宦官干政

外戚勢力龐大，朝臣多投靠依附，皇帝幾乎被架空。在這種情況下，皇帝唯一能依賴和調動的勢力，就是與自己朝夕相伴的宦官。於是，宦官干政便與外戚專權相伴而生，而外戚勢力與宦官集團之間也展開了激烈的爭鬥。

漢和帝在位後，依靠宦官鄭眾等人與外戚竇憲對抗，後來終於擊敗了竇憲的勢力，竇憲被逼自殺。鄭眾立了功，開始參政，被封爲鄛鄉侯，世襲罔替。此後，宦官干政之勢便一發不可收拾。

漢桓帝延熹二年（一五九年），梁太后過世，皇帝將宦官單超偷偷叫到廁所裡，密謀翦除外戚梁氏的勢力。後來，漢桓帝借宦官與宮中侍衛之力一舉打敗外戚梁氏，爲了犒賞宦官，漢桓帝竟在一天之內封單超、徐璜等五名宦官爲侯，時稱「五侯」。

然而，宦官干政所造成的惡果與外戚專權相比毫不遜色。外戚被翦除後，大權並沒有回到皇帝手中，反而落到了宦官手裡，於是又造成了宦官專權的局面。漢桓帝時，宦官專權已經發展到亂政的地步。宦官們恃寵而行，在朝中假傳聖旨，胡作非爲。他們還把宗族親戚分封到各地去做刺史、太守，在地方上四處搶掠，兼併土地，所作所爲與盜賊無異。由於宦官勢力強大，官僚士紳紛紛夤緣攀附，宦官就借此安插親信，培植黨羽，形成了一個勢力強大的集團。

十常侍與大將軍何進

漢靈帝即位後，宦官的勢力甚囂

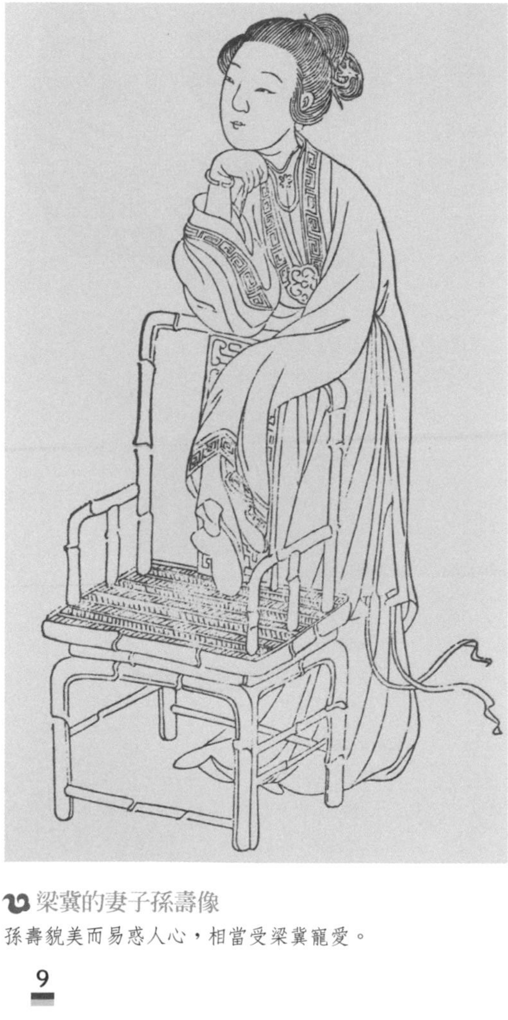

梁冀的妻子孫壽像

孫壽貌美而易惑人心，相當受梁冀寵愛。

塵上，爲首的是張讓、趙忠等十二名宦官頭目，因其官居中常侍之職，人稱他們爲「十常侍」。

「十常侍」指東漢靈帝時的張讓、趙忠、夏惲、郭勝、孫璋、畢嵐、栗嵩、段珪、高望、張恭、韓悝、宋典等十二個宦官。繼承了宦官亂政的傳統，十常侍們不僅竊握重權，禍亂朝政，而且極得皇帝的寵信。荒唐的漢靈帝甚至還經常對外宣稱：「張常侍是我公，趙常侍是我母。」得寵的十常侍更加肆無忌憚，他們將自己的父兄子弟們封官到各州各郡，到處搜刮，橫徵暴斂，還參照皇家宮室修建自己的住宅。郎中張鈞不堪十常侍的惡行，上書列數十常侍的斑斑罪狀，請求漢靈帝處死十常侍，漢靈帝卻將他的奏摺拿給十常侍看，並怒罵張鈞：「你也太狂妄了！難道十常侍裡就沒一個好人麼？」最終，張鈞沒能逃脫十常侍的報復，被誣陷下獄，慘死獄中。

十常侍的惡行激起朝野不滿，在眾多反對勢力中，最有實力的是外戚勢力的代表——大將軍何進。

何進，字遂高，南陽人，其異母妹妹被選入宮，十分受到漢靈帝的寵愛，後來被立爲皇后。何信以外戚的身分進入朝廷做官，並一路飛昇。黃巾之亂爆發後，何進被晉封爲大將軍，負責率兵鎮守京師，又因爲即時發現並鎮壓京師洛陽的叛亂有功，被封爲慎侯。何進爲了壯大自己的聲勢，奏請漢靈帝在京師設壇，講武結營，並設置歸屬自己控制的西園禁軍八校尉；他採納了中軍校尉袁紹的建議，廣招天下才士爲己用；同時，他還廣泛結交地方軍閥，令他們領兵前往京師拱衛，以此增強自己的實力。

何進勢力的膨脹引發了新一輪外戚與宦官的對抗，十常侍與何進之間不斷地明爭暗鬥，劍拔弩張。

東漢．舞蹈陶俑

俑高四十五公分，四川遂寧崖墓出土。俑為泥質紅陶，模製。頭梳高髻，額上紮巾，面容安詳，身穿交領長衣，衣袖遮手。右手叉腰，左手高揚，邁右足起舞。造型生動，具有四川地區東漢陶俑的時代風貌。

十常侍之亂

漢靈帝中平六年（一八九年），

漢靈帝駕崩。何進擁立妹妹何皇后所生的皇子劉辯即位，後世稱為漢少帝。貴為國舅、權傾朝野的何進認為時機已經成熟，便展開了誅滅十常侍的行動。

何進聽從袁紹的建議，在家中密謀。他把計畫告訴了自己的妹妹何太后，卻遭到保守怕事的何太后強烈反對。而何太后的母親舞陽君，平日裡深受十常侍的恩惠，所以也極力從旁作梗。

袁紹見何進狐疑不決，便威脅他說：「如今我們目標已定，計畫已經洩露了出去，這樣下去早晚要發生變故，將軍還等什麼呢？」何進於是命袁紹為司隸校尉，負責城中的兵馬調動，又催促京師以外的地方軍閥率兵進京，準備協助討剿。這一行動嚇壞了十常侍，他們紛紛跑到何進府上謝罪。何進心一軟，反過頭來勸宦官們離開京城，回自己的封國去。袁紹再三勸告何進應馬上行動，何進不聽，消滅宦官的行動一延再延。

何進想要消滅「十常侍」的計畫在拖延中被不斷洩露出去，恐懼的十常侍決定鋌而走險，先發制人。同年八月，何進前往長樂宮面見太后，早有準備的十常侍手持兵刃從側門進入，假傳太后旨意宣何進上殿。待何進坐定，十常侍為首的張讓指著何進責問道：「天下混亂，也並非全是我們的過錯。何太后好幾次差點被靈帝廢掉，都是我們出面解救，才保全了她的地位。我們這麼做，就是要光大你們何家的門戶。而你竟要消滅我們，不是太過分了麼？你說要消除皇帝身邊的污穢，但公卿以下哪一個是忠正清廉的呢？」說完，十常侍和宦官們一擁而上，將何進亂劍砍死。

何進被殺的消息很快傳出了長樂宮。何進生前的部將吳匡、張璋素來深得何進賞識，聽聞何進被害，立即與袁紹聯合攻向皇宮。十常侍連忙緊閉宮門，派內兵把守。宮外的軍隊進攻受阻，便放火燒宮，十常侍又挾持太后、皇帝和皇帝的弟弟陳留王逃向北宮。袁紹率軍一路攻進北宮，他下令關閉宮門，命兵士抓捕宦官，無論老少一律誅殺。兵士只要看到沒長鬍鬚的人揮刀便砍，宦官連帶無辜死者多達兩千多人。

十常侍帶著少帝趁亂逃出皇宮，而追兵緊緊追趕。張讓等人眼見無望，便哭著對少帝說：「臣等被殺，天下將亂。希望陛下自愛！」說完，十常侍盡皆投河而死。十常侍之亂至此平息。

「十常侍之亂」為東漢末年帶來了深重的影響，外戚和宦官的勢力在相互攻殺中一朝覆亡，東漢朝廷的權力真空，因而醞釀出一場翻天覆地的大變局。

黃巾之亂

東漢末年，朝政腐敗，民不聊生。百姓鋌而走險，發起了一次又一次反抗朝廷的叛亂。其中，以張角領導的黃巾之亂聲勢最為浩大。黃巾之亂雖然最後以失敗告終，但卻大傷東漢王朝的元氣，宣告了一個新時代的到來。

張角與太平道

東漢末年，朝廷在外戚與宦官的輪流專政下日益腐敗潰爛，統治趨向黑暗，豪強地主趁機大肆兼併土地，剝削掠奪百姓財產。他們「館舍佈於州郡，田畝連於方國」，擁有成千上萬的奴婢和僕從，被掠奪的百姓則流離失所，生活處境極其艱難。此時在中原地區又爆發了大規模的瘟疫，百姓們成群地死於饑餓或疾病，而政府對此卻不聞不問。在這種情況下，被逼上絕路的百姓忍無可忍，紛紛起而反抗朝廷。據統計，東漢末年有記載的叛亂就有近百次。當時民間流傳著這樣一句諺語：「小民髮如韭，剪復生；頭如雞，割復鳴。吏不必可畏，民不必可輕！」

漢靈帝年間，河北鉅鹿地區出現了一位自稱「大賢良師」的道人，他就是後來發動黃巾之亂的領袖——張角。張角以宣揚黃老之術爲手段，廣收弟子，相傳他可以用符文和咒語醫治疾病，因此得到百姓的信奉，信徒中甚至不乏朝廷的官員和宮中的宦官。張角見追隨他的百姓愈來愈多，就派遣他的八名弟子分別前往青、徐、幽、冀、荊、揚、兗、豫八州進行傳教和鼓動，繼續擴大自己的勢力。如此十餘年間，張角的信徒達到了數十萬之眾。張角見時機已經成熟，便將信徒們分爲三十六個叫做「方」的編制（「方」也就是將軍的

東漢．神人騎辟邪銅插座
此器反映漢代道教活動的昌盛。

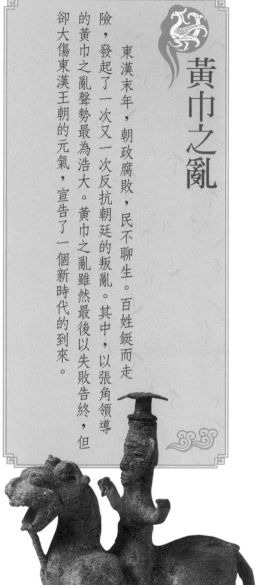

意思）。大的「方」人數超過萬人，小的「方」人數也有六、七千之多，並各自確立統帥，由他統一指揮。同時，張角在民間廣泛傳播「蒼天已死，黃天當立，歲在甲子，天下大吉」的讖語，並在京城和各州府的官署門上用白土寫下「甲子」二字，暗示各地信徒在甲子年共舉大事，推翻東漢統治。

黃巾之亂

正當張角祕密準備推翻東漢的計畫時，一件意外發生了。漢靈帝中平元年（一八四年），河北地區的大「方」馬元義按照事先的部署，聚集荊州、揚州數萬人，計畫在鄴城舉事。馬元義平時經常往來京師，與皇宮中的中常侍封諝、徐奉等人聯絡，約定以他們爲宮中的內應，在三月五日一同舉兵。然而沒等到事發，卻被叛徒告發到了官府。大將軍何進得知後，派兵抓捕馬元義，將他五馬分屍。漢靈帝隨即下令全國各地捕殺張角及其信徒，上千人牽連被殺。

張角見計畫已經暴露，於是派人連夜傳信各地，提前發動叛亂。一時間，東漢各地數十萬信眾一齊行動，皆以頭戴黃巾爲標誌，時人稱之爲「黃巾軍」。張角自稱「天公將軍」，他的二弟張寶稱「地公將軍」，他的三弟張梁稱「人公將軍」。各地黃巾軍攻打官府，劫掠村落，州郡長官盡皆逃亡，朝廷州府相繼被黃巾軍攻克。一場黃巾之亂就此爆發了。

消息傳到京城，朝廷震動。漢靈帝急忙下令各州郡嚴守城池，並在函谷、大谷、廣城、伊闕、轘轅、旋門、孟津、小平津等關卡一線，設置都尉，負責防守。接著，漢靈帝下令徵募全國精兵，鎮壓黃巾賊。地方上的豪強也紛紛組織武裝部隊響應，協助官軍鎮壓黃巾賊，這其中比較著名的有袁紹、曹操、孫堅和劉備等人。然而，由右中郎將朱俊率領的四萬精兵被潁川的黃巾軍打得大敗而回，而由北中郎將盧植和東中郎將董卓率領的大軍，在面對張角的軍隊時，也是損兵折將，無功而返。在與朝廷軍隊的戰鬥中，黃巾軍逐漸形成了以鉅鹿的張角、南陽的張曼成和潁川的波才爲領袖的三股主要勢力。他們接連攻克了宛城、廣宗和曲陽等重鎮，甚至還俘虜了漢靈帝的宗親安平王劉續和甘陵王劉忠，聲勢如日中天。

朝廷清剿

接連擊敗官兵，黃巾叛亂之勢一時不可遏抑，然而他們各自爲戰和缺乏戰爭經驗的弱點也逐漸暴露出來。朝廷軍隊聯合地方豪強的武裝部隊，針對黃巾軍的弱點，採取了分頭擊破的政策。

張仲景與《傷寒雜病論》

談到東漢末年的瘟疫橫行，就不能不提「醫聖」張仲景和他的《傷寒雜病論》。

張仲景本名張機，生於東漢桓帝元嘉、永興年間（約一五〇至一五四年），死於建安末年（約二一五年至二一九年）。他生活的時代，正是東漢末年與三國時代的交替時期。在張仲景小的時候，親歷了東漢末年的疫病橫行，他曾在書中記載：「我的家族本來人口眾多，超過二百人，從建安年間以來，還沒過十年，就死去三分之二，其中因傷寒而死的佔了十分之七。」由此可見當時傷寒的嚴重程度。而古時所謂的傷寒，主要指的就是瘟疫。

因此，張仲景致力於醫治這種當時的「絕症」，他用一生的時間進行研究，終於寫成了一本融會大成的醫書《傷寒雜病論》。書中「八綱辨證」和「六經論治」的宗旨成爲後來中醫理論的基礎，也因此，張仲景被人們尊爲「醫聖」。

朝廷首先派車騎將軍皇甫嵩進攻潁川的黃巾軍。起初，皇甫嵩的部隊被波才領導的潁川黃巾軍打得大敗，皇甫嵩只得退守長社城，波才便率領黃巾軍包圍了城池。長社城內兵力寡少，軍中上下都很恐懼，皇甫嵩將軍吏們招來，對他們說：「用兵在於奇謀變化，不在於兵力多寡。今日賊兵在草地紮營（這是黃巾軍缺乏作戰經驗的表現），易於我們採取火攻。如果我們趁著黑夜放火焚燒，敵人必定大亂。到時候我們出兵，四面包圍，就可以取得如同田單（戰國時期大將，率齊國軍，以火牛陣大破燕國軍）一樣的功績。」

當天夜裡果然颳起大風，皇甫嵩命令士兵手持草束出城，包圍黃巾軍營地，然後縱火大呼，城牆上也舉火響應。皇甫嵩率兵擂鼓出擊，黃巾軍頓時陣腳大亂。此時曹操率領的官軍又正好趕到，兩軍合攻，大破黃巾軍，斬殺數萬。之後，官軍乘勝追擊，連破黃巾軍於汝南、陳國、陽翟、西華，徹底消滅了潁川的黃巾軍。

同時，朝廷派汝南太守秦頡與張曼成的黃巾軍進行戰鬥，斬殺了張曼成。其餘十多萬黃巾軍退守宛城，試圖繼續抵抗。當時擔任佐軍司馬的孫堅率領千餘名官軍奮勇登城，其餘官兵亦隨後跟進，大破宛城，成功討平豫州一帶的黃巾軍。另一方面，北中郎將盧植也在河北一帶與張角數次交手，斬殺黃巾軍萬餘人。朝廷逐漸扭轉了對黃巾軍的劣勢。

黃巾的失敗

隨著各地黃巾軍的相繼失敗，黃巾賊的勢力逐漸走向了低谷。

東漢中平二年（一八五年）秋，漢靈帝派遣車騎將軍皇甫嵩率領大軍，與黃巾軍的最後主力對峙於廣宗」。此時，黃巾軍的領袖張角已經病死，接替他的是「人公將軍」張梁。張梁的部隊英勇善戰，皇甫嵩一時無法攻克。於是皇甫嵩下令閉營不戰，以靜制動，靜觀其變。此時，黃巾軍缺乏戰鬥經驗的弱點再次暴露，士兵對於戰爭紛紛產生了懈怠之感。

於是皇甫嵩趁著黑夜整兵，天一亮就衝向敵軍廝殺，一直戰鬥到下午，終於大破敵軍，消滅敵軍三萬餘人，張梁也被斬殺。潰敗的黃巾軍被追至河中，淹死者多達五萬餘人。官軍攻佔廣宗後，挖開了張角的墳墓，剖棺戮屍，並將張角的頭顱砍下，傳首京師。而後不久，皇甫嵩又聯合鉅鹿太守馮翊、郭典攻殺「地公將軍」張寶於曲陽，斬殺黃巾軍十萬餘人。至此，動盪了數年的黃巾之亂終於被鎮壓了下去。

黃巾之亂的發生是源自於東漢末年百姓對於朝廷腐敗的不滿，雖然最終被鎮壓了下去，但黃巾之亂徹底地摧垮了東漢最後的統治根基；同時，地方上豪強亦透過對黃巾軍的圍剿，迅速壯大了自己的力量，形成了擁有強大兵力的地方割據勢力，爲三國亂世埋下了伏筆。

黃巾軍的力量被消滅後，殘餘勢力仍然繼續反抗朝廷。後來，他們或陸續被割據的地方勢力所消滅，或者淪爲山野的匪徒強盜。值得一提的是，在昔日黃巾軍的部隊或領帥中，有些對後來的三國歷史產生了不小的影響，例如曹操發跡所仰仗的重要軍事部隊「青州兵」，就是曹操收編的青州黃巾軍，這支部隊後來一直是曹操軍中的王牌部隊，戰鬥力驚人；還有如常山的黃巾軍頭目張燕，後來歸降曹操，被封爲平北將軍，對曹魏政權的建立也有貢獻。

張仲景雕塑

張仲景，東漢末年著名醫學家，後世稱為「醫聖」。南陽郡涅陽人。相傳曾舉孝廉，做過長沙太守，有張長沙之稱。著有《傷寒雜病論》、《療婦人方》、《五臟論》等醫學著作。

董卓擅政

東漢末年為禍全國的黃巾之亂，令東漢朝廷元氣大傷；而一場「十常侍之亂」，又令為害東漢多年的外戚與宦官兩派相互攻閥殆盡。就在奄奄一息的東漢朝廷出現權力真空之際，出現了一位將軍——「西北狼」董卓，他帶來了更大的禍害。

引狼入室

漢靈帝時，大將軍何進爲了壯大自己在朝中的力量，進而打壓和威脅宦官勢力，決定採用司隸校尉袁紹的建議，廣泛結交天下各路豪強，並召集他們進京拱衛京師。何進的謀臣主簿陳琳勸阻何進說：「《周易》中稱『即鹿無虞』（原意是說進山打鹿，卻沒有熟悉地形和鹿性的虞官幫助，那是白費氣力。後來比喻做事如果條件不成熟就草率行事，必定勞而無功），諺語中有『掩目捕雀』（遮住眼睛抓鳥，比喻白費力氣）。小事小物上尚且不能靠自欺來達到願望，何況國家大事，難道可以靠詭詐行事麼？如今將軍彙集皇帝的威勢，掌控軍事要務，如同龍虎一般氣勢威武，做事成竹在胸，以此對付閹黨，就如大火爐燒盡毛髮一樣簡單。而您卻放著這些優勢不用，反去求助外援。各路豪強兵馬來匯，強者勢必稱雄，您的做法就如同倒拿著武器，把武器的握柄交給別人，功必不成，只是增加禍亂。」何進不聽。於是，原本掌控西涼地區軍務的前將軍董卓便帶領著自己的數萬精兵，野心勃勃地「受邀」而來。

董卓，字仲穎，隴西臨洮（今甘肅岷縣）人。他少時好行俠鄉里，曾經遊歷羌中地區，與當地的豪強首領們結交。後來他回到家鄉種地，豪強首領

東漢．帶蓋提梁銅壺

壺蓋上有提梁，用環與蓋及壺腹相連，長頸，腹漸廣，喇叭形，高圈足。腹及圈足飾以弦紋。

中有人前來投靠他，他便邀請對方一起回家，殺掉自家的耕牛款待人家。豪強首領們爲他的行爲所感動，便回贈了他雜畜千餘頭。漢桓帝年間，董卓以六郡良家子弟的身分被推舉做了羽林郎（皇家近衛軍的低級軍官）。年輕時的董卓有著一身好武藝，他的力量少有人比，身體兩側挎著兩個箭袋，可以騎著馬左右開弓。後來，他隨中郎將張奐征討并州有功，被晉陞爲郎中，賜絹帛九千匹，他卻將賞賜全部分給了自己的將士。在征討黃巾賊的戰鬥中，他因討敵無功被免了職，但不久之後，西涼軍閥韓遂叛亂，他又被重新啓用。與羌族叛軍的戰鬥時，董卓率領的軍隊進退謹慎，在數支朝廷軍隊中損失最小，以此被晉陞爲前將軍，封鄉侯。

東漢．雙羊紋金飾牌

腰帶裝飾品，金質，透雕。雙羊對立，大眼彎角，身體肥碩，彎角大眼的適度誇張，顯得生動可愛。

飛黃騰達後的董卓逐漸顯露了他的野心與貪婪。他領兵駐防西涼，卻擁兵自重，以此作爲要挾朝廷的籌碼，不受朝廷控制。朝中大臣幾次試圖透過加封董卓官職的辦法，轉移或者剝奪他的兵權，但都被他以「部將攔車阻撓」等荒謬的藉口推辭掉。董卓手握重兵，虎視眈眈地等待著時局的變化。

董卓擅政

就在懷揣禍心的董卓馬不停蹄地向洛陽趕來的時候，洛陽城裡卻傳來了「十常侍之亂」的消息：大將軍何進被殺，以十常侍爲首的宦官也被屠殺殆盡，年幼的漢少帝和弟弟陳留王被挾持出城，流落城外。董卓立刻意識到自己的機會來了。

董卓率兵，與從京師趕來的文武百官一起到城外的北芒，迎接漢少帝回宮。董卓想要帶著軍隊一起入城，被公卿們阻攔，董卓反責道：「你們都是國家重臣，不能匡正王室，致使國家動盪，難道還阻止我帶兵入城麼？」說完便徑直朝漢少帝走去。董卓的這一僭越行爲立刻遭到前太尉崔烈的呵斥，董卓反而憤怒地對著崔烈罵道：「我率兵晝夜兼程來此護駕，談什麼迴避！難道我不能砍了你的頭麼？」說完，他一把將陳留王抱在自己的馬上，緊隨著漢少帝入了城。

此時的京城之中群龍無首，權力眞空，外戚勢力與宦官集團的相互攻閥導致兩敗俱傷。董卓率數萬精兵入城，而原本屬於大將軍何進和車騎將軍何苗的兵馬也盡皆歸屬於他，手握重兵的董卓控制了王朝的心臟。野心得逞的他逐步顯露了凶殘和暴虐的本性，他首先私下唆使駐防在洛陽附近的呂布，令其殺死執金吾丁原，呂布本來是丁原的部下。董卓便趁這個機會兼併了丁原的部隊，從此完全支配了京師的兵權。之後，他以氣候久旱不雨爲名，逼漢少帝罷黜了司空劉弘，自己取而代之，不久又晉陞爲太尉，做上了三公的高位，有了調度天下兵馬的權力。

脅迫少帝，權傾朝野，獨霸朝廷的董卓開始進行殘暴的統治。

廢帝與暴政

早在董卓迎接漢少帝回宮之初，他便萌生了廢帝另立的想法。在與漢少帝的交談中，他發現漢少帝說話時常模稜兩可，語無倫次；而皇帝的弟弟陳留王則思路明晰，對答如流。董卓相當喜歡年紀較小的陳留王，而且如果擁立陳留王稱帝，自己便是頭號功臣，在朝中就更加如日中天了。

於是，董卓公然將廢掉漢少帝的提議放到朝堂上進行討論，並以皇帝孱弱無能爲名，揚言要效仿伊尹、霍光的做法另立賢君。董卓囂張狂妄的舉動立即遭受尚書盧植的反對，盧植以當朝皇帝並無過錯爲由，駁斥董卓，反對廢帝另立。董卓大怒，離席而起，下令兵士誅殺盧植，多虧一旁的侍中蔡邕勸解，才免了盧植的死罪。但從此，再無人膽敢反對廢立了。

東漢昭寧元年（一八九年），即位不滿一年的漢少帝被董卓以不孝與無能爲名廢黜，降封弘農王。董卓另立九歲的陳留王劉協爲帝，史稱漢獻帝。之後，凶殘的董卓命人強迫被廢的弘農王和何太后飲下鴆酒，毒殺了他們。董卓以擁立新君有功，被晉封爲相國，封郿侯，享有上朝不拜、佩劍上殿的特權。董卓的母親也被封爲池陽君。

東漢·四神空心磚（朱雀紋）

朱雀造型十分美麗，柔媚秀雅，充滿活力，彷彿正翩翩起舞。畫面並飾以華芝，絳珠流霞，格外顯得熱烈奔放，是研究工藝美術的珍貴資料。

權傾朝野，手握重兵，獨享國家財富，掌控皇帝廢立，董卓之名一時震動天下。已經到達權力顛峰的董卓更加肆無忌憚，他凶殘成性，好刑嗜殺，睚眥必報，嚇得人人自危。侍御史擾龍宗面見董卓呈報事情，因爲沒有解下佩劍上殿，被當場殺死；前車騎將軍何苗生前與董卓有隙，董卓刨開何苗棺木，肢解了屍體，拋置路邊，並捕殺何苗的母親，將其屍體棄於灌木之中，不許收斂，任其腐爛。更有甚者，爲了滿足自己的獸性，他帶兵來到陽城，當時百姓正在舉辦活動，他下令大肆殺掠參與活動的百姓，男子悉數砍頭，女子則被擄掠回城。董卓將砍下的人頭繫在車輪上，回京報捷，誣稱是殺敵大勝，令兵士們對他群呼萬歲。

東漢．月神畫像磚

這塊畫像磚上的圖案是一隻長著人頭的巨鳥。在中國古代傳說中，西王母有月神和日神相伴，這只神鳥就是伴隨著西王母的月神。

除此之外，董卓還到處燒殺搶掠，姦淫婦女，自稱爲「搜牢」。他甚至還姦淫皇室的公主，皇室卻敢怒不敢言。爲聚斂財富，他廢棄了通行數百年的貨幣五銖錢，大量鑄造含銅量很少的新錢，使得貨幣貶值，物價飛漲，民不聊生。爲了搜刮珍寶異物，他還下令軍隊四處發掘墓地，連皇帝的墓葬也未能逃過他的魔爪。

十八路諸侯討董卓

董卓種種倒行逆施的行爲，自然引起了全天下的公憤。起初，董卓爲賺取聲望，重用天下仕人，接連提拔了吏部尚書漢陽周毖、侍中汝南伍瓊、尚書鄭公業、長史何顒等人，將遭受「黨錮之禍」的陳紀、韓融等人封做列卿，又加封尚書韓馥爲冀州牧、侍中劉岱爲兗州刺史、陳留孔伷爲豫州刺史、穎川張咨爲南陽太守。至於自己的親信，董卓並未安排在顯要的職位上，只是讓他們掌控一些軍權。

然而，韓馥等人一到任，立即揭起了討董的大旗。東漢初平元年（一九〇年），以勃海太守袁紹爲首，後將軍袁術、冀州牧韓馥、兗州刺史劉岱、豫州刺史孔伷、陳留太守張邈、長沙太守孫堅、廣陵太守張超、河內太守王匡、山陽太守袁遺、東郡太守橋瑁、濟北相鮑信等十幾路軍隊同時起兵討董，兵力達到數十萬人（《三國演義》中稱此事件爲「十八路諸侯討董卓」，但史實上並無明確的軍隊數量）。討董聯軍推袁紹爲盟主，袁紹自號「車騎將軍」。而在京城之中，則有吏部尚書漢陽周毖、侍中汝南伍瓊等人作爲內應。

董卓聞知聯軍兵起，寢食難安，立即調集兵馬前往抵抗，但卻被長沙太守孫堅率領的聯兵在陽人這個地方一戰擊潰，大將華雄也被孫堅所

安徽亳州三國攬勝宮「鳳儀亭呂布會貂蟬，董卓投槍」雕像
據《三國演義》的描寫，東漢末年，董卓專權，為除掉董卓，司徒王允與義女貂蟬商定「連環計」。王允先將貂蟬許給呂布為妻，又將貂蟬送給董卓為妾，此舉令呂布心懷不滿。一日，呂布乘董卓上朝，邀貂蟬至鳳儀亭相會。貂蟬向呂布假意哭訴被董卓霸佔之苦，呂布憤怒不已。董卓上朝不見呂布，得知其在後花園，急忙趕去，貂蟬見到董卓，卻哭訴被呂布調戲。事後呂、董二人反目，呂布將董卓刺死。

斬殺（此段情節在《三國演義》中被演繹爲「關羽溫酒斬華雄」，實際上是孫堅所爲）。聯兵進逼大谷，距離洛陽只剩九十里，倉皇失措的董卓打算放棄洛陽，遷都長安，卻遭到周毖、伍瓊等朝臣的反對。董卓一怒之下，下令將周毖、伍瓊推出斬首，又命人挾持著獻帝西逃長安，一把火焚燒了京都洛陽。

然而，由於各路討董聯軍人心不齊，各懷異志，導致初獲勝利的聯軍內部產生了分裂，沒過多久，各路聯軍就自行解散了。這讓兵敗西逃的董卓獲得了喘息的機會，而他的凶殘和暴虐也變本加厲。董卓逼迫漢獻帝封自己爲太師，號尚父（意爲皇帝待其有如對父親般尊重），並加封自己的親族擔任朝中要職。董卓出行乘坐逾越禮制的青蓋金華車，公卿們見到董卓，都要到車下拜謁，而董卓則不用還禮。他還在長安城外修築郿塢作爲自己的行宮，郿塢的城牆高度與長安城等同，塢中儲存的財物足夠三十年的花費。董卓在郿塢大宴百官，席間叫人押來一批反叛的俘虜，令人或砍去他們的手腳，或挖去他們的雙眼，或將他們投入沸水中烹煮。在座的人嚇得連筷子都拿不住，而董卓則飲食自若。

計除董卓

董卓禍亂天下，朝中有識之士無不想除之而後快，但一來忌憚董卓的威勢，二來礙於董卓謹慎與多疑，所以遲遲想不出有效的辦法。就在人們一籌莫展之際，司徒王允挺身而出，設下一計。

王允認爲，董卓生性多疑，平日對外人小心謹慎，朝臣們的幾次行刺均被他識破，他也越發提防外人。若想行刺成功，就只能從董卓身邊信任的人入手。於是，他將目標鎖定在董卓視如愛子的親隨呂布身上。王允以宴請壯士爲名，邀請呂布至家中做客，好生款待，並與其結爲深交。呂布雖爲董卓愛將，但董卓性格剛猛而狹隘，經常因爲一點小事就對呂布大發雷霆，並用手戟投擲呂布，呂布雖矯捷地躲開，但心中早已埋下了對董卓的怨恨。而呂布又與董卓的侍婢私通，害怕被董卓發覺，於是心中時常不安（這段史實被《三國演義》發展爲「呂布戲貂蟬」的經典故事，然而正史上並無貂蟬其人）。

有一次，呂布去拜會王允，便對王允說了董卓對其擲戟，幾乎置其於死地的事情。王允見時機已到，便向他說明自己與尚書僕射士孫瑞密謀刺殺董卓的計畫，並邀呂布作爲內應。早有不滿又頗感自危的呂布當即答應下來。

漢獻帝初平三年（一九二年）四月，司徒王允以漢獻帝大病初癒爲藉口，邀請董卓至未央殿會面。呂布密令騎都尉李肅帶領親兵十餘人，僞裝成衛士埋伏在宮門。董卓至宮門，預感不祥，想要回去，經呂布勸慰，才勉強同意入宮。他剛一跨進宮門，埋伏在一旁的李肅便以戟向他刺去，但董卓身穿重鎧，沒能刺入。董卓大驚，大呼：「呂布何在？」一旁的呂布掏出早已準備好的詔書大喝道：「有詔討賊臣！」說完，揮起手中長矛，一擊刺殺了董卓。而後，王允等奉詔誅殺了董卓的三族，之前所有對董卓阿諛奉承之人也全被下獄治了死罪。百姓聞之歡欣鼓舞，紛紛互道祝賀。

董卓最終被司徒王允設計誅殺。然而，董卓的死，卻只是亂世的開始。

董卓之死

關於董卓的死亡，正史中還有很多傳奇的故事。

據記載，在董卓被誅之前，民間流傳著一首童謠：「千里草，何青青，十日卜，猶不生」，「千里草」就是個「董」字，而「十日卜」是個「卓」字，意爲「董卓不得生」。而在董卓被殺的當天早上，他騎的馬忽然受驚陷在泥裡，他的小妾認爲這是不祥之兆，勸他不要前往，但目空一切的董卓沒有聽從。

董卓被殺後，被暴屍於市。由於他體型腴肥，身上的脂油太多，流於地面，守屍的官員把點燃的燈捻插入他的肚臍，燈火竟燃燒多日，光亮達旦。而董卓親族的屍體也被焚燒，骨灰當街揚棄於地。後來，董卓的舊部收殮了他的屍體。

袁氏兄弟

董卓死後，東漢政權又陷入真空，屬於三國時代的豪傑人物們便陸續登場了。當中，袁紹與袁術的出現較早，影響也較大。二人均出身顯赫，少年得志，擁兵一方，但結局卻又不盡相同。

「四世三公」出袁門

東漢末年，隨著土地兼併的日益嚴重和豪強紛紛崛起，出現了以門閥為特色的特權集團，即所謂的「名門望族」。這些名門世家之後依恃著政治上的特權，世代為官，地位顯赫。其中，東漢後期的袁氏家族就是十分典型的代表。

自漢章帝時，袁安為司徒，他的兒子袁敞後來做了司空，孫子袁湯為太尉，曾孫袁逢為司空，袁隗為太傅，袁家連續四代位居三公之位，顯貴天下，人稱袁氏一族「四世三公」。袁氏族人不僅世代位居高官，其門生故吏更是為數眾多，可謂權傾天下。

袁紹與袁術便是出自「四世三公」的袁家。據《三國志》記載，袁術是司空袁逢的兒子，而袁紹則是袁逢哥哥袁成的兒子，是袁術的「從兄」。（袁紹出身存在爭議，據《魏書》記載，袁紹為袁逢與小妾所生，即為「庶出之子」，後來過繼給哥哥袁成。）

東漢．灰陶說唱俑

俑高五十五公分，四川郫縣出土。這件俑赤裸上身，下穿長褲，但肚皮凸露於褲腰之上，赤著雙足，佈滿皺紋的面孔充滿笑意。

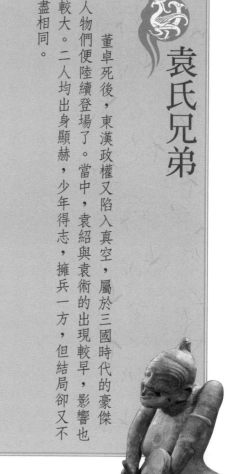

少年豪傑袁紹

袁紹，自本初，汝南汝陽人。他相貌英俊威武，為人孝順，深得叔父袁逢、袁隗的喜愛。由於家世顯貴，袁紹年幼便做了郎官，二十歲成為濮陽長，不久因母親去世而辭官服喪，接著又補服父喪，前後共六年。袁紹為人謙遜，能折節下士，因此追隨他的賓客很多。他同情「黨錮之禍」殃及的士人，自己隱居不仕，推辭了朝廷的多次徵辟，因此在士人中贏得了很高的聲望。袁紹的做法招來宦官的仇視，中常侍趙忠曾警告說：「袁本初沽名釣譽，抬高聲望，專養亡命之徒，我不知道這小子最終想要幹什麼！」袁紹的叔父袁隗聽到風聲，招來袁紹訓斥說：「你這是要敗壞我們袁家！」受責的袁紹這才應朝廷之命做官。

董卓令朝臣商議廢帝另立之事時，遭到袁紹的反對。董卓提起劍來怒罵道：「你小子居然敢反對！天下之事，難道還不是我說了算嗎？我想做的，誰敢不從！」義憤的袁紹也憤然而起，「天下的強者，難道就只你董卓一人！」說完，他將刀一橫，告退而出，將自己的符節掛在宮門，出奔冀州。袁紹此一壯舉爲自己贏得了滿天下的讚譽，也令氣焰囂張的董卓感到震驚。董卓本想懸賞追殺袁紹，但最終因忌憚袁氏一門的勢力而作罷。

咎由自取的袁術

袁術，字公路。年輕時即以俠氣聞名，歷任京城內外要職，官至折衝校尉、虎賁中郎將。董卓謀廢漢少帝，封袁術爲後將軍，袁術畏懼董卓之禍，出奔南陽。恰逢長沙太守孫堅攻殺了南陽太守張咨，於是袁術便成了南陽之主。

但割據一方的袁術並未就此圖強。南陽是個大郡，戶口有數百萬之眾，是個積聚實力的絕佳地區。而袁術卻奢淫肆欲，放縱無度，對百姓橫徵暴斂。他向來瞧不起哥哥袁紹，便與袁紹的對手公孫瓚結爲同盟，而袁紹也與袁術的勁敵劉表聯合，兄弟二人關係惡劣，可見一斑。

當時董卓專橫，漢室衰微，袁紹本想擁立威望很高的漢室宗親劉虞爲帝，結果遭到袁術的怒斥。漢獻帝興平二年（一九五年），袁術召集屬下密商，欲稱帝自立，屬下無人敢應。袁術很不高興，但還是假托天命，僭號稱帝。此一倒行逆施之舉立即招來了四方勢力的討伐，而他的領地內也因糧食短缺，出現了士兵餓死、百姓相食的慘劇。最終，在曹操、呂布、劉備、孫策的輪番攻打下，多行不義的袁術最終兵敗身亡。

東漢·六博木俑

俑高二十八·五公分，甘肅武威出土。兩位老人面對席地而坐，中間放置一張博局，一老人左手前伸，右手撫膝；另一老人左手下垂，右手伸出指向博局，似乎二人在爭論六博的輸贏。這組木俑人物姿態生動，是一件極富生活情趣的東漢木雕佳作。

曹操據兗州

曹操，無疑是三國歷史中最具爭議的人物。他心志高遠，卻又野心勃勃；他知人善任，卻又詭詐多疑；他英明果敢，卻又心狠手辣；他的一生文治武功，身後卻又是謗滿天下。他是治世能臣，抑或是亂世奸雄？千百年來，無人說得清。

尷尬的身世

曹操，字孟德，小字阿瞞，沛國譙郡人（今安徽亳州）。他出身官宦之家，其父曹嵩官至太尉，更傳說其祖上是西漢的開國元勳曹參，可謂名門之後。然而實際上，曹操有據可查的眞實出身卻與此大相逕庭，其父曹嵩實際上是宦官的養子。漢桓帝時，宦官曹騰爲中常侍大長秋，封費亭侯，爲了傳宗接代，便收了在宮裡當差的曹嵩爲嗣（至於曹嵩的來歷則一直是個謎，連《三國志》的作者陳壽也只能說「莫能審其生出本末」，可見並非眞的系出名門）。曹騰死後，爵位由曹嵩繼承，而曹操在名義上也就成了宦官的「孫子」。

在東漢末年，宦官不僅被看做不具備完整的人格，而且他們往往是社會的毒瘤，禍害一方，因此深受百姓的痛恨。曹操這個尷尬的出身，在其後來的日子裡屢屢成爲對手詬病的一

曹操像

曹操，東漢永壽元年至建安二十五年（一五五年至二二〇年），字孟德，熹平四年（一七五年）舉孝廉，任洛陽北部尉，後經鎮壓黃巾之亂有功，官職不斷提升。建安元年（一九六年），曹操迎漢獻帝至許，取得「挾天子以令諸侯」的政治優勢。曹操六十六歲去世，死後被追封為魏太祖。曹操不僅在政治、經濟、軍事上表現了傑出的才能，在文學上也有很高的成就。

大口實。

但是，曹操畢竟貴為太尉之子，身分顯赫，生活優越。年少時曹操過著典型紈袴子弟的生活，喜好玩弄飛鷹走狗，行為放蕩不羈，整日不務正業。然而，他卻有著超越年齡的智慧和權術。相傳，曹操的叔父由於看不慣曹操整日游手好閒，多次向其父曹嵩告狀。曹操對此事十分反感，一次路上碰到叔父，曹操佯裝口歪眼斜的中風模樣，嚇得叔父連忙跑回去向曹嵩報告。曹嵩得知後非常驚愕，趕忙招曹操前來，卻發現兒子面貌如故，毫無異常。曹嵩很納悶，就問曹操：「你叔父說你中風，難道病已經好了麼？」曹操卻頗有意味地回答道：「我本沒有中風，只是得不到叔父的喜愛，因此被冤枉罷了。」自此，曹嵩便對曹操叔父的話起了疑心，再也不相信他了。

由於曹操放蕩不羈、不修品行，所以當時的人並不認為他會有什麼大的出息，只有太尉橋玄和南陽名士何顒認為他與眾不同，將來必成大器。何顒曾對曹操講：「天下將亂，只有命世之才方能拯救時運，能夠做到這點的，就是你啊！」曹操還曾向當時以善於識人而聞名天下的許子將詢問對自己的看法，許子將笑而不答。曹操一再追問，許子將回答說：「你將是治世之能臣，亂世之奸雄。」曹操聽後，發出了會心的大笑。

嶄露頭角

由於是官宦子弟，曹操的入仕很是順利。漢靈帝熹平三年（一七四年），二十歲的曹操被舉薦孝廉，進入京都洛陽做了郎官，後來又升為洛陽北部尉。就任伊始，曹操就顯現出眾的才能和過人的膽識。洛陽貴為京都，曹操所轄地區達官顯貴眾多，他們依仗權勢，時有違法亂紀的事情發生。曹操一到任便申明禁令，嚴肅法紀，他命人製作五色的大棒數十根，懸掛在衙門兩側，凡是有觸犯禁令的人，不論貴賤，一律亂棒打死。當時，漢靈帝寵臣蹇碩的叔父觸犯了禁令，曹操不避權貴，當即按律將他處死。曹操的鐵面無私和雷厲風行撼動了京師，一時之間，奸邪之人無不收斂行徑。朝中一些習慣為非作歹的寵臣對曹操十分忌憚，卻又無法對他下手，於是乾脆一同推舉曹操為頓丘令，把他調出了京城。曹操做了頓丘令沒多久，就因親戚犯法而被連坐免官。因他家室顯赫，又知曉古學，不久又被朝廷啓用，做了議郎。當時，正值漢末「黨錮之禍」，大批有良知的士人被陷害入獄，朝政被奸邪小人把持。曹操屢次上書，痛陳時弊，然而始終不被漢靈帝所重視。曹操看出漢室將亡，不可匡扶，於是自此不再獻言。

漢靈帝光和末年，全國上下爆發了黃巾之亂。曹操被朝廷授予騎都尉之職，奉命率兵進討穎川黃巾軍。曹操驍勇善戰，立下戰功，被晉陞爲濟南相。曹操的管轄區域有十幾個縣，縣裡的官員大都阿諛奉承、攀附權貴、貪贓枉法，曹操到任後當即撤免了其中八成的官員。他還下令禁止了民間奢侈的祭祀，追捕在逃的罪犯，嚴厲打擊權貴作惡。在他的管理下，政教暢行，社會清平。

做了一段時間濟南相後，由於政績卓著，曹操被朝廷任命爲東郡太守。當時朝政險惡，權貴橫行，曹操擔心自己的作爲會招來禍事，於是稱病辭官，在城外蓋起小屋，整日讀書打獵，聊以自遣。

興聯兵，討董卓

漢靈帝末年，邊章、韓遂在西州叛亂，叛軍十餘萬人，聲勢浩大，天下爲之騷動。大將軍何進主政，朝廷在西園組織了一支新軍，設置了西園禁軍校尉八人，史稱「西園八校尉」，曹操被再次徵辟，擔任其中的典軍校尉一職。

不久，漢靈帝駕崩，大將軍何進擁立自己的外甥皇長子劉辯爲帝，私下密謀誅殺以十常侍爲首的宦官集團，並召集遠在西涼的軍閥董卓進京協助。消息傳到曹操的耳中，他卻笑著說：「閹黨爲禍，古已有之，只要將其中的元兇懲治就可以了，何必招來外地的軍閥？想要將閹黨一網打盡，此事必將洩露，我已經看到何進的敗亡了。」事情果然不出曹操所料，沒等董卓到達，何進的計畫就已敗露，何進慘死於十常侍的亂刀之下。

董卓進京後，荒淫暴虐，京城大亂。爲了籠絡人心，董卓表薦曹操爲驍騎校尉，想將他招爲自己的心腹。曹操看出董卓無道，終將覆敗，於是他改名換姓，連夜逃出了京城。董卓

東漢・銅輦車

大怒，懸賞嚴令各地捉拿曹操。曹操逃到中牟，遭到當地亭長的懷疑，被抓到縣衙。負責看管他的功曹（即郡守，爲縣令的主要佐吏）認得曹操，敬佩他的義舉，於是私自將他釋放。曹操幾經輾轉逃回陳留，他散盡家財，募兵五千餘人，意圖討伐董卓。

在曹操等人的倡議和聯絡下，漢獻帝初平元年（一九四年）正月，以勃海太守袁紹、後將軍袁術等人爲首的十幾路軍隊共同起兵，討伐董卓。袁紹被推爲聯軍的盟主，曹操被推爲奮武將軍。董卓得知聯軍兵起，連忙將漢獻帝西遷長安，而自己屯兵洛陽，並放火焚燒了洛陽的宮室。各路聯兵雖多，但皆懼怕董卓的強大，且各懷異志，所以都按兵不動。曹操勸說各路軍隊的領導者說：「我等舉聯兵除暴亂，兵馬已經集結，各位還猶豫什麼？董卓雖強，但如今他焚燒宮室，挾持天子，海內爲之震動，人心不知所歸，這正是老天滅亡他的時候！我們一戰就可以平定天下，機不可失啊！」然而仍舊沒有人願意進兵攻打董卓。

曹操見勸告沒有效果，便獨自率領一軍前去討伐，途中遭遇董卓部將徐榮的軍隊。徐榮軍隊人多勢眾，曹操雖奮力拚殺，然而寡不敵眾，士卒死傷慘重。曹操自己在奮戰中被流矢射傷，戰馬也受傷動彈不得，多虧從弟曹洪拚死相救，將自己的戰馬讓與曹操，才令曹操僥倖得脫。

九死一生的曹操回到大營，各路主帥依舊整日置酒高會。曹操斥責他們不思進取，並痛陳心聲說：「如果袁紹將軍能率軍兵臨孟津，其他將軍們守住成皋、敖倉等處隘口，憑險制敵；袁術將軍率軍攻打丹、析兩處，攻入武關，以此震懾三輔之地；那麼我們各路軍馬只需高坐壁壘，不必出戰，以此表明天下的形勢，就可以順誅逆，大事可成。可如今我們以義兵的名義出征，卻遲遲畏敵不進，這將喪失天下對我們的期望，我爲各位感到恥辱！」各路主帥雖同意曹操的方略，但由於各有各的算盤，曹操的方略也就沒能被實行。

東漢．車馬過橋畫像石

曹操感到心灰意冷，加上自己的兵馬所剩無幾，便轉而前往揚州等地募兵。揚州刺史陳溫和丹楊太守周昕慷慨地予以支援，撥給了他四千人馬。然而好景不長，這批新兵不久便發生了叛亂。叛兵趁夜襲擊曹操的大帳，曹操持劍斬殺數十人，叛兵見狀四散而逃。此次叛亂後，曹操帶著僅剩千餘人的部隊，進屯河內。

曹操據兗州

曹操離開後，無意進兵而又各懷異志的各路將帥之間發生了激烈的內鬥，聯軍自行瓦解。兗州刺史劉岱出兵擊殺了東郡太守橋瑁，並上書朝廷表薦王肱爲新的東郡太守。漢獻帝初平二年（一九一年），聚集在黑山的十餘萬兵馬在首領于毒、眭固等人的帶領下進攻東郡，東郡太守王肱無力抵禦，便邀曹操引兵救援。曹操率軍擊敵於濮陽，大破敵軍，解了東郡之圍，袁紹因此上書朝廷表薦曹操接替東郡太守之職。

漢獻帝初平三年（一九二年），青州黃巾軍趁兗州兵力空虛之際攻入兗州，連克郡縣，所向披靡。兗州刺史劉岱想率軍迎擊，遭到濟北相鮑信的勸阻，鮑信認爲敵軍人多氣盛，不宜正面交鋒，應先固守城池，以待戰機。劉岱不聽，出兵與敵軍交手，果然被殺。

劉岱被殺使得曹操有了入主兗州的機會。他的謀士陳宮對他說：「兗州如今無主，我請求前往那裡，爲明公遊說。如果能得到兗州，這將是稱霸天下的資本！」曹操聞之大喜，旋即派遣陳宮前往兗州。陳宮對兗州的官吏們說：「如今天下分裂而兗州無主，曹東郡（曹操爲東郡太守）是當今的命世之才，如果迎他來做州牧，必定能令百姓安寧。」濟北相鮑信等人此時正爲兗州之圍發愁，也同意陳宮的說法，於是趕忙前往東郡邀請曹操接任兗州牧，並出兵救援。就這樣，曹操與鮑信合兵一處，前往兗州禦敵。

曹操與鮑信的軍隊在壽張與敵軍展開廝殺。青州黃巾軍久經戰陣，又連戰連捷，士氣正旺，因此戰鬥力很強；而曹操的部隊新兵多老兵少，軍

東漢 · 鎏金銅麒麟

麒麟舉首、豎耳、挺胸、卷尾，作靜立之姿，神態安然悠閒。通體鎏金。

隊戰法並不熟練。初次交鋒，曹操的軍隊便敗下陣來，死了幾百人不說，軍隊中還產生了畏敵心理。曹操親披鎧甲，巡視將士，明確賞罰，激勵軍隊的士氣；同時，他採納鮑信的建議，針對黃巾軍沒有後勤軍用、補給全靠劫掠而得的缺點，布下埋伏，採用奇襲戰術，晝夜會戰，使敵軍無所抄掠，以此斷絕敵人的補給。

這一戰術取得了很好的效果，但戰鬥仍然進行得非常慘烈，在雙方的殊死拚殺中，鮑信力戰而亡，連屍首都沒有找到，而曹操也只是勉強取得了戰鬥的勝利，折損也很慘重。曹操命工匠用木頭雕刻了鮑信的屍身，爲他舉行了隆重的葬禮，並親自哭祭。曹操的這一做法凝聚了軍心，得勝的曹操再接再厲，率軍繼續追擊，每戰必克，潰敗的青州黃巾軍走投無路，悉數向曹操請降。於是，曹操得到了降兵三十餘萬，男女百姓百萬餘人，實力大爲提升。

經此一戰，曹操擁有了日後成就霸業最重要的根據地兗州。兗州有「九省通衢，齊魯咽喉」之稱，戰略位置極其重要，自古即是「兵家必爭之地，商賈雲集之埠」。與此同時，曹操還擁有了一支足以成就霸業的軍隊——他將青州黃巾軍中的精銳部隊進行整編，組成了一支戰鬥力很強的部隊，號稱「青州兵」。這支「青州兵」採用父子相繼的方式，世代爲兵，保持了高度作戰水準和忠誠，之後數十年間一直是曹操軍隊中當之無愧的王牌。自此之後，曹操開始了他統一北方的雄壯進程。

寧我負人，毋人負我

在《三國演義》中，曹操在躲避董卓徵召、逃歸鄉里的途中，有一段著名的情節，那就是他因多疑而錯殺呂伯奢一家的故事。正史中，對此事的記載並不相同。據《魏書》記載，曹操逃亡過程中路過故人呂伯奢家，呂伯奢不在，他的兒子和家中的賓客意圖搶劫曹操的馬匹財物，被曹操親手殺死其中數人；而據《世語》的記載，則為呂伯奢的家人為曹操準備宴席，曹操因懷疑他們要謀害自己，於是親手殺死八名呂家人，趁夜逃去；最後，根據孫盛的《雜記》記載，曹操聽到呂伯奢家食器的聲響，以為是謀害自己，於是便趁夜殺死了他全家。事後曹操感到很悲傷，便說出了一句：「寧我負人，毋人負我！」然後揚長而去。

可見，這一情節的出現是在歷史真相的傳遞過程中經過逐漸演變而來的。而一句「寧我負人，毋人負我！」最終演化為一句概括曹操形象的經典台詞：「寧教我負天下人，莫教天下人負我！」

胡笳一曲唱文姬

如果說三國的歷史是一部男人的歷史，從某個角度來說並不為過。然而在這之中，卻有一位女性，以其超凡絕倫的資質和曲折感人的故事，被人們廣為傳頌。她聰慧好學，滿腹經綸，卻命運悲苦，顛沛流離，最終，她為世人留下了永載史冊的詩篇。她，就是一代才女蔡文姬。

名門才姝

蔡文姬，中國古代著名女詩人、女文學家，本名蔡琰，字昭姬，生活在東漢末年至三國時期，因避諱晉文帝司馬昭之名，改爲文姬。她生在東漢末年一戶達官顯貴之家，他的父親，就是當時鼎鼎有名的文學家和書法家蔡邕。

蔡文姬的家族世代爲官，「六世祖勳」，身分顯赫，家學淵博。其父蔡邕少年博學，以孝悌聞名鄉里，善辭賦、書法、算數、天文，尤其精通音律。蔡邕爲人正直有氣節，漢桓帝時，當權的宦官中常侍徐璜、左悺等「五侯」聽說蔡邕善彈琴，便唆使漢桓帝徵召蔡邕進京獻藝。蔡邕不齒爲昏亂的朝廷出力，在途中稱病返鄉，隱居不仕。

漢靈帝時期，蔡邕被闢爲司徒喬玄的掾屬，喬玄非常欣賞蔡邕的才學，便命他去校刊典籍。蔡邕認爲典籍年代久遠，文字謬誤頗多，便奏請皇帝修訂《五經》文字。請求被允後，他將校訂的典籍書寫在石碑上，由匠人刻製，立於太學門前。由於蔡邕書法出眾，前來拓碑臨摹的人將道路都堵塞了。出身名門的蔡文姬自小就繼承了父親的許多優點。她年紀輕輕便博學古今，才思敏捷，善於論辯；同他的父親一樣，她也極爲精通音律。相傳，年少的蔡文姬隔著屋子聽父親彈琴，竟能精確地分辨出父親彈斷了哪一根琴弦。於是，蔡文姬很小就名聞朝野，很多王公大臣都知道她的才名。

文姬歸漢

蔡文姬的第一段婚姻是嫁給了河東的世族子弟衛仲道。這原本門當戶對的婚姻卻因衛仲道的英年早逝而過早地結束了。由於結婚時間不長，蔡文姬並沒有爲衛家生下子嗣。

漢獻帝初平元年（一九〇年），董卓挾持漢獻帝西逃長安。僥倖得存的董卓變本加厲地禍亂朝政，他幾次試圖採取僭越的行爲，都被時任左中郎將的蔡邕巧言勸阻，皇帝的威嚴也因此得以部分保全。然而，當董卓被誅的消息傳至朝堂，平日隨性的蔡邕卻不經意間感歎了一聲。也正是這一聲，爲他招來了殺身之禍。他被以董卓同黨之名打入死牢，雖有滿朝文武爲其求情，最終還是冤死獄中。

父親的死對年輕的蔡文姬來說無異於滅頂之災。漢獻帝興平年間，北方少數民族利用中原混亂之際進犯劫掠，蔡文姬不幸落入胡騎之手，被掠至匈奴，賜配給了南匈奴左賢王爲妻。而這一去，就是十二年。

東漢建安十一年（二〇六年），曹操北征烏丸等少數民族，統一北方。曹操與蔡邕曾是故交，很同情蔡家的遭遇，便遣使匈奴，以金璧贖回蔡文姬。此時，蔡文姬已是兩個匈奴小王子的母親，母子從此骨肉分離，天各一方，永難相見。

南宋・陳居中・文姬歸漢圖

此作繪漢末女詩人蔡文姬在戰亂時被匈奴人擄走，後為曹操派使節接回的故事。畫家描繪了這樣一個情節：塞外的土坡沙丘之間，左賢王與蔡文姬端坐於氈毯上，漢使相向而坐，雙方的隨從侍於周圍，車馬都已準備完畢，等待踏上返回中原的征程。左賢王在雙手托盤送到身體一側接酒的同時，雙眸仍注視著蔡文姬，神態凝重。蔡文姬身後站立著她的兩個孩子。

《胡笳十八拍》

回鄉之後，曹操爲蔡文姬又擇了一門婚事，夫君是她的同鄉，曹操帳下的屯田都尉董祀。已經歷經三次婚姻的蔡文姬此時已是飽嘗了人世間的苦難，然而命運仍不肯放過她。

結婚不久，蔡文姬的夫君董祀因爲犯法下獄，按律當死。蔡文姬再也經不住如此打擊，決定親自向曹操求情。此時正值寒冬，曹操宴請遠近名士，蔡文姬赤腳散髮而來，向曹操叩頭請罪，聲辭淒苦，令人動容。曹操被她感動，於是下令赦免了董祀。蔡文姬以其自身的努力，終於挽回了自己最後的幸福。

蔡文姬一生曲折，深刻的人生體會令其更加地洞徹世間冷暖。她將這些情感譜寫成篇，其中最爲人稱道的作品便是《胡笳十八拍》和《悲憤詩》。

孫堅父子霸江東

當中原地區在各個勢力混戰的泥沼中愈陷愈深的時候，江東一帶卻悄然崛起了一支新的勢力，孫堅及其子孫策闖蕩江東，艱苦創業，幾經起伏，最終開拓了一片廣袤的疆土，為日後東吳的霸業打下了牢固的根基。

少年英雄孫堅

孫堅，字文台，吳郡富春（今浙江富陽）人。他自幼相貌奇偉，勇識過人，性情豪爽豁達，自成法度。孫堅最初只是一名小小的縣吏，他十七歲那年，隨同父親一道乘船前往錢塘，途中遇到一夥海盜正在江岸上分贓。來往的船隻都因懼怕而不敢靠近，孫堅卻對父親說：「此賊可擊，請讓我前去討伐。」孫堅的父親認爲這不過是兒子一時的玩笑之語，孫堅卻提刀跨到岸上，邊走邊用手煞有介事地指來指去，做出像是在指揮軍隊，準備包圍海盜的樣子。海盜遠遠望見，以爲是官兵前來圍捕，紛紛丟下財物，狼狽逃竄。孫堅追上前去，斬殺一名海盜而回，其父大驚。自此之後，孫堅揚名鄉里，不久就被提拔爲郡府的代理都尉。

漢靈帝熹平元年（一七二年），會稽匪徒許昌在句章作亂，自稱陽明皇帝，煽動周邊諸縣造反，一時賊兵數以萬計。孫堅以郡府司馬的名義招募兵勇，得千餘人，並率領他們與州郡兵馬一同討滅了賊兵。因爲作戰有功，孫堅被表舉爲鹽瀆縣丞，數年後，先後改任盱眙縣丞和下邳縣丞。孫堅歷任三縣長官，皆政績卓著，得到官民的擁戴，縣內不論老人還是少年，拜訪他的人數常達數百之多。孫堅對他們的接待供養，就如同對待自己的家人一般。

孫堅像

孫堅，東漢永壽元年至初平二年（一五五年至一九一年），字文台，吳郡富春（今浙江富陽）人，東漢末期名將，孫策、孫權之父。

黃巾之亂爆發後，漢靈帝派遣車騎將軍皇甫嵩和中郎將朱儁領兵征討，朱儁久聞孫堅之名，便保舉他爲佐軍司馬一同前往。在原先受孫堅管轄的郡縣，有很多人願意跟隨他，於是孫堅將他們整編，又招募了一些商旅和精壯的兵勇，組成了一支千餘人的軍隊。孫堅率領著這支軍隊與朱儁合力攻討，所向無敵，連破汝南、穎川兩路黃巾軍，將敵人逼入宛城。在攻城戰之中，孫堅身先士卒，第一個攻上城頭，引導後面的大軍一擁而上，一舉攻克了宛城。朱儁將孫堅英勇的事蹟奏報朝廷，朝廷晉陞孫堅爲別部司馬，後又封烏程侯。

討賊護國第一功

漢靈帝駕崩後，董卓入朝，禍亂天下。各方勢力聯合起兵，討伐國賊，孫堅當仁不讓，起兵攻董卓。在途中，孫堅路經荊州、南陽地區，便將曾與自己有仇的荊州刺史王叡和南陽太守張咨擒殺，各郡長官無不震驚，對孫堅有求必應。

孫堅率兵萬餘人進駐魯陽城，與袁術合兵，袁術表薦孫堅爲破虜將軍，領豫州刺史。及至出兵之時，孫堅派人去後方催辦糧草，正當他在城外爲催糧官送行之際，卻遭遇到董卓派來的萬餘騎兵。當時情況十分凶險，孫堅身邊沒有多少人馬，而董卓騎兵的先頭部隊已經出現在視野之中。身邊諸將慌亂無措，孫堅卻沉穩自若，繼續與旁人喝酒談笑，並命令部下穩住陣腳，不得妄動。不久，敵人趕來的騎兵愈來愈多，孫堅這才緩緩起身，有條不紊地率眾退回城內。身邊的人都不明白孫堅爲何如此，孫堅解釋道：「我之所以沒有看到敵兵就立即起身，是擔心在慌亂中大家互相踩踏，結果反而入不了城。」眾人都很佩服他的韜略與沉著。

緊接著，孫堅將軍隊轉移至戰略要地駐紮，遭到董卓大軍的包圍攻擊。孫堅常戴著一頂紅色的毛織頭巾，十分顯眼，突圍不得，大將祖茂將他的頭巾帶到自己頭上，吸引敵兵追趕，孫堅這才僥倖得脫，帶著數十騎兵突圍而出。戰敗的孫堅並未放棄，他整理殘兵，重又與董卓的軍隊大戰於陽人（今河南汝州西），這次大破敵軍，斬殺了敵軍大將華雄。

孫堅的勇猛令董卓心驚膽戰，於是派遣將軍李傕去和孫堅說親，希望與孫堅結爲親家，並許諾給孫堅的子弟們高官厚祿。孫堅憤怒地喝罵使者：「董卓逆天無道，蕩覆王室，今日我不夷滅他的三族，砍下他的頭以示天下，死不瞑目！豈能與他和親？」他驅逐來使，進兵大谷，直逼九十里外的洛陽。董卓驚嚇之餘，立即挾持漢獻帝逃亡長安，隨即放火焚燒了洛陽。孫堅收復洛陽，率兵修整了燒燬的宮殿和陵寢，填埋了被董卓盜挖的墳墓，整肅秩序，安撫民心。安定一切之後，他率兵退出洛陽，返回魯陽。

在討伐董卓的各方勢力之中，以孫堅和曹操爲國除奸的意願最爲強烈，行動也更爲積極，而其中，又以孫堅的戰果最爲顯赫，功勞也最爲巨大，這與其他將帥的遲疑不進、置酒高會相比，更顯出孫堅的忠義之心，無怪《三國志》的作者陳壽對他由衷讚美：「勇摯剛毅，有忠壯之烈」。

孫堅之死

雖然在孫堅的英勇拚殺下，討伐董卓取得了不小的戰果，但各方勢力的主帥心懷二志，不思進取，各路聯軍最終在一片內訌中收場。袁紹爲了擴大勢力，另立親信周昂爲豫州刺史，命其帶兵襲取豫州，妄圖取代孫堅。孫堅無奈，只得率軍前往迎擊。臨行之前，孫堅仰天長歎：「同舉聯兵，爲救社稷，逆賊即將被擊敗，各家卻如此自相內鬥，我該與誰戮力同心呢！」說罷，熱淚縱橫。「冒名頂替」的周昂畢竟不是孫堅的對手，孫堅輕而易舉便將其趕出了豫州。

漢獻帝初平三年（一九二年），袁術坐擁南陽，覬覦荊州刺史劉表的領地，便邀請孫堅與其合兵，進擊荊州。劉表派遣大將黃祖迎擊孫堅於樊城、鄧縣兩地之間。孫堅率軍擊破黃祖部隊，一路追擊敵人渡過漢水，繼而包圍了襄陽城。劉表命人關閉城門，深夜派黃祖潛出城外，搬兵來救。正當黃祖帶領救兵將要回援之時，孫堅親率部隊迎擊黃祖，再次將其擊敗。兵敗的黃祖逃竄入峴山，孫堅想乘勝追擊，一馬當先，結果不幸被黃祖的士兵在密林中用暗箭射死，得年三十七歲。

自古英雄多扼腕，孫堅正當壯年，卻「出師未捷身先死」，令人無比惋惜。孫堅死後，軍中無主，他的侄子孫賁只得將孫堅的部隊歸附了袁術，袁術表薦孫賁繼任了豫州刺史。

子承父志的孫策

孫堅慘死，但他一統江東的夙願並未因此煙消雲散。孫堅生有四子：孫策、孫權、孫翊、孫匡，皆爲人中之傑，四人之中，長子孫策最有父親遺風。

孫策，字伯符。他相貌英俊，喜歡談笑，性情闊達，善於用人，與他相識的人，無不爲他盡心賣命。孫策早年跟隨父親征戰，結交了周瑜等一干豪傑，與很多士大夫相善，江淮地區的人都非常欣賞他。

孫堅死後，孫策依附了袁術。袁術對這個少年極爲賞識，他常歎息說：「要是我有孫策這樣的兒子，死也無憾啊！」他還將孫堅原來的部下悉數歸還了孫策，並授予孫策懷義校尉之職。

孫策在袁術帳下盡心效命，爲袁術立了不少戰功，然而袁術畢竟是個反覆小人，多次出爾反爾，失信於孫策。袁術先是許給孫策九江太守之職，但結果卻改用了自己的親信陳紀；爾後他又令孫策去征討廬江太守陸康，許諾攻克之後，便把廬江賞給孫策，但卻食言賜給了自己的故吏劉勳。孫策一次比一次感到失望，下定了離開袁術的決心。

當時，袁術與揚州刺史劉繇不合，劉繇原本控制的壽春地區被袁術奪取，劉繇只得將治所搬到曲阿。而孫策的舅父吳景和堂兄孫賁就在曲阿附近的丹陽任職，劉繇顧忌到他們都是袁術任命的官員，於是就強行驅逐了他們。袁術派兵與劉繇交戰，打了多年也沒能分出勝敗。孫策發覺這是一個機會，便向袁術請求說：「我家昔日對江東百姓多有恩惠，如今我願率兵攻打橫江，橫江攻克後，我預計可以在當地招募三萬的軍隊，以此來輔佐您匡扶漢室的大業。」袁術早知孫策對自己的不滿，但他認爲江東一帶有幾位實力很強的地方豪強，孫策去了也未必能有什麼發展，於是便應允了他。袁術表薦孫策爲折衝校尉，代行殄寇將軍，兵馬卻只撥給他寥寥千餘人，十幾匹馬，但是願跟隨孫策而去的賓客就達數百人之多。

創霸業　定江東

脫離了袁術的控制，孫策開始展開江東霸業。由於部隊一路上不斷有人來投，等到行進至歷陽，他已經有五、六千的人馬。當時，周瑜的叔父周尚任丹陽太守。周瑜聽聞孫策前來，便帶兵前去迎接。孫策大喜，對周瑜說：「有了你的支持，大事一定成功。」於是，孫策立即率部渡江進擊，攻克橫江、當利等地，所向披靡，無人可擋。之後，孫策率軍轉戰秣陵。秣陵守將薛禮與下邳相笮融共推劉繇爲盟主，三方軍馬各守險要，阻攔孫策。孫策果斷調整戰術，依次擊破了他們。

在攻擊笮融的戰鬥中，孫策不幸被飛來的亂箭射中大腿，負傷落馬。

有人對笮融說：

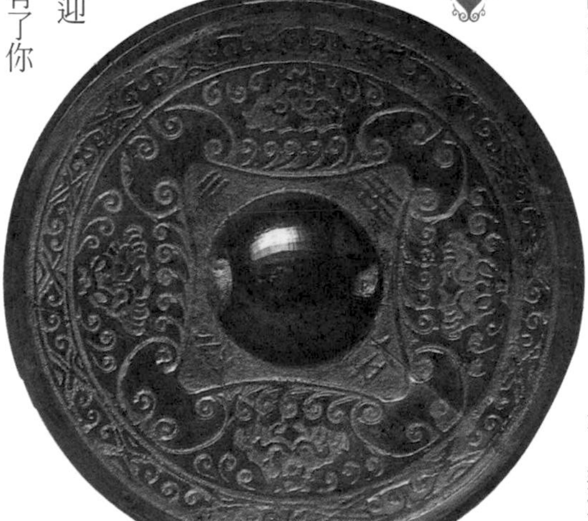

三國・銅鏡

「孫策已經死了。」笮融大喜，派遣部隊進攻孫策營地。孫策派數百騎兵誘敵深入，假裝敗退，將敵人引到埋伏圈中，然後伏兵盡出，大敗敵軍。孫策率軍追擊至笮融的營地，他命部將們高喊：「孫郎如何？」敵人被嚇得膽戰心驚，連夜遁逃而去。孫策趁勢攻下海陵、江乘等數縣，聲威大震。

孫策的軍隊軍紀嚴整，與百姓秋毫無犯，江東百姓對他們甚爲歡迎，夾道犒勞將士。孫策一路追擊劉繇，沿途各郡郡守皆聞風棄城而逃，不敢與孫策交鋒，孫策的軍勢也越發壯大。劉繇抵擋不住孫策，放棄丹徒西逃，孫策於是東進奪取吳郡。建安元年（一九六年）八月，孫策率兵進逼會稽。他採用叔父孫靜的建議，聲東擊西，一面趁夜用火把迷惑敵人的注意力，一面分出兵馬從側面襲擊。會稽太守王朗的軍隊中計大亂，孫策長驅直入，斬殺王朗大將周昕。王朗敗潰，投降了孫策。

漢獻帝興平二年（一九五年），袁術僭號稱帝，隨即遭到天下的一致聲討。孫策去信責罵袁術並與其絕交，曹操表薦孫策爲討逆將軍，封吳侯。袁術死後，他屬下的長史楊弘、大將張勳想率領兵馬投降孫策，卻被廬江太守劉勳中途攔截，悉數收編了這批兵馬。孫策聞之，先假意與劉勳結爲同盟，並勸劉勳攻取豫章。而後，他趁劉勳兵馬出發之際，從背後襲取了廬江。失去「老巢」的劉勳部隊軍心潰散，盡皆投降了孫策，只有劉勳帶著屬下幾百人逃奔曹操而去。緊接著，孫策進兵豫章郡，郡主華歆自知不是孫策的對手，於是開城投降。

孫策還先後擊破鄒倫、錢銅、王晟、嚴白虎等各路勢力，廓清了江東。至此，孫策完成了吞併江東的宏願，擁有了吳郡、會稽、廬江、丹陽、豫章、廬陵六郡的廣大土地，即今天

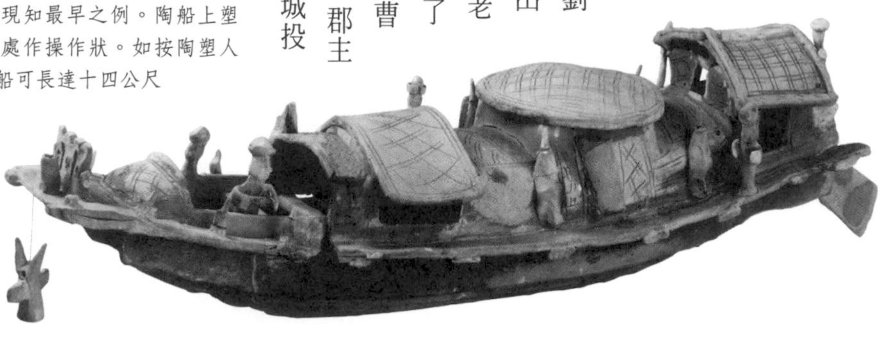

東漢．陶船

這件陶船船首有碇，用於船隻的停泊。船後有舵，舵桿通過舵室固定在尾部。它不同於近代的舵，還保留著由梢演變而來的跡象，但比梢短，比一般河船的舵則長些。舵是中國古代造船技術上的重要發明，這是現知最早之例。陶船上塑有六個人物，分立各處作操作狀。如按陶塑人物身高比例推算，真船可長達十四公尺至十五公尺，載量約有「五百斛以上」。此外甲板上還部署了六組矛和盾，說明這是一艘有武裝保護的內河航船的模型。

孫策怒殺于吉

孫策之死令人惋惜，除了行刺的偶然因素外，孫策輕佻暴躁、好刑濫殺的缺點也是他惹來殺身之禍的重要原因。孫策怒殺于吉就是著名一例。

東漢末年，江東有一位道士名叫于吉，相傳他能夠用咒符醫治疾病，因此甚得百姓的崇拜。一次孫策登城瞭望，看到街上有很多信徒圍著于吉，連自己的賓客都跑去迎接他，心中非常憤怒，心想：「難道我還不如于吉嗎？」於是，他下令將于吉下獄。很多大臣都趕來爲于吉求情，認爲于吉罪不至死。這令孫策更加憤怒，他處死于吉，並將于吉的頭懸起來示眾。

孫策怒殺于吉，大大降低了自己在百姓中的威望。孫策死後，民間傳說，孫策之死是妄殺于吉導致的報應。

蘇南、浙北及皖南部分地區以及江西贛東北一帶，而此時，他年僅二十五歲。

孫策遇刺

然而，世事竟是如此弄人，正當年輕的孫策完成一統江東的大業，卻遭遇不幸。

漢獻帝建安五年（二〇〇年），曹操與袁紹正於官渡鏖兵之際，孫策見中原空虛，便暗中計畫，籌備兵馬襲取許都，準備迎取漢獻帝。然而，就在計畫即將付諸實行的時候，一次突如其來的行刺卻改變了一切。孫策先前在征討中曾殺死吳郡太守許貢。許貢爲人親善，他的門客立誓爲其報仇。某日，孫策一個人騎馬出巡，遊至江邊，早在那裡埋伏好的刺客突然跳出行刺，孫策猝不及防，被刺客用箭射中面頰。

刺客很快被趕來的衛士殺死，但由於傷勢太重，孫策自知不久於人世。他招來弟弟孫權，將印綬掛在孫權胸前，並語重心長地對他說：「率領江東之眾，決勝於兩軍陣前，與天下爭衡，你不如我；但舉賢任能，讓他們各盡其能，以保全江東，我不如你。」隨即，孫策又叫來張昭等謀臣和將領，指著孫權對他們說：「中原正是混亂之時，我們以吳、越之眾，三江之固，足以坐觀天下的成敗。請你們盡心輔佐我的弟弟！」託付完後事，孫策在當晚離開人世，享年二十六歲。

孫堅和孫策父子都是在事業的頂峰橫遭不幸，令人慨歎。然而，他們的功業卻締造了日後東吳三分天下的基礎，深遠地影響了三國的歷史。

東漢末年的群雄割據

東漢末年，由於土地兼併日益嚴重，豪強地主各自擁有了自己的武裝，加上朝廷昏暗，皇權無力，對地方過度放權，終於導致了群雄割據的局面。而這些割據勢力又有著不同的興起過程與發展脈絡，反映出那個動亂年代的多元趨勢。

土地兼併，豪強崛起

東漢末年，農業生產中出現了日益嚴重的土地兼併現象，這直接導致了地方豪強地主勢力的崛起。

土地兼併，是指原本屬於農民的土地愈來愈集中到少數大地主、大官僚手中，大地主和大官僚利用手中的權勢和經濟上的優勢，吞併農民的土地，而農民則淪落到少地甚至無地的境地。土地兼併是史上一個難以治癒的頑疾，是土地私有制的必然產物，是自給自足的自然經濟下土地資源再分配的必然趨勢。

土地兼併有兩大惡果：一是貧富差異拉大，失去土地的農民衣食無著，而地主卻坐擁良田萬頃。二是加劇了政府與地主之間的矛盾。土地兼併對於國家的稅收有著不利的影響，地主往往倚仗權勢漏報土地，從而躲避應繳的土地稅，而失地的農民則淪爲流民，四處逃避政府的人頭稅。同時，嚴重的社會衝突也造成了國家的極度不穩定。

正因如此，歷朝歷代的中央政府一般都明令禁止土地兼併，然而到了東漢王朝的末年，朝政昏暗，對地方的監管不力，土地兼併就變得越發嚴重。加上旱澇

東漢・錯銀牛燈

燈高四十六公分、長三十一・五公分，江蘇邗江甘泉出土。燈座造型是一頭體態雄健的牛。背托燈盤，盤旁有柄，可以轉動，牛體為空腔。這盞燈可以通過燈罩將燃燒後的煙氣、灰炱經弧曲的長管，吸入牛頭而容納在牛的體腔內，以保持室內清潔。

災害和疾病的肆虐，使得本已窮困的人民起而反抗，發動大規模的叛亂，東漢末年的情形便是如此。

而時代的動盪也使得地主富戶逐漸崛起。他們起初憑藉自身的財力組織起自己的武裝保衛自家土地，繼而擁有了私人軍隊，成爲稱霸一方的豪強，實行武裝割據。東漢末年，諸如曹操、劉備等人，都是依靠自身財力或他人資助，招募鄉人，組織自己的武裝勢力起家。而此時的中央政府闇弱，對此也無能爲力。

地方豪強發展到後期，又逐漸分化成士族與庶族兩大陣營。其中，士族擁有更大的權勢和更多的土地，也享有更高的名望，他們逐漸壟斷了政府的高層，形成了三國兩晉時期特有的士族政治。

刺史改州牧

如果說東漢末年嚴重的土地兼併是製造地方豪強的溫床，那麼漢靈帝時期將刺史改州牧的官制改革，則是造成群雄割據的主因。

刺史制度源於西漢武帝時期。西漢的政府管理分爲中央、郡、縣三級，在此之外，漢武帝又將天下分爲十三個州，每個州設置一名刺史。所謂刺史，工作範疇主要環繞我們今日「監察」與「司法」的概念，負責「省察治狀，黜陟能否，斷治冤獄」，也就是監察該州所屬郡國的刑獄情況，考察長吏政績。刺史屬於中央官僚，但品級較低，只是食祿六百石的官職，而監察的對象則大都是兩千石的高官。依漢武帝之意，是用等級低的官員監察等級高的官員，以達到制衡的目的。

制度本身的設計初衷無疑是好的，但在實施過程中卻逐漸變調。由於刺史擁有向皇帝直接劾奏的大權，久而久之，刺史的實權愈來愈大，除了監察官吏，還可以選拔官員，有些甚至直接參與了地方的行政管理。到了東漢年間，東漢開國皇帝光武帝劉秀爲了架空朝廷中三公的權力，賦予刺史更多控制地方的權力，將之前刺史無固定治地的制度改爲各有其駐地；奏事可遣屬吏代行，不復自往。他還常授予刺史兵權，領兵作戰；刺史奏聞之事不必經三公過問，可以直達聖聽……等等。經此一番變動，刺史的權限大爲擴張，連郡守、縣令對之都頗爲忌憚，甚至還出現了郡守因畏懼刺史而解印棄官之事。

儘管歷經諸多變動，刺史終究名不正言不順，沒有統領一州的法定權力和信度，然而，到了東漢末年靈帝在位時期，這一局面也被打破了。東漢靈帝中平五年（一八八年），太常劉焉出於一己私心，向昏庸的漢靈帝建言，說當今四方多事，原因就在於刺史權力太小。於是糊塗的漢靈帝下令，將各州刺史改稱州牧，而州「牧」顧名思義，就是擁有掌管一方政務的名正言順的官員。於是，刺史（即州牧）正式成爲地方的官員，中央和郡、縣之間加入了州一級，成爲中央、州、郡、縣的四級結構。州牧位居郡守之上，掌握一州的軍政大權。

刺史改州牧的原意在於加強地方的自主性，使其有足夠的實力協助鎮壓叛亂。但擁有領兵治民之權的州牧，趁著漢末大亂，輕而易舉地成爲名正言順的地方割據勢力；而那些未被改爲州牧的刺史和郡守，也趁機擴大權力和武裝力量，戰亂中甚至經常有人自封州牧和刺史。東漢的末日也因刺史改州牧而提前到來。

東漢末年群雄割據

因此，東漢末年展現出的就是後人所看到的群雄並起的混亂局面。當時的天下共分爲十三個州，分別是司隸、豫州、冀州、兗州、徐州、青州、荊州、揚州、益州、涼州、并州，幽州、交州，而幾乎每個州都有豪強割據。各方勢力之間相互征戰，百姓苦不堪言。

在這些割據勢力中，除去人們耳熟能詳的曹操、袁紹、孫堅父子以及後起的劉備等人外，還有一些十分重要的地方勢力，他們雖然最終爲他人所併，但或多或少都對三國歷史的發展產生影響。而其中一些勢力的崛起經過，更能表現出亂世之中所呈現的不同發展模式。

首先是荊州牧劉表，他是典型的受惠於刺史改州牧政策的地方統治者。劉表，字景升，他出身名門，姿貌俊美儒雅，年少就已聞名於世。劉表先是被大將軍何進徵辟爲官，而後出京赴任荊州刺史。刺史改州牧後，劉表成爲荊州牧，加鎮南將軍，獲得荊州一州的軍政大權。在荊州期間，劉表恩威並重，對內招誘有方，萬里肅清，群民悅服，還開經立學，鼓勵

《聘龐圖》（局部）

明代倪端繪。絹本設色，縱一百六十三・八公分，橫九十二・七公分，現藏北京故宮博物院。描繪三國時期，荊州刺史劉表親至山林聘請隱士龐德的故事。此處描繪劉表侍從在院外恭候的情景。

文化，愛民養士；對外則遠交袁紹，近結張繡，內納劉備，據地數千里，擁兵十餘萬，稱霸荊州。亂世之中，他先殺孫堅，後抗曹操，成爲天下舉足輕重的力量。然而劉表爲人多疑，好猜忌，空談而無大志，又寵信奸佞。他死後，屬下蔡瑁等人廢長立幼，奉其幼子劉琮繼位。曹操南征，劉琮舉州以降，荊州覆滅。

與劉表類似的還有益州劉焉、劉璋父子，不過他們的情況又有不同。劉焉，字君郎，與劉表的仕宦路線不同，劉焉身爲漢室宗親，擁有得天獨厚的優勢。他歷任冀州刺史、南陽太守等要職，最終官至太常，位高權重。然而他雖爲皇親，卻是個野心很大的人，他首先向漢靈帝提出刺史改州牧的建議，而後主動申請赴任益州牧。劉焉進入益州後，如魚得水，一方面打擊當地勢力，鞏固自身的統治；另一方面則公然斷絕了益州與中央的聯繫，當了益州的土皇帝。劉焉最終死於任上，由其子劉璋繼承爵位。然而由於父子二人昏庸無能，益州最終在劉備的大軍面前臣服。

除了憑藉刺史改州牧政策，由地方長官變身成爲更具權力的區域稱霸者這一條路以外，領兵的武將作亂割據一方，也是東漢末年群雄來源的一大途徑，其中以涼州的韓遂、馬騰最爲有名。漢靈帝年間，西涼的羌、胡等少數民族在首領北宮伯玉、李文侯的帶領下，背叛東漢朝廷，起兵造反。他們劫持了韓遂等人，推舉他們爲叛軍的首領，韓遂等人於是反叛了朝廷，率領十餘萬叛軍，成了割據關中的強大勢力。朝廷屢次派人征討，均被他們擊敗，一時聲名大噪。但後來由於內部失和，終被曹操離間擊敗。

同時，除了這些由統治階層內部延伸而出的割據形式，亂世也爲民間力量的崛起提供了條件。由於生靈塗炭，民間出現了很多以宗教形式出現的武裝集團，例如張角領導的黃巾賊就是其中最有影響力的一支。另外，還有一支持續時間最長的民間割據力量，那就是張魯在漢中地區領導的五斗米教眾。

東漢・鎏金神獸硯盒

硯盒高九・三公分、長二十四・九公分，江蘇徐州出土。神獸呈伏臥姿態，獸首上顎以上和背部為盒蓋，獸首下顎腹部和四肢為盒體。神獸頭生一雙長角，肩後生雙翼，張口露齒，造型威猛。通體鎏金，並鑲嵌多顆寶石，華美異常。

挾天子以令諸侯

董卓被除，但漢室並未因此得到拯救。董卓的部將李傕、郭汜繼續擁兵作亂，司徒王允遇害，天子蒙塵。就在各方勢力視皇帝如無物之時，曹操獨具慧眼，率兵迎奉漢獻帝，這就是有名的「挾天子以令諸侯」之策。曹操也就此擁有了借重皇權、發號施令的正統名義，聲勢更加壯大。

李傕、郭汜亂長安

董卓被誅殺後，朝野之中一片歡騰，人們都期盼著太平的日子能如願到來，但事情遠沒有人們想像得那樣簡單。

董卓生前將自己的親隨授以兵權，駐紮在京畿周邊。董卓死後，如何處置這些殘餘的軍隊，就成爲朝廷首先要解決的問題。很多朝臣主張採用赦免的辦法，先穩定住得之不易的局面，連一向恃勇逞強的呂布都建議寬大處理——畢竟許多人也是迫不得已跟隨董卓。但擁有此事決定權的司徒王允卻不這麼想。

除掉董卓後，王允以討賊護國的行動贏得了朝野上下的一致讚揚，而志得意滿的他也漸漸飄飄然起來，日益居功自傲。他逐漸失去了對待同僚的謙遜，連對他幫助最大的呂布，也只是以匹夫看待。在如何處置董卓殘部的問題上，王允糊塗而執拗，聽不進他人的意見。他認爲，董卓的殘部雖然無罪，但如果眞的赦免了他們，又會使他們對朝廷產生猜忌，所以不如懲罰他們。有的人建議更換涼州兵（董卓部隊的主要構成）的主帥，暫時讓他們駐紮在原地，穩住軍心，而後慢慢處置，但王允卻執意要引討伐董卓的聯兵進京，解除涼州兵的武裝。朝臣們都擔心如此一來反而會逼得窮途末路的涼州兵造反，但王允卻滿不在乎。

朝臣們的擔心果然得到了應驗。在朝廷宣布了對涼州兵強硬的處置計畫後，解除涼州兵武裝的消息逐漸被訛傳爲「朝廷要殺掉所有涼州人」的訊息。董卓舊部的將軍李傕和郭汜等人本來見大勢已去，想各自逃散，卻聽說朝廷正在籌劃將涼州人趕盡殺絕，這讓身爲涼州人的他們感到自身難保，不知如何是好。李傕軍中的謀士賈詡向李傕獻策，與其坐以待斃，不如以攻代守，收拾殘兵攻打長安，爲董卓報仇。走投無路的李傕等人採納了賈詡的建議，一路收整董卓殘部，等到達長安，已有了十餘萬兵馬。於是，李傕、郭汜連同董卓舊部樊稠、李蒙、王方等人，包圍了漢獻帝所在的長安城。

王允慷慨赴國難

此時長安城剛剛經歷了除掉董卓的政治變故，朝廷可掌握的兵力有限，城防也很脆弱，在李傕、郭汜等人的輪番進攻下，僅十日便告失守。呂布率領朝廷的軍隊在城內繼續與敵人廝殺，但終究寡不敵眾，敗出城去。臨走之前，呂布勸王允一起逃走，王允對他說：「若是先皇們在天有靈，能賜福社稷，保全國家，我就心滿意足了。如果不能，那麼我願以死報效朝廷。皇帝年歲還小，只能依靠我來輔佐他，大難當前叫我捨他而去，我怎麼忍心。拜託你出城後，替我重謝各路聯軍，並替我囑托他們，要以國家爲念。」說完，王允送走呂布，緊閉了皇宮的大門。

攻入長安的李傕、郭汜縱兵爲亂，四處燒殺劫掠，對參與誅殺董卓的朝臣一律斬殺，其中包括太僕魯馗、大鴻臚周奐等朝廷股肱重臣。亂兵一路攻殺來到皇宮宣平門前，王允帶著漢獻帝登上城樓，與亂兵對峙。李傕、郭汜等人在城下見皇帝駕到，連忙下馬叩拜。年少的漢獻帝壯起膽子，對城下責問道：「你們目無王法，縱兵作亂，是想要幹什麼？」李傕等人回答道：「董卓忠於陛下，卻無故被呂布所殺，我等是要爲董卓報仇，並不敢造反。等捉到並處決了罪犯，我們願意領罪。」王允見勢不可違，對漢獻帝行了最後的君臣之禮，然後凜然地開城就擒。

東漢・君車騎出行圖（局部）

捕到王允的李傕、郭汜等人並沒有立即殺了他，他們顧忌駐紮在長安附近由王允的親隨宋翼和王宏率領的軍隊，於是，李傕、郭汜假借朝廷之命招宋翼和王宏進京。宋翼和王宏明知是計，王宏建議以清君側的名義召聯兵前來勤王，宋翼卻認爲雖然禍福難料，但「王命不可違」。於是，二人慷慨赴難，入京就捕。李傕、郭汜見顧忌消除，便將王允、宋翼和王宏一併處死了。王允時年五十六歲，他的家人除了少數幾人逃出之外，其餘全部遭到屠殺。

曹操迎獻帝

李傕、郭汜誅殺了王允等人，掌握了朝廷的大權，然而其內部卻發生了分裂，李傕和郭汜等人各自領兵相互攻閥了起來。李傕將漢獻帝劫持到自己的營中作爲人質，放火焚燒宮室，劫掠皇城財富；而郭汜則扣押了李傕派來談和的使者，決意與李傕一爭勝負。雙方在長安城內展開爭奪，戰火連綿數月之久，死傷百姓無數。

李傕、郭汜倒行逆施的舉動引起了天下公憤。李傕的部將楊奉等人舉兵反叛李傕，救出漢獻帝，並將其送往洛陽。李傕和郭汜見大事不妙，重新聯合起來，追截天子。漢獻帝在楊奉的一路護送下且戰且退，境遇十分悽慘。許多跟隨的王公大臣只能自己外出覓食，每日靠山果野菜充飢，有些人竟被活活餓死。

就在天子威名掃地、群雄逐鹿紛爭之時，曹操卻獨具慧眼，起了迎救漢獻帝於危難的想法。此時，曹操剛剛趕走了襲取兗州的呂布和張邈，奪回了自己的根據地。對於迎奉陷於苦難之中的漢獻帝，曹操正有此意，卻擔心力有不逮。他的謀臣荀彧勸告他說：「昔日晉文公接納落魄的周襄王，而諸侯賓服；漢高祖爲義帝復仇東征項羽，而天下歸心。將軍您當初首倡義兵，後來雖因爲領地未能平定，而沒有親率軍隊攻入京畿，但拯救王室匡扶天下一直就是您的夙願。

「挾天子以令諸侯」的眞實出處

「挾天子以令諸侯」是人們對曹操這一策略的慣用稱謂，但實際上這一稱謂的出處並不在曹操，而在他的對手袁紹。袁紹的謀士沮授曾對袁紹建言：「將軍您累世受朝廷重恩，如今朝廷有難，無人去護主救民。將軍應該率兵將天子迎到鄴城（袁紹的都城），『挾天子而令諸侯』，積蓄兵馬以討伐不服從的勢力，那麼誰還能與您抗衡呢！」最早向曹操提出相似策略的是謀士毛玠。他對曹操獻策說：「如今天下分崩離析，天子輾轉，生民塗炭。袁紹、劉表勢力雖強，但無長遠的謀劃，不足以成事。明公應『奉天子以令不臣』，如此則霸業可定。」曹操賞識毛玠的見識，任命他爲自己的幕僚，最終在荀彧的勸告下採納了他的建議。

當今天子蒙塵，流落鄉野，義士們懷著救世之心，百姓也因懷舊而充滿了悲傷。此時明公（指曹操）若能率兵迎奉天子，順應民望，則可謂大順；我方若迎來天子，便可威令四方，則可謂大略；此舉伸張正義，亦可招來天下英俊之才，可謂大德。天下雖然還會有與我們爲敵的勢力，但自此便不須多所顧忌了，這是多麼明智的辦法。」曹操聽了荀彧的建議，下定決心，出兵迎奉危難中的漢獻帝。

漢獻帝在李傕、郭汜部隊的追趕之下一路東逃，過安邑，終於在河內太守張楊的護送下平安到達了洛陽。而此時的洛陽早已被董卓的一把火燒成斷壁殘垣，荊棘遍佈。楊奉手下的大將徐晃勸說楊奉接受曹操的好意，歸順曹操，楊奉猶豫不定，被曹操一舉擊敗，而曹操也順利地迎奉了漢獻帝。

接到漢獻帝後，考慮到洛陽已經殘破不堪，同時也爲壯大自身聲勢考慮，曹操奏請漢獻帝遷都到自己的都城許（今河南許昌東）。漢獻帝批准了曹操的請求，東漢建安元年（一九六年），漢獻帝移駕至許，而許就成了東漢最後歲月中的首都。迎來了漢獻帝的曹操也因此得到了大將軍、武平侯的封號，擁有了以朝廷名義發號施令的權力，實力更加壯大起來。

安徽亳州三國攬勝宮「曹操迎漢獻帝」雕像

宛城之敗

曹操接來漢獻帝，「挾天子以令諸侯」。然而，次年在征伐軍閥張繡的戰鬥中，由於自滿縱慾，樂極生悲，曹操將一場兵不血刃便可取得的勝利變成了一次橫遭偷襲的潰敗。更嚴重的是，這場戰鬥奪去了他的長子曹昂和大將典韋的生命。

宛城張繡

曹操迎奉漢獻帝後沒多久，他便假借朝廷的名義，展開了「平叛討逆」的拓疆征途。而第一個目標，就是盤踞在南面宛城（今河南南陽）的軍閥張繡。

張繡是西涼戰將張濟的侄子。張濟原爲董卓部下，董卓被誅後，他夥同李傕、郭汜禍亂長安，挾持漢獻帝。漢獻帝東逃許昌，李傕、郭汜出兵追擊，卻先後被自己的部將和朝廷的軍隊殺死。張濟則率軍南下，攻打劉表的荊州，不料在攻城戰中，被城上飛來的亂箭射死。張濟死後，張繡接管了叔叔的軍隊，並將軍隊屯駐在宛城作爲自己的根據地。

張繡爲人重義氣，武藝純熟，且頗會治軍，年輕時就是當地出名的少年豪傑。佔據宛城後，他修整軍備，與舊日勁敵劉表言歸於好，並結爲軍事上的同盟，相互拱衛。更重要的是，他還請來了原先在李傕、郭汜身邊的知名謀士賈詡輔佐自己，這讓他的實力大幅提升。

武漢龜山三國城典韋塑像

典韋，陳留（今河南開封東南）人，三國時曹魏猛將。

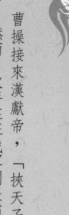

曹操敗宛城

漢獻帝建安二年（一九七年）春，實現「挾天子以令諸侯」之策不到一年的曹操，決定率先平定宛城。曹操大軍剛剛跨過淯水，實力差距懸殊的張繡就派人前來投降了。不戰而屈人之兵，這讓才因迎奉漢獻帝而志得意滿的曹操更加自傲，他率軍進入宛城受降，對投誠的張繡頗爲怠慢輕蔑。更嚴重的是，曹操聽聞張濟的遺嬙國色天香，竟一時心生欲念，自作主張強納她爲妾。這令張繡感到了莫大的侮辱，心中十分憤怒。曹操得知張繡心有不滿，私下賄賂張繡的猛將胡車兒，想不聲不響地殺掉張繡。張繡得知，心中恐懼，連忙與賈詡商議，決定鋌而走險，領兵夜襲曹營。

此時的曹操還沉浸在得勝的自滿之中。張繡率本部人馬趁夜突然造反，以迅雷不及掩耳之勢攻入曹軍大營。曹軍毫無防備，被殺得大敗，曹操本人負傷，險些喪命，九死一生才逃出重圍。而後，張繡又在賈詡的指點下追擊曹軍，曹軍一敗再敗，灰頭土臉地撤回了許都。

喪子之痛

曹操大意招致慘敗，但更令他後悔的是，此戰他失去了愛子曹昂和愛將典韋。

曹昂是曹操的長子，出生不久，母親劉夫人就去世了，改由曹操的正室丁夫人撫養。雖缺少生母的呵護，但長大後的曹昂卻十分懂得孝順父親和養母，他聰明且性情溫和，深得父親和弟弟們的喜愛。然而在宛城之戰中，曹操突圍時被敵箭射中落馬，曹昂爲保父親脫身，勇敢地承擔起了斷後的任務，但不幸身歿亂軍之中。

典韋則是跟隨曹操一路出生入死的猛將。他爲人忠勇，武藝高強，力大無窮，曹操稱讚他是「古之惡來（惡來是古代商朝著名猛將）」。典韋善使一雙八十斤重的大戟，舞動如風，人莫能近。軍中的牙門大旗倒了，眾人無法舉起，而他竟能一手就將其豎起，足見他的神力。後隨曹操出戰，面對威震天下的第一猛將呂布，典韋毫不畏懼，奮力勇戰，竟將呂布殺退。曹操提拔典韋爲都尉，整日陪伴左右保護自己。宛城之戰中，典韋爲保曹操撤走，一人守在大帳前面與蜂擁上來的敵軍搏殺。他大戟一揮，就能摧毀十數根長矛，敵人無法靠近。但寡不敵眾，張繡的士兵一窩蜂湧上，典韋身中數十槍，兵器折毀，他就抓起左右兩個敵兵的屍體當作武器，繼續揮舞殺敵。最終，典韋重傷力竭，瞋目大罵敵軍，英勇戰死。

雖然兩年以後，張繡在賈詡的勸告下再次投降了曹操，宛城失而復得，但歷史的悲劇終究不可改寫。曹操因一時的慾望而失了分寸，招致宛城之敗，痛失愛子愛將。

東漢・撫琴畫像石

劉備讓徐州

如果說，千百年來人們心中一直有一位三國歷史的主線人物的話，那無疑便是劉備。在那個群雄逐鹿、英雄輩出的時代，劉備的經歷似乎籠罩著更為與眾不同的光輝。他出身布衣，又貴為皇親；他志向宏闊，然而歷盡曲折；他與兄弟義結金蘭，對下屬知人善任，最終開拓出蜀漢基業，鼎足三分天下。難怪有人評說：劉備，才是百姓心中的真英雄。

賣草鞋的「皇叔」

劉備，字玄德，是涿郡涿縣（今河北涿州）的一戶貧苦人家的獨子，他的祖父和父親曾做過地方官吏，但都是卑微的小官。劉備早年喪父，家中貧寒，年少的他只得與母親相依爲命，靠販賣草鞋、編織草蓆爲生。

然而，如此貧苦的人家，卻有著極不平凡的高貴身世。劉備的祖上是西漢景帝之子，中山靖王劉勝。劉勝之子劉貞被封在涿縣，做了陸城亭侯，後因獲罪被削去爵位，就此落戶在涿縣。歷經十幾代人的繁衍，至東漢末年已是家道衰敗了。因此雖然有著高貴的血統，但到劉備出生時，他的身分也只是一介布衣。

劉備少年時便胸懷大志，雖家境貧苦，但他志向遠大，他曾指著家中的桑樹對玩伴們說：「我日後必將乘坐這樣的羽蓋華車（天子之車）。」嚇得一旁的叔父連忙喝止他：「你別亂說，小心滅門之罪！」

劉備十五歲時，被送到同郡大儒盧植門下讀書，同學中有日後叱吒一時的公孫瓚。劉備與公孫瓚很投緣，劉備認公孫瓚爲兄長，公孫瓚也時時照顧劉備。同宗的富家劉元起非常欣賞劉備，經常出錢資助他生活，劉元起的妻子感到很奇怪，問道：「我們和劉備同姓各家，爲何經常資助他？」劉元起說：「我們劉家這個孩子，絕非尋常之人。」

雖然在學堂，但劉備並不喜歡讀書，而是喜歡玩弄狗馬、音樂和漂亮衣服。他不愛多說話，喜怒不形於色，但爲人親善謙恭，因此人緣很好。他經常結交一些豪俠之士，很多同郡年輕人也都願跟隨他。中山的大商人張世平、蘇雙經常在涿郡販賣生意，家財千金，二人見到劉備，都認為不同凡響，願意多出錢資助他。劉備將這筆錢用於招才攬士，積攢了一些自己的力量。

怒鞭督郵

東漢靈帝末年，全國上下爆發了黃巾之亂，各州各郡都自發組織了軍隊，對抗黃巾軍。劉備響應朝廷號召，帶著自己募集的鄉勇與黃巾軍展開作戰，因作戰有功被授予安喜尉的職務。

劉備到任後，正逢本郡督郵到縣裡辦差。督郵本是郡守的屬官，但位輕權重，凡是郡內的傳達教令、督察屬吏、案驗刑獄、檢核非法等事務，督郵可以無所不管，因此屢有為非作歹的事情發生。劉備以公事求見督郵，卻被督郵無禮地稱病回絕，劉備一怒之下徑直闖入官舍，聲言：「我奉府君之名收押督郵。」將還躺在床上的督郵捆了起來，綁在樹上打了二百大板。劉備深知難逃報復，於是他將自己的官印取出，掛在督郵的脖子上，便棄官逃亡。

不久之後，大將軍何進派遣都尉毌丘毅去丹陽募兵，劉備便跟隨毌丘毅的隊伍一同前往。途中，遇到賊兵，劉備力戰有功，被授予下密丞的職務，不久之後他又辭官而去。而後劉備又因戰功被授予高唐尉，但沒過多久就被黃巾軍擊敗，劉備無奈，只得輾轉去投奔做中郎將的老同學公孫瓚。公孫瓚推薦劉備為別部司馬，讓他與青州刺史田楷一同去抵抗冀州的袁紹。在面對袁紹的作戰中，劉備屢獲戰功，便被升為代理的平原令，後提升為平原相。

做了平原相的劉備，政令清明，愛民如子，深得百姓愛戴，但郡內的豪族劉平看不起劉備的出身，不齒受他的管轄，便僱傭刺客去刺殺劉備。劉備平時待客不分高低貴賤，一律禮賢下士，同席而坐，同碗而食，極盡禮數。刺客到了劉備的府上，劉備依舊隆重的接待他，刺客被劉備的行為

歷代帝王圖·蜀主劉備

此圖絹本，設色，縱五十一·三公分，橫五百三十一公分。現藏美國波士頓美術館。

感動，便向劉備說明來意而後離去。類似劉備深得人心的例子還有很多，而他的名聲也愈來愈響亮。

劉備讓徐州

袁紹進攻公孫瓚，劉備跟隨田楷一道移兵向東，牽制袁紹。而此時卻發生了一件重大的變故——剛剛在兗州紮下根基的曹操想從泰山華縣接回自己的父親曹嵩，徐州牧陶謙派遣都尉張闓帶二百騎兵護送曹嵩一行。然而張闓卻貪念曹家財物，竟將曹嵩殺死，劫財而去。蒙受喪父之痛的曹操將一切的罪過都歸咎於陶謙，親率大軍征討徐州，立誓爲父報仇。

曹操率軍連克十餘座城池，陶謙退守徐州不敢出戰。危急之中，陶謙派人向田楷求救，田楷與劉備出兵救援陶謙。劉備原本的兵馬有千餘人，加上在幽州招募的一些烏丸騎兵，以及沿途收編的一些災民，劉備的人馬就達到了數千人。劉備到達徐州後，陶謙又將自己的四千人馬撥給了劉備，這讓劉備的軍力大爲提升。然而，劉備等人依舊無力阻擋曹操的進攻。恰在此時，曹操的謀士陳宮唆使曹操的盟友張邈背盟，引得強大的呂布襲取了兗州，丟失根據地的曹操只得退兵回救，徐州之圍成功解救。

徐州之圍得解，劉備決定離開田楷，轉投陶謙。陶謙非常欣賞劉備，向朝廷表薦劉備爲豫州刺史，讓其屯兵在小沛。又過了沒多久，年邁高齡的陶謙病重，他自知時日不多，便對身邊的別駕麋竺說：「非劉備不能保全我徐州。」陶謙病逝後，麋竺按照陶謙的遺願，率眾請求劉備接管徐州，但劉備認爲自己身分卑微，不敢接受。

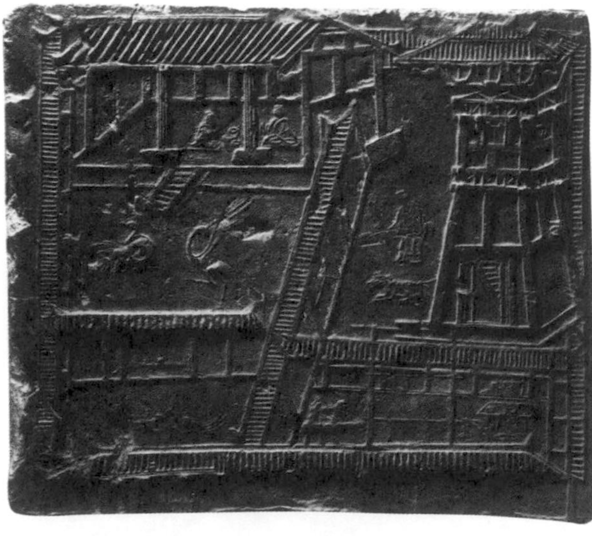

東漢 · 房屋畫像磚

漢代畫像磚表現手法與畫像石有些區別。畫像石所反映的人物幾乎都為側面，而漢畫像磚卻利用模印加雕刻的技法，表現人的正面動作和神態。此畫像磚採用鳥瞰的表現手法表現建築，與畫像石手法相同。院落為漢時少見的三合式房屋，院中築有高台。屋主悠閒地對坐飲茶，起舞的雀鳥和灑掃的奴僕，一派安逸祥和的世俗生活景象。

陶謙生前的謀士陳登勸告劉備說：「如今漢室衰頹，海內傾覆，建功立業，正在此時。徐州物產殷富，人口百萬，是絕佳的所在，請使君（指劉備）屈尊接管徐州。」劉備仍舊不肯，說道：「袁術就在壽春，離此很近，袁氏是四世三公，海內知名，你們可以將徐州託付給他。」陳登說：「袁術驕縱狂妄，絕非治理亂世的明主。如今徐州有兵馬十萬之眾可以供使君驅策，上可以匡扶漢室，拯救黎民，成就春秋五霸的偉業；下可以擁兵自守，將功績載入青史。如果使君不聽從我的勸告，那麼我也不敢聽從您的命令。」在一旁的北海相孔融也勸劉備說：「袁術不過是墳墓裡的枯骨，何足介意？今日的機會，是上天賜予的，如果不把握，再後悔就來不及了。」

劉備聽後，這才同意接管徐州。而袁紹、曹操等人對劉備接管徐州之事也覺得是眾望所歸，曹操向朝廷舉薦劉備為鎮東將軍，封宜城亭侯；而袁紹對此事的評價則是「劉備弘雅有信義，接管徐州，眞的是眾望所歸」。

得而復失

袁術原本就看不起布衣出身的劉備，得知其接管了徐州，憤怒的袁術立即出兵前來攻打徐州。劉備派兵與袁術對峙於盱眙、淮陰。

此時，呂布卻利用劉備後方空虛的機會，率兵偷襲徐州的下邳。下邳的將官曹豹觸怒了下邳的守將張飛，怕被責罰，便開城叛迎了呂布。

呂布奪取了下邳，抓住了劉備的妻兒，劉備與呂布講和，呂布這才釋放了劉備的家人。反客為主的呂布令劉備屯住在小沛，劉備收拾殘兵，又聚集起了萬餘人馬。這招來了呂布的厭惡，呂布興兵再次襲擊劉備，將劉備徹底趕出了徐州。徐州得而復失，失去事業根基的劉備只得再次開始了曲折的輾轉，帶著身邊殘部和未竟的志向，投奔曹操去了。

「皇叔」的身分之爭

關於劉備漢室宗親的身分，一直存在爭論，雖然正史當中白紙黑字地記載著他「皇叔」的身分，但仍舊有一種說法認為：「皇叔」身分只不過是劉備為壯大自己聲勢而「編造」的一張「名片」。

之所以長期存在爭議，關鍵還是在於劉備的身世難以考證。劉備的祖先——「中山靖王」劉勝當年作為諸侯王，整日沉溺於聲色犬馬之中，一生留下了無數的子嗣，光是於史可查的兒子就達一百二十多個。這麼多的兒子，而其中的絕大部分又淪落為平民，所以他們的生平很難考證，加上經過十幾代的繁衍，到了劉備這一代，的確已經無法驗證他的「真偽」了，也無怪後世對為劉備「皇叔」身分抱持懷疑和爭論了。

呂布之死

俗語說：「人中呂布，馬中赤兔」，呂布勇氣過人，武藝超群，縱橫沙場，威震當世，但由於不義與反覆，他最終被縛白門樓，成了他人的刀下之鬼。身後，他留下了「轅門射戟」的佳話，也留下了「三姓家奴」的罵名。

有勇無義的猛將

呂布，字奉先，五原郡九原（今內蒙古包頭西北）人。呂布從小習武，技藝精湛，臂力大得驚人，擅長騎馬和射箭，尤其善於統帥騎兵衝鋒陷陣，所向無敵，威名遠揚，故人稱他爲「飛將」。

年輕的呂布因其驍勇善戰，被提拔到并州做官，并州刺史丁原對呂布格外賞識，任命他爲自己的主簿。漢靈帝駕崩後，丁原受大將軍何進之命領兵向洛陽進發，計畫一同誅殺宦官。然而未等丁原到達，何進被殺，董卓主政。董卓意欲專政，但忌憚丁原的實力，於是他想到了常伴在丁原身邊的猛將呂布。呂布本就是一個自視很高的人，不甘久居人下，在董卓高官厚祿的誘惑下，呂布刺殺了丁原，並帶著丁原的部隊投靠了董卓。

叛投的呂布取代丁原成爲騎都尉，不久又被加封爲中郎將，封都亭侯。董卓對勇猛的呂布極爲寵信，收其爲義子，出行常帶在左右。但是董卓性格剛猛狹隘，常因一些小事就對呂布大發雷霆，這讓呂布心中暗暗怨恨。然而呂布也背著董卓與其侍婢私通，擔心被董卓知曉，因此常常心不自安。司徒王允得知了呂布的心思，便設計離間二人，勸呂布誅殺董卓，以救漢室。不重恩義、慣常反覆的呂布在王允的勸說下，也出於自保的考慮，果斷地答應了王允的請求。漢獻帝初平三年（一九二年）四月，呂布刺殺董卓於未央殿前，爲國

呂布像

呂布，？至東漢建安三年，（？至一九八年），字奉先，五原郡九原（今內蒙古包頭西北）人。東漢末年武將。

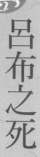

呂布和他的屬下

呂布這樣一個反覆無義的人，生前卻也有一批名將願爲之效命，這不得不說呂布還是有其獨特的人格魅力。除去他的武藝蓋世，勇猛非常，其用人不疑、信任下屬也是重要的原因。

跟隨呂布的人中，不乏名將。陳宮曾大力幫助曹操立足兗州，投靠呂布後，又以其才智對曹操造添成極大的麻煩，曹操因此非常愛惜陳宮之才。陳宮被俘後，曹操勸其投降，陳宮將家事託付後，慷慨赴死；張遼是呂布大將，被俘後對曹操大罵不止，曹操愛才，最終將其收入帳下；值得一提的是呂布手下的猛將高順，不論爲人還是作戰（爲人錢酒不沾，作戰百戰百勝），都堪稱人傑，絕對是當時一流的將領。他忠於舊主，被俘後一言不發，最終遇害。可憐如此名將，卻隨著呂布之亡湮沒在歷史之中。

家除去一大禍患，而他也因此被升任奮威將軍，晉封溫侯，享受三公一般的待遇，與王允等人共執國政。

人中呂布，馬中赤兔

然而，誅殺董卓後還不足兩個月，得來不易的太平日子就因王允等人不當的策略而被打破。董卓殘部聽信朝廷要屠盡涼州人的傳言，被逼造反，十幾萬叛軍在首領李傕、郭汜的率領之下圍攻長安。呂布率軍力戰不敵，只得率領數百騎兵向城北突圍。叛軍將領郭汜率重兵攔截，呂布一馬當先，對郭汜叫陣：「你我單挑決勝！」郭汜也是西涼名將，拍馬應戰。呂布不幾回合便一槍刺中郭汜，郭汜逃遁，呂布順勢突圍而去。

逃出長安的呂布無處可去，於是決定向南投靠袁術。呂布認爲自己殺掉董卓，有恩於袁氏家族（袁家遭董卓屠殺），因此指望袁術厚待於他。但袁術不齒呂布反覆無義的行徑，拒絕收留。呂布無可奈何，又轉投袁紹。袁紹很欣賞呂布的能力，便邀其一同出兵攻擊聚眾在常山的首領張燕。張燕擁有精兵數萬，騎兵數千，戰力非常強悍。呂布親率騎兵，躍馬當先，衝鋒陷陣，無人可擋，大破張燕的部隊。呂布之勇猛威名遠揚，他胯下騎一匹棗紅色的寶馬名叫「赤兔」，因此當時民間流傳著「人中呂布．馬中赤兔」的佳話。

討滅張燕後，呂布更加居功自傲，他看不起袁紹手下的將領，對袁紹也時常怠慢，並一再要袁紹多撥兵馬給他，還縱容手下士兵到處劫掠。這讓袁紹心生顧忌，因而起了除掉呂布的念頭。呂布察覺了袁紹的殺意，於是向袁紹請求離去，袁紹擔心呂布走後會成爲自己的強敵，便派遣殺手假意爲呂布送行。呂布識破了袁紹的計策，巧妙地從送行儀式上脫身，投奔河內太守張楊而去。袁紹命令追趕，但士兵們都害怕其勇武，竟無一人敢上前追趕呂布。

襲取兗州

呂布投奔河內太守張楊，當時，張楊的部隊是受李傕、郭汜的控制，李傕、郭汜命令張楊捕殺呂布。呂布聽聞後，對張楊說：「我與你是同鄉，你殺了我，是削弱了你的實力。不如你將我作爲籌碼要挾李傕和郭汜，可以從他們那裡得到更多的封賞。」張楊覺得十分有理，於是他表面上許諾李傕和郭汜，暗地裡將呂布保護起來。

漢獻帝興平元年（一九四年），剛剛立足兗州的曹操大舉興兵，討伐徐州的陶謙，兗州一時空虛，在曹操帳下鬱鬱不得志的謀士陳宮意欲藉機反叛。當時，協助曹操防守兗州的是陳留太守張邈。張邈與曹操曾是生死之交，二人一同起兵，相互扶持，曹操對張邈極爲信任，出征前將自家老少都託付給了張邈照顧。然而張邈性情懦弱，他曾與袁紹有仇，於是常擔心曹操會出於自己的利益最終將他出賣給袁紹。陳宮利用張邈的這一心理，勸張邈說：「如今天下分崩離析，您坐擁重兵，又佔據著戰略要衝，如果自立起事，足以成爲一方豪傑，何必受制於人！現今兗州兵馬東征，防禦空虛，呂布是天下聞名的壯士，所向無敵。如果您能邀請呂布前來，一同平定兗州，那麼照現在的局勢來看，正是時機。」張邈聽從了陳宮的勸誘，起兵叛曹，並東迎呂布成爲兗州牧。一時間，兗州震動，大小郡縣皆叛降呂布。曹操大驚，急忙率兵回救。呂布與曹操在濮陽展開大戰，呂布親率騎兵迎戰曹操的主力部隊青州兵。面對勇猛無敵的呂布，身爲曹軍最精

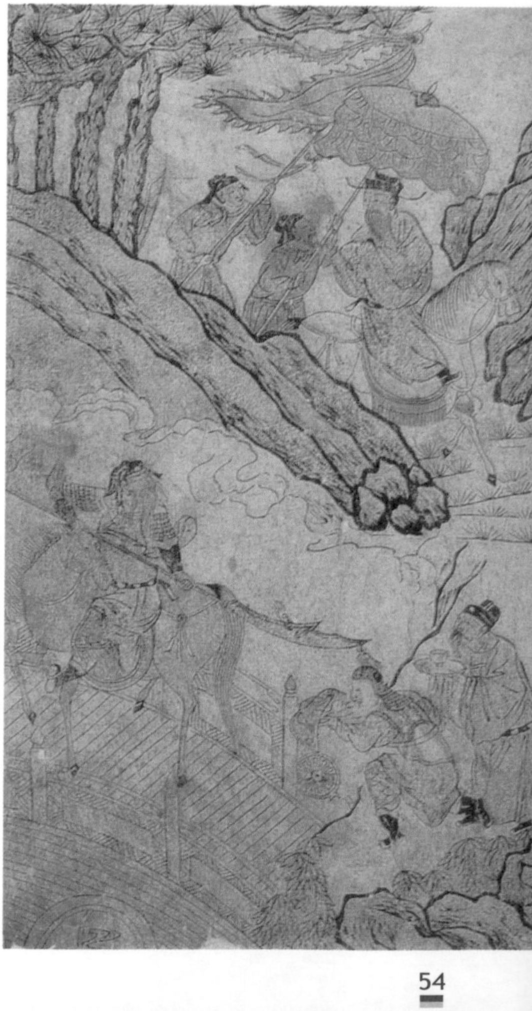

清初版八色套印本《繡像三國誌》

這是名著《三國演義》其中最為珍貴的版本，採用餖版彩色印刷（即木刻水印）的方式印製。

銳部隊的青州兵也難以抵擋，曹軍陣形被呂布衝殺得大亂。曹操倉皇撤逃，慌亂中墜馬，左手被燒傷，多虧部下搭救，才勉強撤出。

曹操與呂布交戰不利，雙方展開對峙。不久旱災大起，穀物顆粒無收，百姓相食，慘不忍睹。兩軍均糧草告急，於是各自罷兵，呂布襲取兗州得手。

轅門射戟

襲取了兗州的呂布卻並不善於守住戰果，只過了一年，重整旗鼓的曹操便帶領大軍殺奔而回。呂布部署手下應戰，但接連被曹操設計擊破。呂布只得親率萬餘人迎戰曹操，當時曹操兵士大部分被派去搶收麥子，營中留守不足千人，情勢十分危急。曹操果斷地擺出「空城計」，命婦人守營，以示呂布。呂布果然中計，他懷疑曹操藏有伏兵，於是退兵紮營。第二天，曹操將歸來的士兵一半埋伏，一半出戰誘敵。呂布再次中計，他率兵一路追擊，中了曹操的埋伏，被殺得大敗。曹操則乘勝追擊，一舉將兗州地盤重新奪了回來。呂布兵敗，與陳宮一道遁逃而去。張邈向袁術求救未果，被手下兵士殺死。

兗州得而復失，走投無路的呂布前往徐州投奔劉備。呂布對劉備說：「我與你都是邊境地區的人（五原郡和涿郡都是邊境）。我見各路聯軍興兵討董，便響應號召殺了董卓，但如今各方勢力中沒有願收留我的，反而都想殺我。」說完，他讓自己的妻子出來拜見劉備，並宴請劉備，口稱劉備爲弟。劉備見呂布言語無常，外表雖同意接納，但心中很不高興。

不久，劉備與袁術之間爆發戰事。此時，呂布反覆無義的性格再次暴露出來，他在袁術的挑撥和蠱惑下，竟然趁劉備不在，縱兵奪取了劉備的下邳。失去下邳的劉備無處可去，作戰又不是呂布的對手，於是只得忍住惱怒，回軍投靠呂布。呂布將劉備派往小沛駐守，自己則自領徐州刺史。

袁術見劉備失勢，便命大將紀靈起兵三萬再次攻打劉備。劉備自知難敵，向呂布求救。呂布的將領們都認爲這是借他人之手除掉劉備的最好時機，呂布卻頗有眼光地說：「不然。如果袁術消滅了劉備，那麼我軍將陷入袁術的包圍圈中，所以劉備不能不救。」於是，呂布親自帶著千餘人馬前去支援劉備。袁術的部隊聽聞呂布駕到，都收兵不敢再戰了。

呂布不想與袁術爲敵，也不能坐視劉備覆滅，於是他心生一計：他命人邀請紀靈等人來自己的營中赴宴，並對他們說：「劉備是我呂布之弟，我弟被你們所困，我自當前來救他。我生平不喜歡爭鬥，但喜歡消解分爭

河南滎陽虎牢關呂布點將台

罷了。」說完，他命人在帳外的營門舉起一支戟，並對眾人講：「你們看我在這裡用箭射這支戟上的小支（戟一側的尖角），一發射中的話，你們就罷兵回去，不中的話隨你們決鬥就是。」話音未落，呂布搭弓開弦，一箭正中戟上小支。眾人都被呂布如此精湛的武藝震驚，紛紛大呼：「將軍天威也！」對於呂布的建議無人敢不從。於是第二日，紀靈領兵歸去，劉備化險爲夷。而呂布「轅門射戟」的故事，也成爲三國歷史上的一段傳奇。

狼子野心

袁術想要聯結呂布，互爲支援，於是他爲自己的兒子向呂布的女兒求親，得到了呂布的應允。袁術隨即向呂布宣告了想要自立稱帝的想法，並催促呂布盡快將女兒送來完婚。

呂布手下的沛相陳珪深知呂布與袁術的爲人，深怕這門婚事達成後，兩人在徐州與揚州的勢力聯合，將成爲國家的災難，於是他勸呂布說：「曹操奉迎天子，輔佐朝政，馬上就要征討四方，將軍應該和他協同謀劃，以圖領地的安全。如今您卻與僭號的袁術結成婚姻之好，遭受天下不義的罵名，如此一定會招來災禍。」呂布原本就對當初袁術不接納自己之事懷有怨恨，聽罷陳珪一席話後，立即追回了已在半路的女兒，毀棄了這門婚事。接著，他派遣陳珪的兒子陳登前往聯絡曹操。曹操大喜，封呂布爲左將軍。陳登對曹操講述了呂布有勇無謀、反覆無常的行徑，勸曹操盡早將其消滅。曹操聽後，感歎道：「呂布，狼子野心，誠難久養。」並與陳登商議裡應外合之計。

遭到悔婚的袁術惱羞成怒，聯合了韓暹、楊奉等，出兵攻打呂布。呂布採納陳珪的建議，使用計策分化瓦解袁術的陣營，誘使韓暹、楊奉的兵馬與自己一併反攻袁術，袁術大敗。

命殞白門樓

漢獻帝建安三年（一九八年），佔據徐州的呂布再次反叛，背棄了與曹操的聯盟，又投向了袁術一方。呂布派遣大將高順攻打劉備屯駐的小沛，並將其佔領。劉備向曹操求援，曹操派遣大將夏侯惇出兵援助，但同樣被勇猛的高順擊敗。

曹操見狀，決定親征呂布，徹底剿滅這一心腹之患。陳宮勸呂布出兵迎擊曹軍，呂布卻想等曹軍到來再行廝殺。等到曹操率軍攻至城下，慌亂的呂布又想畏罪投降。陳宮等人勸阻了呂布：「曹操逆賊，哪能容你！今日投降，自取滅亡！」呂布無法，連忙派人去向袁術求救。袁術心中怨恨悔婚羞辱之事，只答應虛張聲勢假作支援，並不派兵營救。已成困獸的呂布只得將女兒用織錦纏身，綁在馬上，想趁夜送出城去交給袁術，然而遭到曹軍阻擋，未能成行。

曹操率兵將呂布圍困城中三個月之久，呂布手下諸將逐漸產生異心。呂布信任的將領侯成、魏續、宋憲等人叛變，生縛了陳宮，開城投降。呂布與麾下將士登上白門樓繼續抵抗。無奈被曹軍重重包圍，呂布見大勢已去，也終於投降。

呂布被捆綁押到曹操面前，呂布大叫：「捆得太緊了，稍微鬆些。」曹操笑著說：「縛虎不得不緊啊。」呂布畏死，向曹操懇求說：「明公所憂患的不過是我呂布，如今我臣服於你，天下就不足憂慮了。明公率領步兵，我率領騎兵，天下何愁不定！」曹操聽後，心有所動。這時，在一旁的劉備說道：「明公忘了呂布侍奉丁原和董卓的事了麼？」曹操聽後，默然點了點頭。呂布朝向劉備大罵道：「大耳兒（劉備）最不可信！」未等說完，便被押了下去。曹操命人將呂布用繩勒死，並砍下他的頭，傳首許都。一代武將，就此殞命。

呂布之死

《三國演義》第十九回插圖：白門樓呂布殞命。

河北之爭

袁紹起兵會盟四方勢力，討伐董卓；董卓西逃長安，盟軍內訌自散。袁紹回到根據地，透過恩威並施的經營手段，逐漸強大起來，成為冀州的霸主；而北部邊陲的幽州也在白馬將軍公孫瓚的開拓下，異軍突起。於是，一場決定著黃河以北廣大區域歸屬的大戰，便在冀州和幽州之間、袁紹與公孫瓚之間轟轟烈烈地展開了。

袁紹「生吞」冀州

袁紹會盟各路勢力討伐董卓，逼得董卓西逃長安。然而各路兵馬各懷異志，內訌不斷，不思進取，承載著天下希望的聯軍就這樣自行土崩瓦解了。曾爲盟友的四方勢力隨即展開了彼此兼併的殘酷戰爭，兗州刺史劉岱出兵擊殺了東郡太守橋瑁，並另立了東郡太守；而曾爲會盟大軍中一員的奮武將軍公孫瓚則趁冀州牧韓馥的軍隊停駐在安平之時，出兵進襲，並揮師以「討董」爲名，兵鋒直指冀州。

盟軍解散後，袁紹率軍回到延津，此時的他只是區區一個勃海太守，雖是天下知名的人物，但領地與兵馬都十分有限，若想稱霸一方還需另做打算。他注意到冀州牧韓馥性格儒弱，爲人膽小怕事，能力平庸，且在公孫瓚的攻勢下，連戰連敗，根本沒有能力掌控冀州，於是他派遣手下高幹、荀諶等人作爲說客去遊說韓馥。荀諶故意嚇唬韓馥說：「公孫瓚乘勝從北而來，連戰連捷；而袁紹將軍正率軍從西邊過來，也不知是來做什麼，我隱隱感到您危險了。」韓馥嚇壞了，連忙請教如何是好。荀諶又說：「公孫瓚率領的軍隊銳不可當，而袁紹乃是豪傑，也必定不會爲您賣命。您所在的冀州是天下的重地，如果袁紹、公孫瓚合力攻打您，您的危亡就是轉眼的事。袁紹的家族與您有故交，而且你們也算是同盟，如今我爲您從長計議，不如將冀州讓給袁紹。袁紹得了冀州，公孫瓚就不能與

東漢・紅陶武士俑

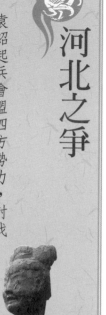

他爭奪了，這樣，袁紹必定非常感謝您。而您將冀州讓給袁紹，也能得到讓賢的美名，那麼身家性命就如泰山一般安穩。希望您別再猶豫了！」韓馥聽後深以爲然，他的屬下知道了以後都勸阻他說：「袁紹不過是仰仗我們的鼻息而存，哪有我們對他俯首稱臣的道理？」然而膽小怕事的韓馥聽不進這些，乖乖地將冀州拱手讓給了袁紹。

不費吹灰之力就奪取了冀州，袁紹的實力陡然增強。董卓見袁紹強大起來，一怒之下屠殺了尚在京城的袁氏族人。當時，由於袁紹的聲望很高，各地統治者爭相依附，各州各郡也都打著他的旗號，聲言要爲袁紹報仇，這讓袁紹的聲勢盛極一時。

而不聽勸阻、一意讓出冀州的韓馥，則落了個荒唐斃命的結局。他擔心袁紹會過河拆橋殺掉自己，便跑到鄰近的張邈處避難。有一次，袁紹派人到張邈處商議軍事，韓馥在座。韓馥見袁紹使者與張邈竊竊私語，以爲是要加害自己，於是，嚇破了膽的他連忙跑到廁所，以小刀自殺。

白馬將軍公孫瓚

就在袁紹佔領冀州、實力大爲增加的同時，冀州北面的幽州也崛起了一路強大的勢力，其爲首的將領就是人稱「白馬將軍」的公孫瓚。

公孫瓚，字伯珪，遼西令支（今河北遷安西）人。他相貌英偉，聲音洪亮，武藝非凡，膽識過人。公孫瓚出身官宦世家，但因其母親身分低微，所以青年時的公孫瓚只在郡衙內做一名書佐（負責文件抄寫），並與劉備一同在涿郡大儒盧植門下讀書。

公孫瓚爲人俠義，常有慷慨之舉。當時，公孫瓚的上司太守劉基因事獲罪，要被押往洛陽審判，公孫瓚自願隨行，一路駕車侍候。劉基被判發配日南郡（今屬越南），公孫瓚備好酒肉祭祀自己的祖先，他舉杯說道：「以前爲人子當盡孝道，而今爲人臣當盡忠心，理應隨同太守共赴日南。日南多瘴氣，也許不能活著回來，就此別過列祖列宗。」說完又拜了兩拜，便慷慨上路了，在場的人無不歎息落淚。所幸的是，劉基在發配途中就被赦免而還。

不久，公孫瓚被本郡推舉爲孝廉，做了遼東屬國長史。有一次，他帶著數十騎兵出塞巡視，不幸遭遇鮮卑族的數百騎兵。危急時刻，公孫瓚果斷地對眾人講：「今日如不奮力衝殺，我們就要盡死於此！」說完，他拿起長矛，在矛的兩端綁上利刃，然後策馬殺入敵陣，手斬數十人，終於帶著大家殺出了一條生路。鮮卑人忌憚公孫瓚如此勇猛，自此不敢再入塞侵犯。公孫瓚也因此被提拔爲涿令。

東漢光和年間，涼州賊兵叛亂，

朝廷征發幽州精銳騎兵三千人助剿，任命公孫瓚統帥這批人馬。公孫瓚率軍前進到薊中地區，趕上漁陽人張純引誘遼西烏丸首領丘力居作亂薊中，公孫瓚率軍征討張純等人有功，被提拔爲中郎將，封都亭侯。而後的四、五年間，公孫瓚不斷與北方少數民族的軍隊作戰。他常常與善騎射的幾十名屬下，騎白馬分列陣前，自稱「白馬義從」，因此人們又稱公孫瓚爲「白馬將軍」。北方少數民族對公孫瓚既憎恨又畏懼，他們相互轉告，出兵要躲開「白馬長史」，甚至還描繪公孫瓚的畫像，用箭射之，以洩憤恨。

公孫瓚霸幽州

當時，統領幽州事務的是幽州牧劉虞。劉虞爲人寬厚有信義，聲望天下知名，他主張對少數民族採取懷柔政策，反對相互攻殺，因此在少數民族當中有著很高的威信。劉虞到任後，作亂的少數民族軍隊紛紛退兵歸去。但這卻危害到公孫瓚的利益，公孫瓚擔心劉虞會搶了自己的功勞，於是屢屢暗中作梗，阻撓劉虞政策的施行，兩人也因此結下仇怨。

董卓主政後，封劉虞爲大司馬，公孫瓚爲奮武將軍。聯軍興兵討董，劉虞在列，公孫瓚從屬。袁術約請劉虞聯合出兵，公孫瓚認爲袁術心懷不軌，勸阻劉虞，劉虞不聽。公孫瓚擔心劉虞會在袁術面前說自己的壞話，於是也出兵數千支援袁術，暗中唆使袁術奪取劉虞的兵馬，然而事情敗露，劉虞與公孫瓚之間的關係變得更爲惡劣。

眼看著剽悍的公孫瓚實力越發強大，且屢懷不軌之心，劉虞深感自身難保，於是決定先發制人。他率兵襲擊公孫瓚的居城，公孫瓚的部隊在外，毫無防備，倉促之中準備棄城逃跑。然而劉虞以仁厚著稱，軍隊很少作戰，戰力有限，兼之軍紀嚴明，愛惜百姓，不燒民宅，這就爲公孫瓚的反撲留下了隱患。後來，公孫瓚率軍在城中放火，點燃大片民宅，自己率

公孫瓚像

公孫瓚，？至東漢建安四年（？至一九九年），字伯珪，遼西令支（今河北遷安西）人，為東漢末年的軍閥。

領精銳騎兵突擊劉虞的部隊，一舉將其擊潰。潰敗的劉虞逃至居庸，公孫瓚攻克居庸，生擒並殺死了劉虞及其親族。至此，公孫瓚得到了幽州的實際控制權，稱霸幽州。

界橋之戰

冀州袁紹、幽州公孫瓚——黃河以北的兩大區域相繼崛起了稱霸的勢力，所謂一山不容二虎，袁紹與公孫瓚於是展開了對河北的激烈爭奪。

早在公孫瓚擒殺劉虞之前，他與袁紹便進行了一場大戰，史稱「界橋之戰」。當時，公孫瓚派往支援袁術的部隊由他的堂弟公孫越統領。袁紹與袁術兄弟不和，袁術手下的孫堅率兵進攻董卓，袁紹卻令親信周昂襲擊了孫堅的領地。袁術命孫堅與公孫越率兵攻打周昂，結果公孫越不幸戰死。公孫瓚因此大怒，將弟弟的死歸咎於袁紹，出動大軍要找袁紹興師問罪。當時的袁紹實力尚有不足，他畏懼公孫瓚的攻勢，派人將自己的勃海太守印綬送給了公孫瓚的弟弟公孫範，並將勃海郡讓給了公孫範，想以此討好公孫瓚。誰知公孫範到了勃海郡，立即集結部隊支援公孫瓚。公孫瓚的大軍一路南下，又接連擊敗並收編了當地的數萬黃巾軍，聲勢越發壯大。袁紹無奈只得迎擊，兩軍在界橋擺開陣勢。

公孫瓚將三萬步兵列爲方陣，方陣左右兩翼各有五千精銳騎兵，公孫瓚親率能突善射的「白馬義從」爲騎兵中堅，旌旗鎧甲，光照天地。袁紹則令大將麴義率八百步兵爲先鋒，千餘名弩手在後接應，自己帶領數萬步兵坐鎮後方。公孫瓚見袁紹兵少，便放出騎兵去衝擊先鋒麴義的步兵。麴義常年居住在涼州，十分熟悉羌族的作戰方式，他的部隊也都個個驍勇善戰。面對衝擊而來的敵人騎兵，麴義命令士兵先躲在大盾之下不動，等到

《三國演義》繡像插畫：袁紹磐河戰公孫瓚

東漢末，袁紹屯兵河內，因缺少糧草而謀冀州。於是用計誘公孫瓚起兵，於磐河交戰，公孫瓚不敵而敗下陣來，冀州最終被袁紹所據。

對方騎兵衝到跟前時，才揚起塵土，大聲喊叫，逕直撲殺過去，而埋伏在後的弩手也箭矢齊發。公孫瓚的騎兵被這雷霆一擊的攻勢打得措手不及，死傷無數，騎兵主將嚴綱也被麴義生擒。袁紹揮軍乘勝追殺，公孫瓚大敗而逃，死傷不計其數。

界橋一戰，袁紹大獲全勝，不僅鞏固了自己在冀州的地位，同時扭轉了河北之爭的實力對比。公孫瓚兵敗後，實力大為折損。

袁紹滅公孫

界橋戰敗，公孫瓚收拾殘部退回幽州。不久，在與劉虞爭奪幽州的戰鬥中，公孫瓚擒殺了天下聞名的劉虞。奪得了幽州控制權的公孫瓚開始傲慢自大起來，他不恤百姓，記過忘善，對與自己有過舊怨的人更是睚眥必報，性格變得愈來愈極端。

劉虞被殺後，劉虞生前的部屬鮮於輔、齊周等人感念劉虞的恩情，決心為其報仇。他們共同推舉燕國的閻柔為烏丸司馬，率領舊部攻擊公孫瓚。閻柔知北方的少數民族懷念劉虞，便邀請烏丸、鮮卑各族共同出兵，聚集起了一支包括胡、漢各族兼有的數萬人馬的軍隊。閻柔率這支部隊與公孫瓚設置的漁陽太守鄒丹大戰於潞河北岸，大破鄒丹。袁紹見狀，派遣麴義出兵協助閻柔，雙方合兵十萬，攻向公孫瓚。

此時的公孫瓚已不是袁紹的對手，面對袁紹的攻勢，公孫瓚屢戰屢敗，只得退到易京（今河北雄縣西北）固守。他構築了嚴密的防禦工事，在城池外深挖了十重戰壕，在戰壕內築起無數的土台，每座土台高約十幾公尺，台上設有箭樓；又在最中央的戰壕內築起一個幾十公尺的高台，台上修築堡壘，供

東漢．石騎馬人

三國時期的北方民族

在三國時期，中國北方各勢力的兼併戰爭中，經常能夠看到少數民族部隊的身影，他們的剽悍善戰，爲人們留下了深刻的印象，其中比較有名的北方少數民族有匈奴、烏丸和鮮卑。

匈奴與中原漢族的交往較早，雙方也曾爆發過激烈的戰爭。到了東漢末年至三國時期，南匈奴在首領於扶羅和呼廚泉的率領下，積極參與中原的爭霸戰爭，在多次反覆於叛亂、歸順、敵對、協助之間，扮演著「傭傭軍」的角色，影響了中原的戰局。

烏丸又稱烏桓，是東胡部落的一支，他們發跡在烏丸山，活動於今西拉木倫河兩岸及歸喇里河西南地區，並因此得名。烏丸以遊牧爲生，西漢時期遷入幽州北部一帶，並逐漸壯大。東漢末年，烏丸與北方各個勢力之間戰事不斷，直到曹操遠征烏丸之後，這個民族逐漸消失在歷史中。

鮮卑也是東胡部落的一支，東漢末年在首領檀石槐的領導下統一，但爲時不久又陷入分裂。而後鮮卑在其首領步度根和柯比能的率領下，與曹魏政權先和後戰，成爲中原的一大隱患。

自己居住。爲了防止自己發生不測，他斥退了所有的隨從，下令男子七歲以上者不得進入堡壘，自己則與妻子兒女整日生活在堡壘之中。決心死守的公孫瓚在這座城池中囤積下三百萬斛糧草，他得意地對旁人說：「如今天下的形勢並不是我能決定的，那麼我不如休兵固守，保存實力。兵法有云：『百樓不攻』，如今我有上千座箭樓，對手拿我無可奈何。等我用完了這些糧草，天下的形勢就會分明了。」袁紹與閻柔的兵馬圍著公孫瓚的城池連年進攻，無奈工事壁壘森嚴，均未得手。

公孫瓚死守易京數年之久，漢獻帝建安四年（一九九年），袁紹決意徹底剷除這一勁敵。他悉數調遣境內兵馬，將公孫瓚的城池團團圍住。公孫瓚派人向屯聚在黑山的兵眾求援，想要裡外夾擊袁紹的部隊，並約以舉火爲號。然而送信的信使卻被袁紹擒住，袁紹將計就計，按照書信中約定的時刻舉火，引誘公孫瓚出陣。公孫瓚中計出城，袁紹設下埋伏，大敗公孫瓚，公孫瓚只得帶著殘兵再次退守城池。袁紹命人朝向城池挖掘地道，將每座箭樓下面慢慢挖空，用木樁頂住承重，然後逐個燒燬木樁，令其上的箭樓塌陷崩倒，順利地摧毀了公孫瓚的防禦工事。公孫瓚見袁紹的部隊攻到了碉堡，大勢已去，自知必敗，於是他將妻子和孩子盡數殺死，而後引火自焚了。

消滅了公孫瓚之後，袁紹徹底統一了黃河以北的疆域，成爲當時北方最大的勢力。

煮酒論英雄

劉備投靠了「挾天子以令諸侯」的曹操。曹操對這位真英雄既忌憚防範，又惺惺相惜。懷著這樣複雜的心情，曹操邀請劉備做客，「煮酒論英雄」。與此同時，漢獻帝不甘淪為曹操的傀儡，以衣帶密詔命近臣誅殺曹操，卻不幸計畫敗露；劉備參與了這場計畫，但幸運地躲過了曹操的毒手。

衣帶密詔

劉備被呂布襲取了下邳，走投無路中，遇見前來征討呂布的曹操大軍，於是便投靠在曹操軍中。曹操討滅了呂布，班師回朝，劉備因此得與漢獻帝相見。漢獻帝得知劉備爲漢室宗親，尤爲親愛，並依輩分尊劉備爲皇叔。

此時的漢獻帝正心中鬱悶。自從被曹操接到了許都之後，剛逃過兵荒馬亂的漢獻帝卻又陷入了曹操「挾天子以令諸侯」的陷阱。曹操自封爲司空，代行車騎將軍職務，總攬了朝中文武大權，百官都必須聽命於他。而被架空的漢獻帝，甚至連自己身邊的守衛和隨從，也全都是曹操的黨羽或者親戚。

漢獻帝的行動被嚴格監視，曹操不允許漢獻帝瞭解太多天下的事情。議郎趙彥爲人忠直，不畏曹操的威脅，堅持爲漢獻帝講述天下的形勢，結果被曹操殺死。類似趙彥這般對漢獻帝盡忠的臣子，大都遭到了曹操的殺戮，所剩無幾。

漢獻帝對曹操僭越的行徑忍無可忍，卻又毫無還手之力，只得以他特有的方式發洩這「寄人籬下」的憤怒。有一次，曹操有事向他稟奏，漢獻帝將滿腔的怨恨化作了舉重若輕的

漢獻帝伏皇后像

伏壽，漢獻帝劉協的皇后。建安二年（一九五年）被立為皇后，建安十九年（二一四年）因不滿曹操誅殺董承，與父親伏完密謀殺曹操，事情敗露後被禁閉冷宮，最後自縊。

兩句話：「你若是能輔佐我，那就請你做人寬厚一點；如果不能，那就請你開恩把我捨掉吧」。曹操沒想到已成傀儡的漢獻帝敢於這樣宣洩自己的不滿，頓時嚇得大驚失色，汗流浹背，倉皇告退而出，自此不敢再朝見漢獻帝了。

然而曹操的專權卻日甚一日。正在漢獻帝苦於無能爲力之時，頗具名望的劉備出現了，這讓他找到了可以倚重的力量。漢獻帝決定鋌而走險，效仿先帝們翦除外戚和宦官集團的經驗，借助劉備等的幫助除掉曹操。

漢獻帝建安五年（二〇〇年）正月的某一天，漢獻帝招來值得信賴的車騎將軍董承，爲防人耳目，漢獻帝賜予他一條衣帶（腰帶），衣帶中藏有密令誅殺曹操的詔書。董承按照漢獻帝的旨意，密會劉備，將漢獻帝的旨意傳達。劉備當即受詔，應允爲國除奸，共舉大事。董承又聯絡了幾位朝中可堪託付的大臣，其中有長水校尉種輯、將軍吳子蘭、偏將軍王子服（《後漢書》作王服）、議郎吳碩等。

煮酒論英雄

劉備投靠而來，曹操自然十分重視，在曹操看來，普天之下，只有劉備才是能與自己相提並論的人物，因此對劉備是既欣賞又防範。曹操一方面向漢獻帝表薦劉備爲前將軍，用隆重的禮節款待劉備，出行便與劉備同乘一車，落座便與劉備同坐一席，極見尊重；另一方面，曹操卻時常派人去造訪劉備居所，或窺視，或打探，隨時掌握劉備的動向。劉備自知寄人籬下的危險，又接受了漢獻帝的密詔，所以平日裡行動極爲小心謹慎，生怕走漏了風聲，引起曹操的懷疑。他故意在居所中開闢出一塊菜地，每日閉門種菜爲樂，以此向曹操顯示自己並無大志。

然而曹操並沒有被劉備的故意示弱所迷惑。一日，他邀請劉備來自己

「我亦不知命在何時！」

密詔慘案的主犯董承之女是漢獻帝身邊的貴人（妃子），曹操命人將她一同誅殺。當時她正懷有漢獻帝的骨肉，漢獻帝數次懇求，但終究換不回她的性命。漢獻帝的伏皇后被曹操的殘暴激怒，寫信給自己的父親中散大夫伏完，讓他想辦法誅殺曹操，但伏完不敢。伏完去世後信件被查出，曹操聞之大怒，命人廢掉伏皇后，並將其下獄。伏皇后被士兵從後宮押出，走過漢獻帝面前，她對著漢獻帝行了訣別之禮，悽慘地問了一聲：「不能再救我一次麼？」漢獻帝無限悲歎：「我亦不知命將盡於何時！」曹操將伏皇后禁閉冷宮，逼其自縊，伏皇后所生的兩位皇子也都被他用毒酒所殺。

《三國演義》插圖：董國舅內閣受詔

府上做客，酒宴之間，半是酒酣興起，半是有意試探，他引劉備進行了一場品評天下豪傑的談話。這場談話經過《三國演義》的渲染，成了令後人拍案叫絕的「煮酒論英雄」。

在正史中，「煮酒論英雄」並沒有小說中那麼曲折的描述，但仍不失精彩。不提時間和地點，也隱去了你來我往的對話，有的只是曹操在席間從容地對劉備說的一句話：「今天下英雄，唯使君與操耳。本初（袁紹）之徒，不足數也。」正在吃飯的劉備聽到這句石破天驚的話，心中猛地一驚，手中的筷子不由得抖落在地。此時，正巧天上打了一聲驚雷，劉備連忙笑著向曹操掩飾道：「聖人說『迅雷風烈必變』，看來果然是這樣。你看一個雷的威力，竟把我嚇成這樣。」

酒宴歸來，曹操的話讓劉備寢食難安。一山不容二虎，曹操已將自己視爲等量齊觀的人物，再待下去早晚必被翦除。曹操是否已經察覺到了密詔的事，而故意試探自己呢？危險的處境讓劉備決定盡早脫身。

恰巧此時淮南的袁術稱帝不成，成爲眾矢之的，慘敗之中率領殘兵想向北經過徐州，投靠袁紹。呂布死後，袁紹已成爲曹操的最大敵人，袁術與袁紹的聯合自然是曹操所不想看到的。劉備便藉機向曹操借兵，藉口前往徐州阻擊袁術。曹操考慮到阻擊袁術的必要性，應允了劉備的請求，並派手下將領朱靈、路招輔助劉備（實則從旁鉗制）。曹操的謀臣郭嘉等人認爲放走劉備是放虎歸山，極力諫阻，但曹操認爲劉備雖爲英雄，但實力太弱，不足以構成威脅，況且傷害劉備有損招賢納士的名聲，也就未加阻攔。

就這樣，劉備爲形勢所迫，匆匆逃出了許都，而只得把密詔之事放在一邊。

密詔慘案

然而正如郭嘉等人所預料的，逃出曹操控制的劉備有如虎歸山林、魚入大海。劉備率軍還沒趕到徐州，袁術便病重而死，於是失去敵人的劉備將部隊停駐在徐州，並遣還朱靈、路招等人回許都覆命。朱靈等曹操親隨才剛剛離開，劉備便命人殺死了曹操任命的徐州刺史車冑，佔據了徐州。

徐州周邊的百姓懷念劉備當初的恩情，各郡縣紛紛反叛，歸降了劉備，劉備一下子擁有了數萬的人馬。惱羞成怒的曹操派將軍劉岱、王忠率軍攻擊劉備。二人無法攻克劉備，無奈只得退兵。

與此同時，劉備的出走令董承等人的計畫不得不做出變更。董承決定借助一部分許都的兵馬來實施計畫，他對王子服說：「郭汜手下有數百士兵，曾擊潰李傕數萬部隊，可以作為舉事的力量，但你一定要與我同心協力！昔日呂不韋的門庭，因為他將子楚推為秦王而光大，如今我與你就是當今的呂不韋了。」王子服回答道：「我不敢當此稱號，但我們的兵實在太少了。」董承說：「我們誅殺曹操的事成後，可以控制曹操現成的兵馬，兵怎麼會不足呢？」王子服又問道：「許都還有誰協助我們？」董承回答說：「長水校尉種輯、議郎吳碩是我心腹的部下。」於是，二人定下誅殺曹操的計策，開始暗中準備。

但許都遍佈曹操的眼線，沒等董承他們下手，曹操便從揭發者口中得知了他們的計畫。漢獻帝建安五年（二〇〇年），密謀洩露，曹操對參與計畫者展開了血腥的屠殺。董承、王子服等一干人被殺，連帶他們的三族數百人被一併處死。漢獻帝身邊最後一批忠正之臣，慘死刀下。

董承一干人等肅清後，曹操率領精兵進攻徐州。劉備沒有想到曹操的軍隊會來得這樣迅速（此時袁紹已進兵官渡，曹操的主力被牽制在北邊），被曹操打得猝不及防，敗退而逃。曹操重又奪回徐州，並俘虜了劉備的妻兒和大將關羽。而敗潰的劉備只得一路北上，投靠袁紹去了。

曹操劉備「煮酒論英雄」雕塑
位於河南許昌灞陵公園青梅亭。

官渡之戰

北面，袁紹消滅了公孫瓚，據有了冀、幽、青、并四州之地，成為當時中國實力最為強大的統治者；南面，曹操剿滅了呂布，平定了兗州、徐州和豫州，「挾天子以令諸侯」，成為天下最為名正言順的勢力。袁紹與曹操之間，一場不可避免的霸主之爭隨即展開。最終，曹操以弱勝強，一場蕩氣迴腸的官渡之戰，永載史冊。

袁紹不「齒」人下

袁紹消滅了公孫瓚，勢力覆蓋冀、幽、青、并四州的廣袤疆域，坐擁強兵十餘萬，成爲黃河以北當之無愧的霸主。對於袁紹來說，接下來最大的敵人，顯然是昔日的盟友——佔據自己南面兗、徐、豫三州，「挾天子以令諸侯」的曹操。

而此時的曹操雖然實力正蒸蒸日上，但比起北面的袁紹，無論從兵力、經濟還是人才的角度，都遠遠遜色。因此，曹操對袁紹一直採取「懷柔」的政策，不斷向袁紹示好，以此爭取時間，儲蓄實力。

袁紹與曹操相比之下，原本袁紹優勢是明顯的，但他缺少謀斷、優柔多疑的性格特點卻在此時顯露出來，使其逐漸將優勢拱手讓人。早在曹操迎奉天子之前，袁紹手下的謀臣沮授（一說是郭圖）便率先向袁紹進獻了「挾天子以令諸侯」的策略，勸袁紹將漢獻帝接來鄴城，但缺乏遠見的袁紹放棄了這個唾手可得的機會。等到曹操實現了這一策略，袁紹才又後悔，派使者去和曹操商量，想將天子接到離自己較近的鄄城，曹操自然拒絕了他的要求。

不久，曹操以天子之命封袁紹爲太尉，而封自己爲大將軍。收到策命的袁紹得知自己位列曹操之下，當即火冒三丈。他拒不接受策命，還破口大罵：「曹操早該死好幾次了，都是

袁紹像

袁紹，字本初，東漢末年群雄之一，官至大將軍、太尉，封鄴侯。

我出于相救才讓他活了下來，如今他竟背棄恩情，挾持天子來命令我！」曹操得知後，立即辭掉了大將軍之職，轉任司空，而將大將軍的高位轉送給袁紹，並加封袁紹爲鄴侯。袁紹不願輕易被安撫，雖然接受了大將軍的職位，但仍推辭掉了鄴侯的封號，以此表示對曹操的不妥協。

袁紹與曹操，雙方的衝突顯露而直接，一場大戰只是遲早的問題。漢獻帝建安四年（一九九年），剛剛消滅了公孫瓚的袁紹稍作休整，便在境內精選了十萬精兵，萬餘馬匹，任命審配、逢紀統領軍事，田豐、荀諶、許攸爲謀臣，顏良、文醜爲大將，以「爲國除奸」爲名，悉遣手下精銳向曹操襲而來，率先挑起了這場意料之中的大戰。

沿河對峙

爲了迎戰強大的袁紹，曹操做了周密而有效的部署：他以攻爲守，以求取得戰略上的主動，並派遣大將臧霸率精兵攻入袁紹控制的青州，佔領齊（今山東臨淄）、北海（今山東昌樂）、東安（今山東沂水縣）等地，牽制袁紹，鞏固自己的右翼；令大將于禁率步騎兩千駐，守黃河南岸的重要渡口延津（今河南延津北），協助扼守白馬（今河南滑縣東）的東郡太守劉延，阻止袁紹大軍的渡河並長驅南下；自己則親率主力在官渡（今河南中牟東北）一帶築壘固守，迎擊袁紹的正面進攻。曹操自知實力不如對手，所以他放棄了分兵把守黃河沿線的辦法，採取了集中兵力把守各個隘口的策略。

反觀袁紹一方，正如曹操所預料的，在決定成敗的關鍵時刻，袁紹又暴露出優柔寡斷的弱點。在起兵南下之初，袁紹的謀臣們便對出兵的時機問題發生了爭執。沮授和田豐認爲軍隊剛剛消滅了公孫瓚，又馬不停蹄地攻打曹操，百姓勞頓，糧草不足，實非上策，不如以逸待勞，憑藉自身的兵力優勢用騷擾戰術拖垮曹操，「三年之中，事可坐定也」。但審配和郭圖卻對此堅決反對，認爲敵弱我強，優勢明顯，討滅曹操，「譬若覆手」。兩派意見爭執不下，本應果斷做出選擇的袁紹卻在此刻猶豫不決起來。謀臣郭圖摸透了袁紹的心思，私下向袁紹說沮授的壞話，袁紹不僅信以爲眞，決定立即出兵，而且還削掉了沮授的監軍之權。

漢獻帝建安四年（一九九年），袁紹統領十萬精銳進軍黎陽（今河南浚縣東），準備渡過黃河南下。正當此時，傳來了劉備殺死徐州刺史車冑、佔據徐州、起兵反曹的消息。面對如此大好時機，謀臣田豐力諫袁紹，建議出奇兵襲擊曹操後方，大事可定，但袁紹竟以兒子生病爲由，拒

關羽耍大刀

河南許昌灞陵公園關帝廟拜殿內的「關羽耍大刀」壁畫。

絕了田豐的建議。極度失望的田豐將手杖狠狠地摔在地上，長歎道：「遇到如此難得的機遇，竟因爲孩子的疾病而失去了，可惜啊！」沒多久，曹操親征徐州，劉備落敗，袁紹失去了兩面夾擊曹操的最好機會。

斬顏良，誅文醜

漢獻帝建安五年（二〇〇年），袁紹展開了對曹操的大規模攻勢。他派遣大將顏良等人率軍攻打白馬，自己率大軍準備渡河。沮授勸阻袁紹說：「顏良性格急躁，雖然驍勇，卻不能獨當大任。」袁紹並不聽從。

曹操見袁紹來攻白馬，便移兵來救。謀士荀攸向曹操獻計說：「如今我方兵少難以克敵，必須分散對方的兵力。主公可率軍到延津，假裝要渡河北上襲擊袁紹的後方，袁紹必然分兵救援。然後我們派輕騎突襲白馬，攻其不備，顏良可擒。」曹操果斷地採納了這一建議，出兵延津，佯裝渡河。袁紹中計，分兵來救。曹操率領騎兵回軍突襲白馬，顏良措手不及，倉促迎戰。曹操派遣大將張遼和新近投降的關羽突擊，關羽一馬當先，突入敵陣，萬人之中直取顏良首級而還，無人可擋。大將被斬的袁軍頓時潰敗，白馬之圍解除。

大將被殺，袁紹惱羞成怒。他率大軍渡過黃河，追擊曹操，駐軍在延津以南，並派大將文醜和剛剛投靠而來的劉備領兵向曹操挑戰。曹操命人登高打探敵軍數量，探子回報說：「大約五、六百騎兵」。不久又回報說：「騎兵又增加了一些，步兵不計其數。」曹操說：「不用再稟報了。」接著，他令部隊解鞍放馬，佯裝懈怠，並令人將軍械等等軍用物資放置道旁。諸將都覺得敵人眾多，應該回營死守，只有荀攸看出了曹操的心思：「這是誘敵之策，怎麼能夠回營！」沒多久，文醜和劉備的五、六千騎兵殺到，眾將紛紛向曹操請戰，曹操說：「未可。」又過了一會兒，對方的騎兵數量愈來愈多，許多敵兵看到路邊的軍用物資，紛紛上前哄搶，亂作一團。曹操見時機已到，說了一聲：「可矣！」一躍跨上馬背，率眾衝殺上前。當時的曹操只有不到六百騎兵，卻以出其不意之攻勢，殺得敵方大亂。袁紹的大將文醜亂中被曹軍斬殺，袁軍潰散。曹操乘勝再戰，生擒袁軍主將。

官渡鏖兵

兩將被殺，一將被擒，袁軍上下一時大震。袁紹將兵馬轉移至陽武（今河南中牟以北），曹操則將部隊駐紮在官渡（今河南中牟東北）。兩軍兵鋒相接，展開了長時間的對峙。

袁紹命士兵將營壘一字排開，依沙錐築營，東西連綿數十里。曹操也命軍隊拉開陣勢，與袁紹針鋒相對。雙方短兵相接無數，兵力略遜的曹操逐漸處於下風。曹操命軍隊閉門不戰，固守營寨，袁紹則命人在營中築起無數土山，命弓箭手站在土山上俯射曹軍。一時間，曹軍營中箭如雨下，兵士行走都要用盾牌護擋，軍中人人恐懼。正在曹軍苦於無從應對之時，曹操的謀士劉燁發明出一種發石車（又稱霹靂車），可以彈射巨石，曹軍以此將袁軍的土山盡數毀壞。於是袁紹又命人向曹軍營地挖掘地道，意圖偷襲，曹操則在營中挖掘深溝用以阻擋。

長達數月的消耗與僵持中，曹操一方糧草和補給不足的缺點逐漸顯現。曹操眼見糧草將盡，心生退守許都的想法。他與謀士荀彧商量此事，荀彧對曹操說：「袁紹悉遣兵馬來到官渡，要與您決一勝負。您以弱敵強，若不能在官渡阻止他，必被他乘勝得勢，這是天下形勢變化的關鍵時刻。況且袁紹不過是凡人中的領袖罷了，能聚攏人才卻不能用好他們。以您的神武明哲，輔之以名正言順的名義，還愁什麼事情不會成功呢！」曹操聽後深以為然，決定留下來繼續堅守，等待最後時機的到來。同時，他採用荀攸的建議，派遣大將徐晃、史渙率領騎兵主動出擊，騷擾、抄掠袁紹的運糧隊，並燒燬了袁軍數千輛糧

河南鄭州官渡古戰場藝術宮

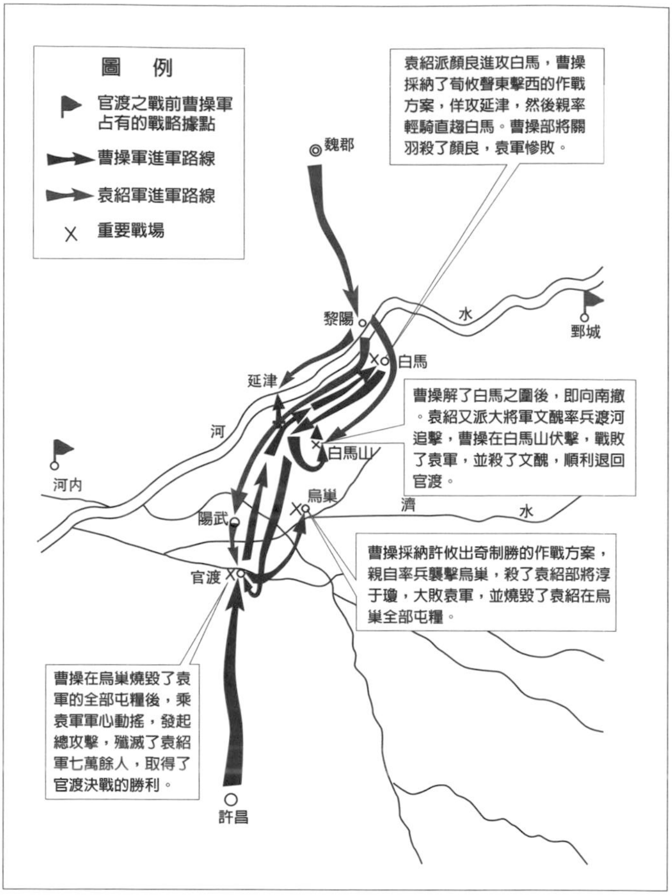
圖　例
官渡之戰前曹操軍占有的戰略據點
曹操軍進軍路線
袁紹軍進軍路線
重要戰場
袁紹派顏良進攻白馬，曹操採納了荀攸聲東擊西的作戰方案，佯攻延津，然後親率輕騎直趨白馬。曹操部將關羽殺了顏良，袁軍慘敗。
魏郡
黎陽
白馬
鄴城
水
延津
河
白馬山
河內
曹操解了白馬之圍後，即向南撤。袁紹又派大將軍文醜率兵渡河追擊，曹操在白馬山伏擊，戰敗了袁軍，並殺了文醜，順利退回官渡。
烏巢
濟
水
陽武
官渡
曹操採納許攸出奇制勝的作戰方案，親自率兵襲擊烏巢，殺了袁紹部將淳于瓊，大敗袁軍，並燒毀了袁紹在烏巢全部屯糧。
曹操在烏巢燒毀了袁軍的全部屯糧後，乘袁軍軍心動搖，發起總攻擊，殲滅了袁紹軍七萬餘人，取得了官渡決戰的勝利。
許昌

官渡之戰示意圖

車，袁紹也陷入缺糧的困境。

奇襲烏巢

漢獻帝建安五年（二〇〇〇年）十月，就在鏖戰雙方都陷入人困馬乏的境地之際，決定官渡一戰勝負的契機終於出現了。糧草屢被劫掠的袁紹命大將淳于瓊率重兵萬人北上，護送糧草而來，駐紮在距袁紹大營以北四十里的烏巢。沮授建議袁紹增派部隊保衛烏巢，防止曹操抄掠，袁紹卻覺得沒有必要而不予採納。

恰在此時，袁紹帳中的謀士許攸因屢屢不得重用，且對財富的欲望得不到滿足，偷偷逃出袁紹大營，前來投奔曹操。正苦於無計破敵的曹操聽聞許攸前來，興奮得連鞋都沒能穿上，光著腳跑出大帳來迎接許攸。他興奮地握著許攸的手笑道：「子遠（許攸字子遠）前來，我的大事可成了！」連忙將許攸接入大帳。許攸深知曹操缺糧，故意賣關子探問曹操：「袁紹勢大，你如何對付？如今還有多少糧草？」詭詐的曹操佯作自信地回答道：「還可以支持一年。」許攸笑著說：「不對，請說實話！」曹操又改口說：「還可用半年。」許攸反詰道：「你不想破袁紹麼？爲何不以實相告？」曹操笑了笑：「剛才說的都是玩笑話，其實還能撐一個月，我該怎麼辦呢？」許攸冷笑一聲：「你孤軍獨守，外無救援，糧草已盡了！」曹操見許攸一語道破眞相，連忙向他求教破敵之策。許攸說：「如今袁紹有萬餘車的糧草軍械停駐在烏巢，雖有萬人把守，卻防備疏鬆。如果你以騎兵突襲烏巢，出其不意，燒燬他的糧草軍械，那麼不出三日，袁紹自敗。」

官渡之戰的曹軍兵力

官渡之戰歷來被視作中國古代著名的以少勝多的戰役。至於雙方兵力的對比，一般的說法是曹操以一萬敵袁紹十萬大軍（參考范文瀾所著《中國通史》），而《三國志》中更是記載曹軍「兵不滿萬，傷者十二三」。

但早在南北朝，史學家裴松之就對這一兵力表示了質疑。他認爲曹操從收服青州黃巾軍開始，收編歸降的部隊人數便不在三十萬之下，而且從官渡之戰的具體表現來看，曹操能夠與十萬袁軍對擺陣列，屢次偷襲袁軍而主營不失，追擊潰逃袁軍而悉數擒住八萬之眾，足見曹軍數量絕非如書中所說的那樣寡少。

但另一方面，從許多關於官渡之戰的資料來看，曹軍以寡敵眾應是事實。眞實的情況應該是曹軍兵力遜於袁紹，但差距並不很大，數萬人馬應該是有的。至於具體數量，因爲無史可考，只能任由後人想像了。

曹操聽了許攸的建議，馬上召集兵馬準備出發。眾將都以爲許攸投誠真假難辨，偷襲烏巢過於冒險，勸阻曹操要三思，而謀士荀攸、賈詡卻力諫曹操前往。賈詡說：「明公英明勝過袁紹，勇氣勝過袁紹，用人勝過袁紹，決勝時機的把握上也勝過袁紹，有此四勝卻半年不能擊敗袁紹，就是因爲太想要通盤顧及了。您必須抓住決勝的時機，那麼大事可立定！」曹操聽後，決定孤注一擲，偷襲烏巢。

曹操派親隨曹洪留守大營，自己親率五千步騎兵星夜兼程，黎明時分趕至烏巢。淳于瓊見來襲的曹操兵少，便莽撞地放棄了守營的戰術，而將部隊在營外擺開。曹操率軍猛攻，淳于瓊不敵，退守營寨。得知偷襲消息的袁紹派出救兵支援烏巢而來。將領中有人建議曹操分兵阻擋敵人援軍，曹操大怒道：「等敵人殺到身後，再來稟報！」曹操破釜沉舟的決心激勵了將士，士兵們都殊死拚殺，一舉攻破烏巢大營，放火焚燒了袁紹的所有糧草與軍用物資。

糧草被燒，無糧的袁軍頓時人心渙散。被袁紹派往襲擊曹操大營的將領張郃、高覽見大勢已去，率眾投降。袁紹兵敗如山倒，袁紹與長子袁譚拋下大軍，狼狽逃往黃河北岸。未及渡河的七、八萬袁軍被曹操悉數擒獲，遭到殘忍坑殺。

曹操繳獲袁紹遺棄的大量軍械、珍寶，在這些袁軍物資中，還有曹操許多手下給袁紹寫的投誠示好的密信。就在眾將爲此人人自危之時，曹操卻命人將這些密信付之一炬：「在袁紹強大的時候，我尚且不能自保，何況眾人呢！」

官渡之戰，最終以曹操大獲全勝告終。曹操以少勝多，決勝一戰奠定了統一北方的基業；袁紹經此一戰，元氣大傷，沒多久便一命嗚呼了。

魏武揮鞭

官渡之戰後，袁紹兵敗失勢，元氣大傷，沒幾年便一命嗚呼。袁紹死後，他的子嗣和家臣間發生了激烈的權力之爭，進一步消耗了殘存的氣力。曹操則借助官渡大勝，一步步穩紮穩打，逐步蠶食了稱霸一時的袁氏，統一了中國北方。之後，他更是北征烏丸，深入不毛。

袁紹元氣大傷

一場官渡之戰，袁紹不僅折損十萬精銳大軍，身邊的人才也是損失過半，元氣大傷，自此便日薄西山，再難有轉機了。

武將方面，曾威震河北、可稱做袁紹「軍中柱石」的顏良、文醜兩員大將，皆被曹軍斬於陣前；而猛將張郃、高覽也投降曹操，成爲日後曹操軍中數一數二的得力幹將。再如淳于瓊、蔣奇、呂威璜等主要將領，死的死，降的降，袁紹軍中武將，可謂一戰殆盡。

謀臣方面，足智多謀的沮授和田豐曾苦苦勸阻袁紹，不要急於發動這場大戰，其中沮授更是獻計獻策，只可惜袁紹無一採納。官渡之戰後，二人的下場都十分悲慘。

沮授沒來得及逃回黃河北岸，被曹軍活捉，拒不投降。曹操欣賞沮授的才能，勸沮授說：「袁紹無謀，不用你的計策，才有此敗。如今天下喪亂，何不與我一道安定國家。」沮授回答道：「袁紹失策，招致此敗，我沮授智慧與才能都很困乏，理當被你擒住。但我的家人都在袁紹手中，請您開恩，賜我速死就是我的福分了。」曹操不忍將其殺死，還用隆重的禮遇招待他，但沮授心如磐石，仍密謀逃歸袁紹，曹操無法，只得將他處死。

田豐的遭遇則更爲淒涼。早在袁紹出兵之初，田豐便苦勸袁紹不要急於動兵。他認爲，曹操善於用兵，雖然兵少，但不可小視。他屢次建議袁紹放棄決戰的方針，代之以疲敵之術，用自身豐富的物力人力拖垮曹操。田豐的有識之見不但沒有得到袁紹的認可，還惹得袁紹大怒。袁紹認爲田豐口出不利之語，惑亂軍心，命人將其打入大牢。曹操聽聞田豐沒有隨軍而來，高興地說：「袁紹必敗矣！」等到袁軍官渡戰敗後，士兵們都哭著說：「如果田豐在，不至於如此。」袁軍戰敗，有人連忙跑來給田豐報喜：「主公不聽您的話才遭此敗，主公回來後，您一定能受重用。」深知袁紹爲人的田豐卻長歎道：「如果大軍得勝，我必能保全；如今大軍戰敗，我必死無疑。」果如其言，袁紹回來後，對身邊的人說：「我不聽田豐的話，如今果然被其取笑。」然後命人殺死了田豐。

沮授、田豐死後，袁紹身邊的謀士便剩下郭圖、審配、逢紀等一干奪利小人，他們非但不能爲袁氏的恢復進獻良言，反而不斷地爭權奪利，加速袁氏的滅亡。

袁紹之死

官渡戰敗，袁紹倉皇逃回根據地。袁紹地盤中很多郡縣，聽聞袁紹慘敗，紛紛反叛。剛剛逃出命來的袁紹還來不及從大敗中回過神來，便四處忙於撲滅叛亂勢力。

官渡得勝的曹操並未急於攻向黃河北岸，他知道袁紹雖敗，但實力尚存，而且形勢已經明顯朝自己有利的方向轉化，因此他採取了穩紮穩打、靜觀其變的方針。曹操先是派人消滅了官渡之戰留下來的小股殘兵，將這些受袁紹指派，騷擾其腹地的小勢力撲滅，接著略作調整，在漢獻帝建安六年（二〇一年）率軍北渡黃河，再次與袁紹的主力部隊在倉亭進行了一場交戰。倉亭之戰在正史中並沒有實質的記載（《三國演義》中有出現），但可以肯定的是，倉亭之戰是決定曹操與袁紹最終勝敗的又一場重要決戰。袁紹糾合起境內十數萬兵馬，賭上最後的氣力與曹操一搏。但已是強弩之末的袁軍自然不是曹軍的敵手，曹軍勢如破竹，再次擊潰袁軍。

京劇中的曹操形象（白臉者）

一敗再敗的袁紹收拾殘兵，但他能做的也只是忙於平定境內各處反叛，而再無實力決戰了。有心制霸，卻志大才疏，被出身和名望都在自己之下的曹操徹底擊垮，曾經無限風光的袁紹滿腔憤懣，終於一病不起。漢獻帝建安七年（二〇二年），官渡之敗兩年後，倉亭之敗一年後，曾經在董卓面前橫刀而出的少年豪傑、討董聯軍盟主、稱霸天下的強大勢力——袁紹，發病嘔血，一命歸西。

嗣位之爭

袁紹屍骨未寒，袁氏集團內部便因繼承人的問題發生了內亂。

早在袁紹生前，就曾將自己的子嗣分派到領地內的四個州，令他們分別統領一州的兵馬：袁紹的長子袁譚統領青州，次子袁熙統領幽州，外甥高幹統領并州，袁紹自己則帶著最爲寵愛的幼子袁尚坐鎮冀州。謀臣沮授對此極力反對，他對袁紹說：「人們常說，一隻兔子跑到街上，會有萬人去追逐牠，一旦有一個人捉到了牠，其他想得到牠的人就都會停止追逐了。這是因爲有了確定歸屬的緣故，希望您能夠思考其中的含義。」沮授借此勸誡袁紹不應在未明確指定接班人的情況下，放任子嗣們坐擁重兵。

袁紹並沒有理會沮授的告誡，沮授見狀長歎道：「大禍就要從這裡開始了！」

果然不出沮授所料。袁紹生前，雖極爲寵愛相貌英俊的幼子袁尚，但卻沒有明確指定。袁紹死後，圍繞著誰是繼承人的問題，長子袁譚和幼子袁尚展開了激烈的爭奪。袁紹的家臣們也捲入了嗣位之爭，審配、逢紀與辛評、郭圖爭權，前兩者支持袁尚，而後兩者則支持袁譚。審配等人擔心袁譚繼承之後，辛評等人會謀害自己，於是搶先一步，以遵照袁紹意願爲藉口，擁立了袁尚繼承袁紹之位。袁譚見繼位不得，便憤而離去，自號「車騎將軍」，與袁尚分庭抗禮。

沮授像

沮授，？至建安六年（？至二〇一年），東漢末冀州廣平人。先在冀州刺史韓馥部下擔任別駕，後跟隨袁紹擔任監軍、奮威將軍。袁紹兵敗後被曹操所殺。

權位面前，袁氏兄弟相爭，竟全然忘記了自身岌岌可危的形勢。漢獻帝建安七年（二〇二年），就在袁紹去世四個月後，曹操再次率軍北進。袁譚率軍在黎陽防守，但袁尚卻只撥給袁譚很少的兵馬，並派逢紀前去監視袁譚。袁譚敵不過曹操的大軍，多次向袁尚懇求增派人馬，但都被審配等人作梗回絕，袁譚一怒之下殺死了逢紀。

曹操大軍強攻袁譚，袁譚告急，向袁尚求救。袁尚本想分兵救援袁譚，卻又擔心袁譚會霸佔自己的援兵。於是他命審配把守鄴城，自己親率部隊趕來支援，與袁譚合兵。曹軍與袁軍在黎陽城下展開大戰。戰事持續了將近半年之久，袁尚與袁譚終究不是曹操對手，二人戰敗，棄城而逃。曹操率軍逕自追擊至鄴城，見鄴城防備嚴密，一時不能得手，便收割了當地的小麥後，引軍返回了許都。

銅軺車

此車為銅車馬儀仗中前導軺車之一。兩轅向上仰曲，兩輪重轂，車有圓形傘蓋。

兄弟相殘

曹操大軍才撤走沒多久，袁尚與袁譚兩兄弟間便再一次爆發了激烈的衝突。二人各自帶領自己的人馬，爲爭奪冀州相互攻閥了起來。袁譚不敵袁尚，只得帶兵退守平原。袁尚趕盡殺絕，率軍圍攻平原。

危急之中，袁譚派人向「殺父仇人」曹操投誠求救。曹操對袁譚這種「引狼入室」的做法自然再高興不過，他立即親率大軍再度北上「支援」袁譚。袁尚聽聞曹軍兵至，立即從平原退回了鄴城。曹操見袁尚退兵，也隨即撤兵而還。他知道袁譚的投誠其中有詐，便以聯姻的方式暫且穩住袁譚。

曹操走後，試圖斬草除根的袁尚再次出兵包圍了袁譚的平原，並派審配和蘇由共同把守鄴城。曹操見時機成熟，出兵直取鄴城而來。鄴城守將蘇由早有降曹之意，他與曹軍約爲內應，但不慎走漏消息，鄴城城內隨即發生內戰，蘇由不敵審配，逃出城去歸降了曹軍。曹操下令對鄴城展開攻勢，而審配則指揮軍隊死守城池：曹操命人向城內挖掘地道，審配則在城中挖開深溝阻擋；審配的部將馮禮開城投降，放入曹兵三百餘人，審配則從城上用巨石砸擊城門，令城門閉合，將進入城池的曹兵全數殲滅。曹操見攻城受阻，便命軍隊包圍了鄴城，並在鄴城周圍挖了周長四十里的長溝。曹操命人先將溝挖得淺一些，讓人看起來似乎都能一躍而過的樣子，審配在城中望見大笑，並沒有太過理會。到了夜裡，曹操命兵士一夜之間將淺溝挖成深兩丈的寬溝，並掘開漳水灌入溝中。水滿深溝，鄴城頓時成爲一座孤城。

《觀滄海》

魏武揮鞭，滅袁氏，征烏丸，曹操進入了人生最輝煌最鼎盛的階段。曹操以其雄渾的筆墨，為後人留下了一篇篇壯懷激烈的傳世名作，其中，就有這首《觀滄海》：

「東臨碣石，以觀滄海。水何澹澹，山島竦峙。樹木叢生，百草豐茂。秋風蕭瑟，洪波湧起。日月之行，若出其中；星漢燦爛，若出其裡。幸甚至哉，歌以詠志。」

相傳，《觀滄海》是曹操北征烏丸、消滅了袁氏殘留部隊，在班師回朝的途中，登臨河北省樂亭縣西南的碣石山時所作。這首四言詩借登山望海所見到的自然景物，描繪河山的雄偉壯麗，更寫出大海吞吐宇宙的氣勢，表達了自己寬廣的胸懷和豪邁的氣魄。從詩中，我們可以看到曹操政治家、軍事家和詩人三種氣質的契合，真可謂詩如其人。

曹軍圍困鄴城三月，城中餓死者大半。袁尚得知鄴城危急，忙率領萬餘人馬來救。袁尚與城中的審配約定，雙方舉火為號，內外夾擊，打開曹軍的包圍圈。曹操見狀，率軍迎擊袁尚，雙方激烈拚殺，曹操稍敗，袁尚也力竭而逃。曹軍隨即包圍了袁尚，袁尚恐懼，派使者向曹操求和，曹操不許，而袁尚的部將馬延又臨陣投降，袁尚的軍隊徹底潰散。袁尚丟下自己的印綬和衣物，狼狽逃往中山（今河北中部地區）。曹操命人將袁尚的印綬和衣物向鄴城的守軍展示，鄴城守兵見主公已逃，士氣徹底潰散。審配的侄子審榮負責把守東門，他趁夜打開東門，放曹軍入城。審配繼續與曹軍在城內交戰，終被擒獲。被擒的審配拒不投降，言辭壯烈，沒有半句求饒的話，觀者無不歎息。曹操見狀，只得將其斬首。臨刑前，審配要求面朝北方而死，行刑者不知何意，審配高聲道：「我君在北！」

鄴城攻破後，負責守備并州的高幹見狀連忙向曹操投降，並交出了管轄的并州地界。

北征烏丸

曹操攻陷鄴城，袁尚成為名副其實的「亡虜」。而就在曹操圍困鄴城之時，假意歸順的袁譚卻違背曹操旨意，接連攻取了袁尚的數座城池。袁尚潰敗後，袁譚又率軍進攻袁尚逃往的中山，袁尚只得去投奔二哥袁熙。

袁譚的「不聽話」為曹操找到了「斬草除根」的口實。曹操寫信給袁譚，斥責他違反約定，並與袁譚取消了婚約，出兵討伐袁譚。袁譚惶恐，逃到南皮（今河北滄州）困守。曹軍攻破南皮，斬殺了袁譚。

已是籠中之鳥的袁尚和袁熙日子也不好過，他們的部將焦觸、張南率眾降曹，領兵攻打舊主。袁尚、袁熙走投無路，只得投奔遼西烏丸去了。

遼西烏丸是北方少數民族的一支，東漢末年屢屢劫掠邊境。袁紹為拉攏遼西烏丸，與遼西烏丸單于蹋頓結下深厚感情。因此，遼西烏丸不僅接納了投奔而來的袁尚和袁熙，而且還經常在他們的指引下作亂邊塞。

漢獻帝建安十二年（二〇七年），曹操決定徹底消除這一禍患，將袁氏餘黨斬草除根。諸將勸阻曹操，認為袁尚與袁熙不過是亡虜，而烏丸不過是見利忘義之輩，不可能受袁尚等人調用為亂，唯獨謀士郭嘉一人堅持勸曹操出兵。曹操採納了郭嘉的建議，採用千里奔襲、出其不意的策略，率輕騎在五月出發，北上深入不毛之地討伐烏丸。大軍經無終，涉海過盧龍塞，然後翻越五百餘里無路可走的深山，一路兼程前往柳城（今遼寧朝陽西南）。距柳城還有二百里的時候，烏丸發現了如同天降一般的曹操大軍。驚詫之中，袁尚、袁熙與蹋頓單于率領數萬騎兵匆匆前來迎戰。兩軍相遇在白狼山（今遼寧喀喇沁左翼蒙古自治縣東境大陽山），烏丸的騎兵軍勢很盛，而曹軍由於輕裝快進，士兵很少有穿著盔甲的，這讓曹軍上下人人惶恐。曹操登高遠望敵軍，見敵人數量雖多，但陣法雜亂，於是他鼓舞將士，並命驍勇的大將張遼為先鋒，率眾奮勇突擊，殺向敵軍。烏丸的軍隊被勇猛的曹軍打得潰敗，蹋頓單于被斬於陣中，曹軍生獲胡、漢俘虜二十餘萬人，遼西烏丸一戰平定。

失敗的袁尚與袁熙再次出逃，投奔了遼東太守公孫康。眾將都認為應當乘勝追擊，曹操卻笑著說：「我能讓公孫康斬送袁尚、袁熙的首級來，不須勞煩出兵。」曹操引軍回到關內，沒多久，公孫康果然送來了袁尚、袁熙的首級。眾將見狀不解，曹操解釋說：「公孫康一向畏懼袁尚等人，我如果急於攻打公孫康，他們兩方必然聯合，而如果我不急於攻打，則他們兩方必然自相圖謀。」眾人聽後，無不信服。

至此，曾經稱霸一時的袁氏徹底被曹操所消滅。曹操以其雄才大略，戰官渡、掃冀州，北伐烏丸，成就了不朽的功勳。後世所謂「魏武揮鞭」，北方得到了統一。

魏武帝曹操的《觀滄海》石刻

現存河北秦皇島山海關老龍頭海神廟。

天妒英才歎郭嘉

剿呂布、滅袁紹、征烏丸、一統北方，曹操的事業達到了輝煌的頂峰，而這其中，有一位謀臣郭嘉居功至偉。郭嘉才智絕倫，克忠盡責，堪稱同時代最為傑出的智者，也是曹操最為欣賞的謀臣。然而天妒英才，郭嘉過早離世，曹操頓失股肱大臣。

天生奇才

郭嘉，字奉孝，潁川陽翟（今河南禹縣）人。他出身寒微，卻自小擁有異於常人的遠見卓識。

郭嘉少年時，正值漢末天下大亂。他選擇隱姓埋名，私下祕密結交菁英人士，而不與俗人相往來，因此時人大多不知他的才能，有識之士卻對其大爲讚賞。

郭嘉青年時期曾受袁紹徵辟，前往拜會袁紹。短短的幾次接觸，郭嘉便看出袁紹優柔寡斷、不善用人、難成大業，便離開了袁紹。

起初，曹操手下有一位謀士名叫戲志才，爲曹操出謀劃策，曹操非常器重他。但戲志才死得很早，曹操苦於沒有得力的謀臣，便寫信給荀彧說：「自從戲志才死後，我就沒有可以一同商量謀劃的人。汝南、潁川一帶多出奇才，誰可以接替他呢？」荀彧向曹操推薦了郭嘉。

曹操召見賦閒在家、等候明主的郭嘉，並與其縱論天下形勢。年僅二十七歲的郭嘉見地非凡，才智絕倫，曹操不由驚呼：「能讓我成就大業者，必定是此人！」而拜會了曹操的郭嘉亦滿心喜悅地感歎：「這是我眞正的主公。」

武漢龜山三國城郭嘉塑像

郭嘉，建寧三年至建安十二年（一七〇年至二〇七年），字奉孝，潁川陽翟（今河南禹縣）人。東漢末年著名軍事家，曹操帳下謀士，官至軍師祭酒，有「鬼才」之稱，是曹操部下最為得力的謀士之一。

南征北戰立功勳

尋得明主的郭嘉開始了跟隨曹操的南征北戰，也登上了其現非凡才智的壯闊舞台。

郭嘉跟隨曹操東討徐州的呂布，曹軍歷經三戰，才擊破呂布，呂布逃回城內固守。當時，曹軍的將士非常疲憊，曹操想退兵休整，擇日再戰。郭嘉勸阻曹操說：「呂布勇而無謀，如今三戰皆負，其士氣已衰。我軍應一鼓作氣，必能一戰擒敵。」曹操聽從郭嘉建議，強攻城池，終於擒殺了呂布。

三國·青瓷獅形水注

後來，曹操與袁紹在官渡交兵，江東的孫策見曹操腹地空虛，準備起兵襲取許。曹軍上下聞知後都很驚恐，只有郭嘉從容地說：「孫策剛剛平定江東，所殺的都是一些頗得人心的英雄豪傑。孫策行事素來輕率，雖有百萬兵馬，無異於獨行。我看他必死於匹夫之手。」話出不久，孫策果然被刺客所殺。

天妒英才歎郭嘉

曹操決定北征烏丸，徹底消滅袁氏。手下將領都擔心荊州的劉表和劉備會趁曹軍北上，乘虛襲取許，郭嘉卻說：「劉表，不過是個只會說空話的人，他自知才能不及劉備，必然不會委劉備以重任。我們不必擔心南面的空虛。」果不其然，劉備勸劉表襲取許，而劉表不從。

郭嘉還爲曹操陳述北征烏丸的重要意義，堅定了曹操北伐的決心。在他的建議下，曹軍採取出其不意的突襲策略，士兵輕裝前行，兵貴神速。爲確保曹軍獲勝，郭嘉明知身體不好，仍堅持隨軍一同前往。

然而，北方不毛之地的環境惡劣，擊垮了郭嘉的身體。曹軍從柳城得勝而還，郭嘉病重不起。曹操對此極爲關心，每日派去打探病情的信使「交錯於路」。然而天妒英才，郭嘉還是在大軍回朝的路上病逝，年僅三十八歲。

郭嘉的死令曹操極爲悲痛。他平時就常對人講：「只有郭嘉能知曉我的心意。」郭嘉死後，他對謀士荀攸等人說：「你們的歲數大都和我相當，只有郭嘉最年輕。如今他卻先走了，這就是命啊！」在郭嘉的祭文中，曹操評價他是「平定天下，謀功爲高」。

郭嘉死後，失去最重要智囊的曹操由盛轉衰，運勢開始走下坡。赤壁一戰，曹操慘敗而歸，懊悔不已的曹操又想起了郭嘉。他長歎道：「郭嘉若在，我不致如此。」而巧合的是，郭嘉去世的同年，諸葛亮出山，兩位扭轉三國歷史的人物最終擦肩而過。

隆中對

劉備的事業幾經挫折，一直得不到施展。官渡之戰前後，劉備寄投在荊州劉表門下。正當劉備一籌莫展之時，諸葛亮的出現，改變了他的命運，也改變了三國的歷史。伴隨「臥龍」的出山，《隆中對》也名垂後世。

三顧茅廬

密詔慘案爆發後，劉備被曹操所逼，敗走青州，投奔袁紹。袁紹聞之大喜，親自出城二百里迎接劉備。當時，袁紹正與曹操在官渡對峙，劉備看出袁紹並非曹操對手，便假意勸說袁紹聯結荊州的劉表，並毛遂自薦擔任使者，藉機離開了袁紹，投奔劉表而去。

劉表對劉備也極爲重視，不僅出城迎接，還以上賓之禮對待劉備，並擴充劉備的兵馬，把新野交給劉備屯紮。然而，劉表擔心劉備會威脅他的統治，只將劉備「供奉」起來，並不加以運用。寄居新野的劉備並未賦閒下去，他遍訪鄉野，爲日後的發展尋找人才。他先是找到了謀士徐庶，劉備對徐庶極爲器重，但徐庶卻爲他推薦了另一個號稱「臥龍」的奇才——這個人就是諸葛亮。

諸葛亮，字孔明，琅邪陽都（今山東沂南）人。他出身官宦世家，是漢代司隸校尉諸葛豐的後代。他的父親諸葛珪曾做過太山郡丞，叔父諸葛玄是東漢末年的豫章太守。諸葛亮年幼時父母雙亡，他和弟弟諸葛均只得投靠叔父諸葛玄門下。諸葛玄素來與荊州牧劉表交好，便前往依附，於是諸葛亮又隨之來到了荊州。諸葛玄死後，諸葛亮躬耕南陽，過著與世無爭的閒適生活。他志向不凡，常自比古時名相管仲、樂毅，在荊州一帶的文

東漢 · 鎏金銅壺

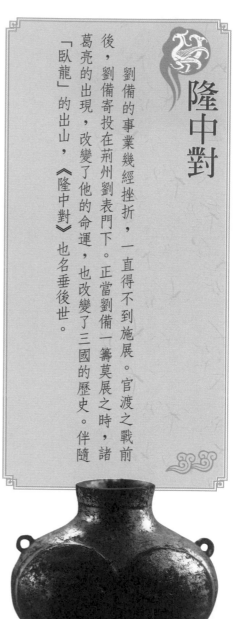

人中小有名氣。

在徐庶的建議下，劉備立即親自前往隆中請教，於是上演了古今君臣知遇的經典故事——三顧茅廬。

根據《三國演義》，劉備先後三次拜訪諸葛亮，前兩次都無功而返，卻從側面瞭解了諸葛亮的不凡。一心求賢的劉備不辭辛苦，第三次登門造訪，終於見到了諸葛亮。這是小說中對「三顧茅廬」濃墨重彩的渲染。正史《三國志》對這一段的記載只有五個字：「凡三往，乃見」。這裡的「三」不一定是指「三次」，而可能是多次的指代詞，我們只能確定的是：劉備「多次」造訪「茅廬」，最終見到了諸葛亮。

隆中對

劉備見到諸葛亮，虛心請教天下之事，他問：「當今之世，漢室傾頹，奸臣當道，皇帝蒙羞。我不自量力，想舉大義於天下，雖智謀短淺，以至有今日，但我仍志向不滅，請您告訴我應該如何去做？」

面對劉備的誠心誠意，諸葛亮決意出山輔佐，並道出了後世聞名的《隆中對》：「自董卓作亂以來，天下豪傑並起，稱霸一方的統治者數不勝數。曹操與袁紹相比，名氣小兵馬也少，但曹操能擊敗袁紹，以弱勝強，這不僅僅是依靠天時，也是依靠著個人的謀略。如今曹操已經擁有百萬大軍，『挾天子以令諸侯』，難以與之爭鋒。孫權佔據江東，經歷三代，國土險要且民眾歸附，賢才得到任用，這是可以攬爲援手而不能謀取的。荊州之地四通八達，正是用兵之地，但劉表卻沒有能力守住它，這是上天將荊州賜予將軍。您難道沒有奪取它的意圖嗎？益州地勢險要，沃野千里，是天府之國，漢高祖劉邦憑藉它一步步締造了霸業。益州之主劉璋是個昏庸懦弱的人，張魯又在北面威脅著他，那裡人口眾多，物產豐富，劉璋卻不知道愛惜，很多有識之士都在盼望明君到來。您是皇室的後代，聲望傳於四海，網羅英雄，思慕賢才，如果能佔據荊州和益州兩地，利用那裡的險要地形，對外與孫權結盟，對內修善政治，一旦天下形勢發生了變化，就派一員上將率領荊州的軍隊殺向宛城、洛陽，您親率益州的軍隊打出秦川，百姓誰能不夾道歡迎您呢？如果眞能這樣，就霸業可成，漢室可興了。」

劉備聽後大喜過望，說：「我得到孔明，就如同魚有了水。」而擁有了諸葛亮的劉備也正如其所言，朝向成功邁進。

荊州易主

魏武揮鞭，曹操統一了中國北方，實力空前強盛。為了實現平定九州的宏願，他揮軍南下，討伐荊州，踏出浩蕩南征的第一步。大敵當前，盤踞荊州多年的劉表病死，繼承者劉琮不戰而降，荊州輕易易主。投靠在荊州的劉備被迫南撤，卻在長阪坡被曹操殺得慘敗。

曹操南征

經歷南征北戰，終於統一中國北方的曹操達到了事業的新高峰。漢獻帝建安十三年（二〇八年），曹操命朝廷廢除了「三公」此一東漢祖制，改爲更爲集權的丞相制，並自任丞相，實際上將朝廷的權力集中到自己一個人身上。

曹操當然並不滿足於稱霸北方，他的目標是統一天下。於是，剛剛北伐烏丸歸來後，曹操就命人在鄴城挖掘了巨大的玄武池，用以訓練水軍，虎視眈眈地盯著長江之南。

南征的第一步，曹操將目標鎖定在緊挨南面的荊州。他向謀臣荀彧詢問征討荊州的方略。荀彧獻計：「如今華夏已平，南方自知氣短。我們可以從宛城和葉城大張旗鼓地出兵南下來威嚇和迷惑他們，而將主力輕裝前進，攻其不備。」曹操採納了荀彧的妙計，大軍迫近荊州。

荊州易主

荊州牧劉表早知曹操有南征之意，但外寬內忌的性格和優柔寡斷的作風使他一次次錯失打擊曹操的機會。坐擁數萬精兵，又有劉備等一干英雄豪傑輔助，劉表卻只是毫無作爲地坐等曹操大軍的到來。

當曹操大軍前來的消息傳到劉表的耳中時，已是風燭殘年的劉表心頭一急，竟一病不起。當年八月，即曹操南征發兵一個月後，病重的劉表一命歸西了。死前，劉表將自己的兩個兒子和荊州的未來託付給了劉備。

劉表死後，在其繼承者問題上發生爭執。劉表生前喜愛蔡氏所生的次子劉琮，想立其爲嗣。於是，劉琮的母親蔡氏聯合劉表的大將蔡瑁和張允，排擠劉表的長子劉琦，將其外派去做江夏太守。劉表死後，蔡氏等人擁立劉琮繼承，劉琦不服，兄弟二人結下樑子。

面對曹操大軍，劉琦主張抵抗，而蔡氏等人則勸說劉琮投降。劉琮雖小，卻不糊塗：「今日我與諸君佔據全境楚地，守護先君基業，坐觀天下形勢，爲什麼說守不住呢？」蔡氏等人極力勸說道：「逆順有大體，強弱有定勢。以我們做人臣的身分去抵抗人家做人主的身分（曹操代表朝廷），是叛逆；用我們這個剛發展起來的勢力去抵擋整個國家，肯定擋不住；以劉備的能力和名望對抗曹操，也不是對手。您覺得您比起劉備如何呢？」劉琮說：「我不如。」於是，在蔡氏等人的慫恿下，劉琮決定投降。曹操兵至新野，劉琮出城獻降，荊州易主，兵不血刃。

劉備兵敗長阪

劉琮不戰而降，荊州易主，劉備只得南撤夏口。諸葛亮勸劉備趁曹操未到之時攻伐劉琮，則「荊州可有」，但劉備卻說：「劉表死前將他的孩子託付給我，背信棄義之事，我有所不爲，死了有何面目去見劉表！」他率軍路過襄陽，在城下呼喚劉琮，劉琮無顏，不敢露面。劉琮的屬下和荊州的百姓都追慕劉備的德行，紛紛跟隨劉備而去，人數多達十餘萬。由於隊伍浩蕩、軍民摻雜，每日只能行進十幾里。

當劉備的部隊還在緩慢地行進時，曹操卻已率輕騎接管了荊州。曹操擔心劉備佔據江陵的軍需物資，於是他派曹純統率五千虎豹騎（曹操軍中最爲精銳的騎兵）急追劉備，一日一夜兼程三百餘里，在當陽的長阪追上了劉備的隊伍。劉備沒想到曹軍來得如此迅猛，抵擋不住，慌亂中只得與諸葛亮、張飛等人破圍而逃。逃散當中，劉備的妻子和幼子陷入亂軍之中，形勢危急。大將趙雲挺身而出，殺入亂軍之中，力戰救出劉備的妻子，懷抱幼子殺出重圍，保護劉備一家免於罹難。而曹操則俘獲了劉備的大部分物資和人畜，揮軍進兵江陵。

荊州古城

曹沖秤象

說起「曹沖秤象」的典故，想必很多人自幼耳熟能詳。人們為曹沖小小年紀卻有如此高的智慧而讚歎不已，但並不是所有人都知道，曹沖便是三國奸雄曹操最欣賞、最器重的兒子，更沒有人會把他與三國波瀾壯闊的歷史聯繫起來……。

曹沖秤象

「曹沖秤象」的典故家喻戶曉，但曹沖究竟何許人也？

曹沖，字倉舒，是三國時期大名鼎鼎的曹操的兒子，生於漢獻帝建安元年（一九六年）。這一年，正是曹操迎來漢獻帝、「挾天子以令諸侯」之策得以實施的同一年，意氣風發的曹操大權在握，又喜得貴子，可謂雙喜臨門。於是，曹操對這個蘊含喜兆的小生命格外寵愛。

曹沖自幼就聰慧異常，與眾不同。他思維敏捷，五、六歲時的智力就堪比成人，因此深得曹操的喜愛，經常被曹操帶著出席各種重大場合。

有一次，江東的孫權爲表恭順，派使者送給曹操一隻大象。在當時，大象在北方人看來還是稀罕之物，許多王公大臣聞所未聞。大象運到許都那天，頗爲好奇的曹操便帶著文武百官和幼子曹沖，一道去看大象。

曹操見到這麼個龐然大物，對牠的重量產生了很大的興趣。「你們誰能將牠秤上一秤？」曹操問遍百官，希望有人能想個主意出來。這可給在場的百官出了難題，因爲以當時的秤量方式，想給這麼大的傢伙秤重是難以想像的事。因此，平日裡計謀百出的智囊們議論了一陣後，誰也拿不出辦法。

正當這時，站在一旁的曹沖說話了：「可以把大象趕到一艘大船上，根據船身吃水的痕跡標記下來，然後用同一條船裝載重物，待到船身下降到先前標記的吃水線，秤那些重物就可以得到大象的重量了。」

曹沖的一席話令在場的曹操和百官大爲驚異。曹操大喜，立即命人按曹沖的辦法秤量，果然得到了大象的重量。百官無不讚歎曹沖的智慧。

仁義少主

年幼的曹沖智慧驚人，但這還不是他最令人欽佩的地方。

曹沖生於富貴之家，小小年紀卻有著大仁義與大慈悲。當時，由於各方勢力彼此戰爭不斷，爲嚴明軍紀，曹操爲軍隊定下了比較嚴厲的刑罰。有一次，曹操的馬鞍存放在倉庫裡，由於看管疏漏，被老鼠咬壞了。看管倉庫的官員害怕被處死，想去自首卻又不敢。曹沖看到後，安撫那位官員說：「你等候三天，然後就沒事了。」回到府中，曹沖用刀挑破自己的外衣，弄得像老鼠咬過一般，然後佯裝不開心的樣子去見父親曹操。曹操見狀忙問緣由，曹沖回答道：「世人都以爲老鼠咬破衣服是不祥之兆。今天我的衣服被咬壞了，因此難過擔憂。」曹操聽了之後，安慰他說：「那些話都是胡說的，沒什麼可擔憂的。」曹沖聽後，笑著跑開了。沒多久，掌管倉庫的官員前來報告馬鞍被咬的事情，曹操聽後大笑道：「剛剛我兒子的衣服尚且被老鼠咬了，何況掛在柱子上的馬鞍？」竟然毫不理會此事了。

英年早逝

曹沖如此優異卓絕，對於身爲父親的曹操而言，沒有比這更爲開心的事了。但不幸的是，曹沖英年早逝。

漢獻帝建安十三年（二〇八年），年僅十三歲的曹沖罹患大病（一說是當時流行的傷寒），儘管曹操親自守在病床前，日夜爲他祈禱，但終究沒能挽回他的生命。

曹沖死後，曹操極度悲傷，每次提到曹沖便傷心落淚。他爲死去的曹沖追封了騎都尉的職務，不久後又加封爲鄧侯。

灞陵公園曹沖秤象處

赤壁鏖兵

曹操南征，降荊州，破劉備，聲勢如日中天，旋踵劍指江東。江東震怖，人心惶恐。諸葛亮智激孫權，周瑜、魯肅等力主一戰，孫權、劉備結成盟軍，與曹操在赤壁展開決戰。在這場歷史上著名的以寡敵眾的戰役中，孫劉聯軍在周瑜的統率下，巧用火攻破敵，上演了一場驚心動魄的「火燒赤壁」。赤壁一戰後，三足鼎立的雛形逐漸形成。

孫劉聯盟

劉備在當陽的長阪被曹軍擊破，倉皇中突圍而出，帶領諸葛亮、張飛、趙雲和親隨逃出戰場。適值先前派往江陵的關羽率水軍趕到，劉備等人得以南渡沔水，向南撤退。路中又遇劉表的長子劉琦率領的萬餘人馬前來救援，一行人合兵一處，進駐夏口。

正當劉備等人苦於無力阻止曹操南進之時，坐擁江東廣袤疆土的孫權同樣也在發愁：曹軍兵不血刃拿下荊州，曹操的下一個目標無疑是自己手中的江東。實力強大的敵人迫近眼前，這讓年輕的江東之主寢食難安。

孫權的謀士魯肅看出了少主的心思，他對孫權說：「荊州與我們接鄰，有金城之固，沃野萬里，若我們佔而有之，可以成就帝王之業，但只恐曹操搶先佔據。劉備現在荊州，我請求以弔唁劉表為名義前去與他協商共同抗曹之事。如果劉備願與我們齊心協力，那麼我們便與他結盟，天下可定。」孫權認爲魯肅所言甚是，即刻派魯肅前往去見劉備。

魯肅晝夜兼行，終於趕上了南撤途中的劉備。魯肅向劉備說明了來意，他問劉備：「您如今打算去哪裡？」劉備回答說：「我與蒼梧太守吳巨有過交情，如今想要去投靠他。」魯肅進言道：「我主孫權聰明仁惠，敬賢禮士，可謂是江東的英

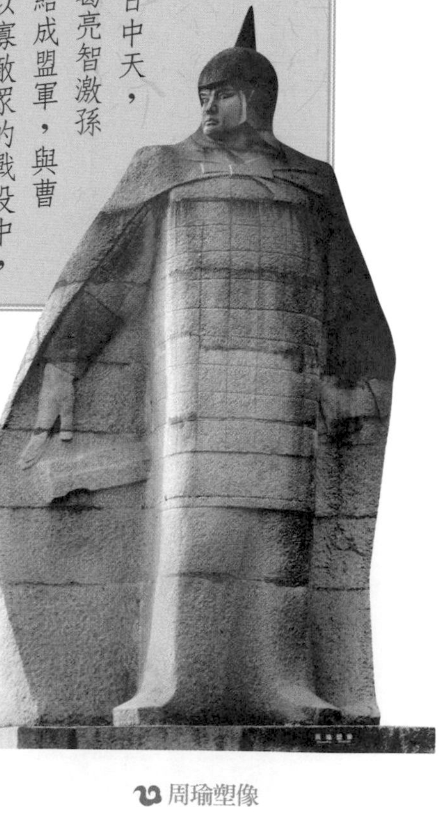

周瑜塑像

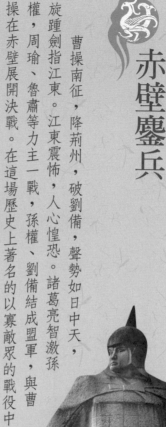

雄，江東人士盡皆歸附，如今已佔有六郡疆土，兵精糧足，足以成事。我今日爲您著想，不如派遣心腹與我們結盟，共濟大事。吳巨只是個平凡人，早晚會被他人吞併，哪堪託付呢？」劉備早已聽從諸葛亮的建議，正欲結交孫權，說投靠吳巨不過是賣個關子。他聽聞魯肅所言，得知對方也有此意，大喜過望，當即派遣諸葛亮作爲結盟使者前往江東，商討結盟抗曹之事。

智激孫權

諸葛亮到達江東，面見孫權。此時孫權正苦於是戰是降的抉擇中，將領內部分爲主降與主戰兩派，主降派佔了據上風。主降派的代表人物張昭等人認爲曹軍勢大，征伐有名，且又平定荊州，收降了荊州水軍，實力不可抵擋。而周瑜與魯肅等人則力勸孫權一戰，魯肅對孫權說：「當今的形勢，我魯肅可以降曹，但將軍您卻不能。我魯肅降曹，曹操仍可以讓我做一方郡守，吃穿用度不差；但若是您降曹，曹操將怎麼安置您呢？」孫權其實早有抗曹之意，但兩派意見膠著，孫權還是有些猶豫和顧慮。

諸葛亮見狀，故意語激孫權說：「曹操如今平定宇內，威震四海，將軍您應該量力而行：若是能以吳、越之眾與其抗衡，不如早早與對方絕交；若是不能抗衡，爲什麼不解兵卸甲，向北對曹操稱臣呢！如今您對外假借服從的名義，而內心卻猶豫不決，事情已經危急卻不能決斷，大禍將至啊！」孫權果然被諸葛亮的話語激怒，他反問道：「假如眞的如你所言，劉備爲什麼不投降呢？」諸葛亮回答道：「田橫是秦末齊國的壯士，尚能守義不辱，何況我家主公劉備，堂堂王室之胄，英才蓋世，將士仰慕，如水之歸海。如果大事難成，那是天命，豈能去臣服曹操！」孫權聽後勃然大怒，終於下定了與曹操決一雌雄的決心：「我不能以整個江東之地，十萬之眾，受制於人。我意已決！」

定下了抗曹決心，孫權又向諸葛亮詢問破敵之策：「非劉備不能抵擋

黃山壽．赤壁夜遊圖立軸

款識：千載英雄事已休，獨餘明月照江流。畫圖不盡當年恨，卻寫坡仙赤壁游。

曹操，但劉備才遭新敗，如何能對抗曹操？」諸葛亮回答道：「我主雖兵敗長阪，但如今的兵馬會同關羽的水軍還有萬人規模，且劉琦手下也有兵馬萬餘人。曹操的兵馬遠道而來，人困馬乏，為了追擊我主，輕騎一日一夜行進三百餘里，此所謂『強弩之末，勢不能穿魯縞』，乃兵法大忌。況且北方人不習水戰，而荊州投降曹操的部隊本是形勢所迫，並非心悅誠服。如果將軍您能命猛將統兵數萬，與我主同心協力，一定能擊破曹操。成敗的機遇，就在今日。」孫權聽後大喜，隨即命令周瑜、程普、魯肅等人，率領三萬精銳水軍，與諸葛亮一道回見劉備，聯合抗曹。

就這樣，在諸葛亮的成功遊說下，有著共同敵人的孫權與劉備結盟，共同對抗曹操。值得注意的是，孫劉聯軍中雖然劉備的兵馬佔少數，但由於其名望之大，所以聯軍仍以劉備一方為名義，而曹操一方也是以劉備為敵首。

「會獵東吳」

就在孫劉兩家為聯合破曹之事緊急磋商之時，大舉南征的曹操一方也在為吞併江東進行緊鑼密鼓的準備。

在官渡大敗袁紹之後，吞併荊州之前，曹操就曾試圖以朝廷之名迫使江東屈服。漢獻帝建安七年（二〇二年），曹操以朝廷詔命修書予孫權，要求他將兒子送到許都作為人質。面對曹操的無理要求，許多臣子畏於曹操勢大，不敢斷然拒絕，關鍵時刻周瑜挺身而出，他對孫權說：「我們佔據江東，地廣物豐，將軍您繼承了父兄的事業，將士用命，百姓安居，兵精糧足，所向無敵，有什麼逼迫我們必須要送人質呢？人質一旦送去，我們就不得不聽從曹操的調遣，如此則要受制於人。討好曹操，最多不過得

東吳水寨遺址

個侯爵的封印，十幾個隨從，幾輛車，幾匹馬，哪還能像現在這樣稱霸南方？不如坐觀形勢，如果曹操能興正義之師，那麼我們到時臣服也不晚，如果他不能，那麼我們應該替天行道。哪有送人質給他的道理！」孫權聽後豁然開朗，斷然拒絕了曹操的要求。

孫權，字仲謀，其兄孫策死後，繼承了父兄開創的江東基業。他雖然年紀輕輕，卻有著寬宏的胸襟和過人的膽識，在張昭、周瑜等人的盡心輔佐下，短短兩、三年的時間，對外他接連擊敗劉表的部隊和山越異族，拓展了疆域；對內則廣招賢才，聚攏了魯肅、諸葛瑾等一大批豪傑智士。在孫權的統治下，江東軍隊兵精糧足，百姓安居樂業。

但曹操對這一切並不爲意，就在曹軍兵不血刃拿下荊州之後，迫不及待吞併江東的曹操給孫權寄去了一封言語傲慢的戰書：

「近來我奉朝廷之命興師伐罪，旌旗南向，劉琮束手就擒。如今我率領水軍八十萬人，正要與將軍您在吳地會獵（即打獵）一場。」

「會獵」這兩個字，看似輕巧，卻雷霆萬鈞。曹操虎視眈眈，孫權嚴陣以待，大戰一觸即發。

赤壁鏖兵

漢獻帝建安十三年（二〇八年）秋末，剛剛拿下荊州未及月餘的曹操不顧謀臣們的反對，迫不及待地指揮大軍殺向江東。曹軍自江陵拔營而起，大軍由江北的曹軍精銳、新收編的荊州水軍以及臣服勢力派出的協助部隊組成，總數在二十餘萬人，對外則宣稱有八十萬大軍，藉此恐嚇孫權。曹操更將主力戰將悉數遣上，曹仁、于禁、張遼、張郃、徐晃、李典等名將盡皆領兵，屯駐在前線。

曹軍一路浩蕩，順江而下，孫權則任命周瑜和程普爲左右都督，各領萬餘水軍，聯合劉備的人馬，總數約計不足五萬，迎敵而上。臨行前，孫權撫著周瑜的背對他說：「你與魯肅、程普先發在前，我會不斷給你增兵補充，置辦糧草戰具，做你的後援。你若是能取勝便好，若不如意，就撤兵回來，我來與曹賊決一死戰！」一席話，足見君臣之間的齊心協力，決定一同力抗強敵。

兩軍相遇於赤壁（今湖北赤壁西北）。曹軍兵力雖多，但大都不習水戰，只能依靠人心不服、戰力不強的荊州水軍對抗孫劉聯軍。江東水軍在統帥周瑜的指揮下，充分發揮了水戰的優勢，在與曹軍的初次交戰中取得了勝利。曹操見首戰失利，渡江南下暫時受阻，只得將大軍停駐在江北岸的烏林（今湖北洪湖東北），暫作休息整補。

然而就在此時，更令曹操頭疼的事情發生了。由於曹操軍中大部分是北方人，南下作戰，水土不服，加上當時傷寒病肆虐甚廣，曹操的軍中始爆發了大規模的疫病。瘟疫造成了大量士兵的死亡，曹軍營中籠罩起一片恐懼的黑霧。

火燒赤壁

與江東水軍初戰失利，曹操意識到了自身的劣勢。爲了扭轉這一局面，充分發揮出北方步騎兵的戰鬥力，他與謀臣們想出了「連環船」的辦法，即將自身的戰船相互間用鐵索緊密連接，如此一來，鎖在一起的戰船就能抵抗江面上的波濤，士兵站在「連環船」上如履平地，步騎兵不再受水戰顛簸的困擾。「連環船」解決了曹軍水戰的劣勢。但曹操萬萬沒有想到，這卻爲他帶來了更大的失敗。

孫劉聯軍雖然初戰告捷，但統帥周瑜很清楚，以寡敵眾，不宜久持。正在他爲求速勝曹軍之策而苦惱時，部將黃蓋獻上一策：「如今敵眾我寡，我們很難久持。但我看到曹軍的戰船都用鐵索將首尾相連起來，我們可以借此用火攻擊潰他們。」黃蓋的話正合了周瑜的心意。

周瑜首先命人預備艨艟、鬥艦數十艘作爲點火船（艨艟爲一種船身狹長航速飛快的戰船，用於水戰突擊；鬥艦則爲一種大型戰船），將船內鋪滿乾燥的蒿草，並在草上灑上膏油，外面則用帷幕蓋起來以作掩飾，每艘點

赤壁

據說赤壁之戰時，周瑜在磯頭指揮，忽見沖天火光把斷崖映照得彤紅一片，不覺豪興大發，當場寫下了「赤壁」兩個大字，令人刻石紀念。

華容道

赤壁一戰，聯軍大勝，曹操北逃。孫劉兩家並不想輕易放過曹操，忙命人馬急追。

曹操帶著殘兵逃往江陵，路經華容道（今湖北潛江南，古爲通往華容縣城的一條小道），遭遇道路泥濘，兵馬無法前行。曹操只得命士兵背著柴草填平道路，這才讓軍馬得以通過。然而路窄人多，人馬擁擠踩踏，又死傷了很多人，可見曹軍當時的狼狽。然而即便如此，曹操仍不忘展現其梟雄的本質，在好不容易通過華容道後，他大笑著對眾將講：「劉備的才智與我不相上下，但他的計謀總要晚我一步；假使他早派快馬至華容道放火，我等必全軍覆沒。」曹操話音剛落，便接到探馬來報，說劉備的追兵在後面開始順風點火。一切正如曹操所料。

在《三國演義》中，華容道上演了一齣「諸葛亮智算華容，關雲長義釋曹操」的好戲，曹操三笑諸葛亮，卻三次被諸葛亮的伏兵伏擊，最終在關羽念及舊日恩情的情況下，才僥倖得脫，但這些只是小說家精彩的創作，並非史實。

火船的後面又繫著一支輕舟用於撤離。接著，他令黃蓋修書向曹操詐降，聲明自己深知曹公必勝，願意投誠，並與曹操約定投誠的時日（《三國演義》中，這一段故事被演繹爲「周瑜打黃蓋」，但正史中並沒有這齣「苦肉計」）。曹操收到信件，他雖然也對黃蓋投降的眞假產生了疑問，但由於太過自負輕敵，他終歸相信了黃蓋的詐降。曹操命人給黃蓋回話：「你若守信，必能得到空前絕後的封賞。」

周瑜見曹操中計，時機成熟，決定發動決勝一擊。按照與曹操的約定日期，當晚，黃蓋率數十艘僞裝起來的點火船「如約」駛向曹軍水寨門前，黃蓋命兵士大喊「投降」，引得曹軍盡皆出營圍觀。黃蓋見狀，命人拉開風帆，點燃火船，讓火船借助風勢急速衝向曹營，己方則跳入小船逃脫。當晚東南風急，剎那間，數十艘火船如離弦之箭衝進曹營，火烈風猛，很快就引燃了停靠在寨中的曹軍戰船，火借風勢，大火又很快蔓延上岸，點燃了岸上的曹軍營壘。一時間，長江北岸烈焰升騰、火光沖天，曹軍上下被周瑜的火攻之計打得措手不及，營中大亂，大火中被燒死踩死的人不計其數。而南岸的周瑜見江北火起，隨即指揮聯軍迅速跟進，大舉攻向曹軍。聯軍擂鼓大進，殺進曹營，已是亂成一團的曹軍徹底潰敗。曹操見大勢已去，便下令將本軍剩餘的船隻燒燬，帶著親隨突出重圍，尋路逃回北方。

赤壁之戰，最終以孫劉聯軍的獲勝而告終。經此一戰，孫權保住了江東的基業，劉備則爭取到了發展的時間，曹操損兵折將，銳氣受挫，自此回到北方，有生之年再難實現平定宇內的願望。自此，三分天下的雛形逐漸形成了。

劉備借荊州

曹操赤壁兵敗，帶領殘部退回北方；孫劉聯軍乘勝追擊，與曹操留守部隊在荊州展開爭奪。曹軍主將曹仁勇鎮江陵，而周瑜智取荊州，劉備則出兵奪取了荊南四郡。孫權為穩住劉備，將妹妹嫁給劉備；而劉備為進一步發展自身實力，向孫權提出「借荊州」的提議。

曹仁勇鎮江陵

赤壁慘敗，曹操率領殘部僥倖逃生，狼狽退回北方。臨走之時，曹操命心腹大將征南將軍曹仁率本部兵馬鎮守荊州，試圖在敗局之中存留下這一剛剛得到的重要地盤。另一方面，孫劉聯軍自然不會放過乘勝追擊的大好形勢，因此，具有重要戰略地位的荊州就成了孫劉聯軍的必奪之地。而這場爭奪荊州之戰的主角，就是周瑜和曹仁。

挾赤壁大勝之勢，周瑜指揮數萬部隊進攻荊州主城江陵。曹軍新敗，士氣低迷，但曹仁仍決意拚死守城。周瑜的先鋒部隊數千人率先到達江陵城下駐紮，曹仁登城而望，決定在對方大部隊到達之前實施奇襲，轉被動爲主動，爲守城爭取勝機。他在部隊中招募了三百名「死士」，由部將牛金率領，出城突擊對方的先鋒部隊。曹軍的突擊雖然取得了效果，但由於兵力懸殊太大，牛金的突擊部隊被不斷趕來的周瑜兵士重重包圍。眼見己方出擊的兵士要全軍覆沒，城中的曹軍將士無不沮喪失色。關鍵時刻，曹仁怒喝一聲，命人取來戰馬，要親自出城一戰。左右見狀紛紛攔阻說：「敵人太多，不可硬拚。不如放棄這數百人，將軍何苦以身相赴！」但曹仁卻全然不顧，毅然披甲上馬，帶著麾下數十名精壯騎兵衝出城去，殺向敵軍的包圍圈。周瑜的兵士被曹仁的剛勇所懾，曹仁一騎當先，衝開了敵人的包圍，救出了牛金等人。正欲回城，曹仁又發現還有部分士兵未能殺出重圍，於是他又勒馬回韁，再次突入敵陣。曹仁幾進幾出，勇猛無比，竟然奇蹟般地將被圍困的己方士兵全數救回城中。城中將士目睹曹仁的驚人之舉，都驚歎地說：「將軍眞天人也！」

周瑜智奪荊州

曹仁勇冠三軍，周瑜知強攻不得，便命部將甘寧前往夷陵，分兵挾制曹軍。曹仁分軍攻擊甘寧，甘寧被圍，向周瑜求援，形勢危急。周瑜手下眾將都認爲本方兵力不足，很難分兵去救甘寧，小將呂蒙卻對周瑜說：「可分一半人馬，留凌統將軍在此留守，我願與將軍您一道去救援甘寧。此去救援不會耽擱太久，我保證凌統能在此守住十天時間。」呂蒙還建議周瑜分三百人去砍柴，堵塞夷陵通往江陵的道路，以此可得敵軍逃兵的軍馬。周瑜歎服小將呂蒙的智勇，接納了他的意見，率軍救援夷陵。周瑜人馬與曹軍交戰，曹軍沒想到周瑜會分兵來救，被周瑜殺得大敗，死傷過半。曹軍趁夜逃回江陵，卻被堵在道路上的柴堆阻礙，無奈只得棄馬而逃。周瑜解了甘寧之圍，還繳獲三百軍馬，一切皆如小將呂蒙所料。

夷陵救援成功，周瑜軍中士氣更加高漲。周瑜見先前設計的佈局已成，便率軍兵臨江陵城下，與曹仁的守軍做勝負一決。周瑜強攻，曹仁死守，雙方在江陵對峙逾年，相互攻殺不斷，守城的曹仁軍隊死傷頗大。爲求破城，周瑜跨馬親臨陣前指揮，卻被城中射出的亂箭射中右肋，傷勢很重，被眾將救回大營。曹仁聽聞周瑜重傷，想借敵人軍中無主之際反敗爲勝，便集合剩下的部隊準備做最後一搏。周瑜得知，重又披甲上馬，忍住劇痛，佯裝無事，巡察本軍營壘，激勵將士。曹仁見狀，以爲周瑜已經傷癒，他知道再抵抗下去毫無勝算，便帶領剩下的士兵退出了江陵城。周瑜終於將江陵攻克，而後更進一步奪取了荊州。

孫劉結親

周瑜攻克江陵，孫權封周瑜爲南

《三國演義》繡像插畫：曹仁大戰東吳兵

赤壁之戰，曹操戰敗而逃，留曹仁駐守南郡。吳軍來襲，曹仁率軍於南郡與吳軍交戰，大敗吳軍。

郡太守。劉備曾率軍協助周瑜平定荊州，周瑜將荊州在長江南岸的一塊地方讓給劉備管理和駐軍。劉備到達後，將油江口（今湖北公安）改名爲公安，並在此紮營。曹操軍中原先劉表部隊的兵士仰慕劉備的名聲，紛紛趁著曹操兵敗管理鬆懈之機叛逃而來，投靠劉備，劉備的軍力因此大爲提升。

劉備以提升的軍力，南攻荊州以南曹操控制的郡縣，零陵、武陵、桂陽和長沙四郡皆望風而降，其間劉備還收降了猛將黃忠和魏延，更有廬江的雷緒率自己的萬餘人馬前來歸降，這使得劉備的實力更加壯大。劉備向朝廷表薦劉表的長子劉琦爲荊州刺史，沒過多久，體弱多病的劉琦病死，劉備手下眾人共同推舉劉備做了荊州牧。

劉備實力的迅速提升引起了孫權的不安，從形勢著眼，爲結交劉備，孫權決定將自己的妹妹孫尚香嫁給劉備，雙方結爲秦晉之好。劉備欣然應允，前往江東。

得知劉備前來，周瑜等將領都勸諫孫權留下劉備。周瑜修書給孫權說：「劉備乃是梟雄，又有關羽、張飛這樣的熊虎之將，必不會久屈人下。我認爲當前之計應將劉備安置在我們這裡，爲他大造宮室，多給他美女和珍玩，讓他沉溺在耳目享受之中；分開關、張二人，各自安排在一地，使我這樣的人統御他們，那麼大事可定。如若不然，恐怕蛟龍得遇風雨，終非池中之物。」孫權認爲當前曹操雄踞北方，自身應廣攬天下英雄，況且又擔心劉備不那麼容易制伏，因此沒有採納。

劉備借荊州

然而劉備前來江東的目的遠不止答謝恩情這麼簡單，「孤身犯險」的他有著更大的企圖——借荊州。

劉備見到孫權後，向其提出了「借荊州」的請求。劉備稱自身實力不足，需要更大的領地發展力量，以共同抗曹爲名，向孫權提出要暫時「都督荊州」的要求。面對劉備這看似異想天開的打算，孫權的謀臣無一同意，唯有魯肅一人例外。魯肅對孫權說：「將軍您雖神武蓋世，但曹操的威力實在強大，我們初平荊州，在當地尚未服眾，不如借給劉備，讓他來安撫那裡。此舉爲曹操多樹了一個敵人，而爲我們自己扶植了一個盟友，這是上上之計啊。」孫權雖有不悅，但覺得魯肅言之有理，於是心不甘情不願地同意了劉備「借荊州」的請求。

「借」到荊州的劉備火速帶著新婚的妻子返回了荊州。自此，劉備不僅軍力增強，還擁有了一塊地域廣大、人口殷富的根據地。魯肅力諫孫權「借荊州」，暫且不論這一做法在日後的功過得失，還有後人對此的評價，僅就當時抗曹的大形勢來說，無疑是成功的：孫權將荊州借給劉備的消息傳到了曹操的耳中，正在寫字的曹操竟驚得將手中的筆顫落在地。由此可見，對抗曹大計而言，此舉無疑重重地打擊了曹操。

當然，孫權「借」荊州給劉備的目的並非資助劉備的壯大，因此，在劉備回到荊州後不久，孫權就採納了周瑜的意見，決定先行下手，取道荊州，邀請劉備一起，向西攻打益州。

孫權共邀西進的建議送到劉備的手中，使劉備陷入兩難的境地：同意，則自己日後將裏挾在孫權的勢力中間，受人鉗制，無從發展；若不同意，則有悖兩家之盟，不好推辭。正在劉備爲難之際，荊州主簿殷觀向劉備進言道：「如果我們同意孫權的要求，爲他們去打先鋒，那麼我們前進不一定能佔據益州，後退又被孫權所乘，荊州難保，便大勢去矣。如今我們可以贊同他的西進計畫，而藉口剛剛佔據荊州，民心未服，不方便一同起兵。如此一來，孫權必不敢越過我們去打益州。這是進退之計，可坐收兩利。」劉備聽聞大喜，隨即修書給孫權表明態度。孫權果然放棄了西進的計畫。

劉備「借荊州」後，逐漸穩固了自己的勢力，借助自身的名望，劉備在荊州招兵買馬，聲勢日隆。但「借荊州」也爲孫劉兩家的關係埋下了嚴重的隱患，成爲三國歷史發展的一條重要伏線。

清末．年畫《東吳招親》

描繪三國時，孫權因劉備佔據荊州屢討不還，便與周瑜設美人計，假稱以妹孫尚香嫁劉備，欲騙劉備過江做人質，以換取荊州的故事。

三國周郎赤壁

「故壘西邊，人道是三國周郎赤壁。」一場赤壁之戰，令年輕的東吳都督周瑜名垂青史。周瑜雄姿英發，才略過人，多謀善斷，氣度恢宏，堪稱古今第一儒將。但在人們所熟悉的《三國演義》中，周瑜卻被描寫為一個嫉賢妒能的人物，這其實是一個極大的誤導。

羽扇綸巾，雄姿英發

周瑜，字公瑾，廬江舒縣人（今安徽廬江）。周瑜出生在世家大族，堂祖父周景、堂叔周忠都做過東漢的太尉，父親周異做過洛陽令，可謂門庭顯赫。少年周瑜體格健壯，相貌英俊，是個標準的美男子；飽讀詩書，精通兵法，年紀輕輕便有雄才大略。

起初，長沙太守孫堅起義兵討伐董卓，他將全家遷徙到舒城居住，周瑜因而結交了孫堅的長子孫策。孫策與周瑜同年，兩人志趣相投，親如手足。周瑜將自家的大宅第讓給孫策居住，帶他拜見自己的母親，兩家互通有無。後來孫策從袁術處借兵前來東吳，周瑜得知，帶兵與孫策會合。孫策大喜，對周瑜說：「有了你的支持，大事一定成功。」周瑜與孫策合兵征戰，所向披靡，縱橫江東。

袁術欣賞周瑜的才能，力邀他來投靠自己（當時孫策名義上隸屬於袁術）。周瑜看出袁術必爲終無所成之人，於是找了藉口回到孫策身邊。孫策親自迎接周瑜，任命他爲建威中郎將，撥出兩千人馬歸他調遣。這一年，周瑜二十四歲，江東百姓親切地稱他爲「周郎」。之後，周瑜協助孫策南征北戰，攻克皖地，尋得當地大族喬家二女，皆國色天香。孫策娶了姐姐大喬，周瑜娶了妹妹小喬。英雄配美人，一時間被傳爲美談。

千古風流人物

孫策被刺，不幸早逝後，周瑜以中護軍的身分與長史張昭共同輔佐年少的孫權。孫權的母親曾對孫權說：「公瑾與你哥哥孫策同年，只不過小一個月而已，我對他如同對待自己的兒子，你要以兄長之禮待他。」孫權將軍國大事託付給周瑜，周瑜盡忠職守，接連殲滅寇匪萬餘人，擊退劉表大將黃祖的進攻，穩定了剛剛更迭的政權。後來，孫權討伐江夏，任命周瑜為前部大都督。

周瑜之名真正流傳千古是源於赤壁之戰，在這場三國歷史極為重要的戰事中，周瑜無疑是最大的英雄。年輕的大都督周瑜，以其非凡的膽識和過人的謀略，以區區幾萬人擊敗了數十萬不可一世的曹軍，創造了軍事史上的一個奇蹟，也為東吳保住了根基。孫權提升周瑜為偏將軍，領南郡太守，並為他設置封邑。

後世的《三國演義》為了突出諸葛亮的形象，將周瑜描繪成一個心胸狹窄之人。事實上，據正史記載，周瑜「性度恢宏」，氣量很大，禮賢下士，深得眾人愛戴，是一個近乎完美的儒將形象。周瑜曾與東吳大將程普起過衝突。程普為東吳老臣，早在孫堅生前，就為孫家出生入死，立下赫赫戰功。面對資歷比自己小很多的周瑜，程普常常盛氣凌人，侮辱周瑜。周瑜對此並不記恨，反而屈尊，更加恭敬地對待程普，始終不與他計較。後來，程普漸漸悔悟，對周瑜愈發敬重，他對身邊的人講：「與周公瑾交往，如同喝甘甜的美酒，不知不覺自己便陶醉於他了。」由此可見周瑜謙讓服人的程度。

赤壁之戰後，周瑜預料劉備日後必成大事，便勸孫權將劉備安置在東吳，為其修築宮室，以金錢美色軟化他，並將關羽、張飛分置兩地，化為己用。孫權沒有採納，後來劉備果然成為東吳的對手。周瑜還建議孫權利用曹操新敗的時機進攻益州劉璋，奪取蜀地，與西涼馬超相互呼應，北方可圖。這一構想與諸葛亮的「三分天下」設想非常相似，孫權也非常贊同，只可惜最終未能付諸實施。

漢獻帝建安十五年（二一〇年），周瑜在西進計畫得到贊同後，回到駐地整理行裝，集結兵馬出發，準備大展宏圖。可惜事不遂願，東吳大軍剛剛出發不久，周瑜便病逝了。一代將星隕落，年僅三十六歲。孫權為失去周瑜痛苦不已，時時追思，他在晚年還對人講：「昔日擊退曹操，開拓荊州，都是靠公瑾，我永遠難忘。我懷念公瑾，哪有盡頭啊！」

周瑜點將台

煙雨亭，又稱周瑜點將台，位於江西九江市甘棠湖。傳說是周瑜訓練水軍的地方。

三國時期的經濟

東漢末年，各方勢力混戰，社會經濟遭到重創，一度出現了「白骨露於野，千里無雞鳴」的慘況。三國時期，魏、蜀、吳分別採取了一系列措施，試圖恢復經濟，如曹魏的屯田、蜀漢的建設、東吳的開發等，都取得顯著的成果。

白骨露於野

東漢末年，朝政腐敗，外戚、宦官輪流專政，地方上橫徵暴斂，土地兼併嚴重，百姓倍受剝削。這時，社會經濟遭受大幅破壞。漢靈帝中平元年（一八四年），黃巾之亂爆發後，各方勢力趁機作亂，形成群雄割據、戰亂連年的局面，這更加劇了全國經濟（尤其是北方）受創的程度。

在長年的戰爭浩劫中，人口急劇減少，災荒瘟疫橫行，出現了曹操在詩歌《蒿里行》中所描述的「白骨露於野，千里無雞鳴」的悲慘景象。首先是戰爭的殘殺使人口銳減，例如皇甫嵩的官軍與冀州黃巾軍一戰中陣亡近二十萬人，而與穎川黃巾軍一戰僅斬首就超過十三萬人；董卓死後，李傕、郭汜內鬥互攻，死者數以萬計；官渡之戰後，曹操活埋的袁紹士兵達數萬人，這些還只是官兵數量的記載。各方勢力的混戰中，濫殺無辜、殘害百姓的事件無以勝數，如董卓遷往長安，勒令數百萬洛陽百姓隨行，一路上都是餓死、累死的人；李傕搶掠陳留、穎川各縣，燒殺搶掠，以至無人生還；曹操在攻打徐州陶謙的過程中，也曾因遷怒而對沿途無辜百姓大肆殘殺。

動盪的時局使統治者無力顧及生產、抗災、抗瘟等事宜，導致災荒、瘟疫不斷。漢獻帝興平元年（一九四年）的蝗災、旱災造成穀價猛漲至五十萬一斛，百姓大饑，白骨堆積；次年，黃河流域又發生蝗災、旱災，適逢漢獻帝自長安去洛陽，隨行官員只能靠野菜、野棗充飢，尚書郎以下官員要自己親自採摘才有食物；漢獻帝建安年間，傷寒瘟疫大肆流行，百姓染病者達十之六、七，一人染病，一家甚至一族只能坐而等死，家家戶戶嚎哭哀泣，滅家、滅族之事不絕。

據東漢官方統計數字，漢桓帝永

壽年間，全國人口有近五千六百五十萬，至西晉初年，人口只餘一千六百餘萬，這還是經過三國時期恢復之後的紀錄。據史學家分析，漢末人口銳減的結果約是「十存其一」。

人口遭到如此巨額的損失，農業、手工業、商業的受損更不用說了。當時，土地大片荒蕪，一個郡縣往往有五千頃閒置的莊田，糧食產量驟減，糧價高至數十萬。長安、洛陽、徐州等原本繁華的城市，都變成了斷壁殘垣、破磚亂瓦。在許多地方，人們都不再用貨幣交易，而改爲直接的以物易物。鐵、銅等金屬變爲貴重物品，其開採冶煉一度中斷，連犯人的刑具都換成了木製。

史書對這一時期的經濟凋敝作了如實的記載。《後漢書》中寫道：「名都空而不居，百里絕而無民者，不可勝數」；《三國志》中寫道：「饑饉困敗，吏士大小自相啖食」、「生民廢業，饑饉流亡，公家無經歲之儲，百姓無安固之志」等等。

曹魏屯田

東漢末年的經濟破壞，北方首當其衝。面對社會經濟一片凋零的狀況，曹魏以「強兵足食」爲「定國之術」，大力推行屯田制。

漢獻帝建安元年（一九六年），曹操已佔據兗州、豫州兩地，又從黃巾軍的何儀、劉辟等處奪得了大批勞力、耕牛、種子，具備了屯田的基礎。於是，曹操宣布要仿照秦漢時期的「急農」和「屯田」方式，結合北方經濟的特點推行屯田制。

曹魏屯田的第一個階段是民屯，主要是漢獻帝建安年間在都城許附近進行，後來推廣至北方各地。民屯由典農中郎將或典農校尉（地位相當於郡守）主管，下屬司馬、功曹、綱紀等官員。民屯的編制稱爲「屯」，一般是一屯五十人，每屯由一個司馬直接管轄。屯田的平民稱爲「屯田客」或「典農」，由官員統一管理，按軍事編制進行生產，管理束縛很強，剝削也很重。「屯田客」的地位很低，不能隨意遷徙，也不能轉爲郡縣編戶，只能世代在官府的控制下屯墾農田。儘管屯田制下的農民生活境況很差，但在經濟遭受重創的時代背景下，這種屯田制對於恢復農業生產卻是十分必要的。

魏晉．二牛耕地磚畫

圖上繪二牛，一白一黑，牛身細長，角下彎上直，牛鼻有環無韁，說明當時牛已馴養得很溫順，二牛所挽的農具叫做「耙」，一面有齒，可碎土。

曹魏屯田在許都附近及兗、豫二州部分地方試行之後，效果良好，收得穀糧百萬斛。因此，曹操下令將屯田制推廣到各地，在各州郡設立屯田官員，招募流民以開墾荒地。

曹魏屯田的第二個階段是軍屯、民屯並重，主要發生於漢獻帝建安末年至曹魏末年。重視軍屯，主要是出於曹魏作戰的軍事需要。自曹操被冊封爲魏王之後，他就下令提升軍屯的地位，使其與民屯並行。曹丕稱帝建國後，進一步改善了軍屯的體系。軍屯的管理體系完全與軍隊相同，各級軍官就是屯田的管理者。軍屯以「營」爲編製，每營通常是六十人。軍屯的士兵也深受束縛，其家人妻小往往被拘禁爲人質，以防止士兵逃亡或叛變。然而軍屯有效地解決了供應龐大軍隊的糧草問題，使軍隊得以豐衣足食。

諸葛亮治蜀

相較於北方經濟的毀滅性破壞，巴蜀地區由於高山阻隔，經濟所受的衝擊相對輕一些。而北方流民爲避戰禍大批向荊州、益州等地區遷移，又爲蜀國的經濟發展帶來了勞動力和生產技術。加上四川盆地、漢中平原等地土地肥沃、田野廣袤，蜀漢擁有發展經濟的良好基礎。

自東漢末年開始，劉焉、劉璋父子先後領益州牧，實行輕徭薄賦的經濟政策，促進了以川西平原爲中心的巴蜀一帶的發展。益州北部的漢中平原自戰國時代以後就得到了開發，漢末又湧入數萬戶北方勞動力，

都江堰

都江堰位於成都平原西部的岷江上。建於周赧王五十九年（西元前二五六年），是戰國時期秦國蜀郡太守李冰及其子率眾修建的一座大型水利工程。歷時二千二百多年，至今仍發揮巨大作用。《史記・河渠書》中說，自都江堰建成，成都平原「水旱從人，不知饑饉，時無荒年，天下謂之天府也」。

「民殷國富」。只有益州西南部的南中地區相對落後。

劉備入蜀後，諸葛亮承擔起治理內政的重任。與曹魏不同，諸葛亮治下的蜀漢並未實行大規模的屯田，而是著力開發農業經濟。攻佔益州後，劉備將田地、民宅歸還百姓，讓百姓休養生息，安心農務。諸葛亮大力扶植州郡的農業生產，如「閉關息民，務農殖穀」、「閉境勸農，育養民物」等，以打擊豪強，杜絕妨害農事的現象。他尤其重視水利灌溉工程的興建，以戰國時修建的都江堰爲基礎，設堰官，並派一千二百名兵丁維護都江堰的水利設施，用以灌溉成都平原。此外，諸葛亮也畫定範圍進行屯田，主要是出征戰事時的軍屯。

在諸葛亮的治理下，巴蜀地區的農產量大幅提高，有些地區單次產量達到每畝生產三十斛以上；「溝洫脈散，疆裡綺錯，黍稷油油，粳稻莫莫」，百姓安居樂業。

東吳的開發

東南地區憑藉長江之險，在漢末所受的經濟破壞也較小，又兼物產豐富、氣候適宜、交通便利，因而具有良好的開發條件。

與魏、蜀一樣，東吳首先重視的也是農業，且將農業分爲屯田與州郡農業兩部分。東吳地區的農業原本比較落後，漢末北方難民南下後，才爲這裡帶來了牛耕等農業技術。早在孫堅、孫策統治時，東吳就已經開始實行屯田。東吳屯田的管理制度與曹魏相似，軍屯、民屯各設官員管轄，「屯田客」的地位也很低下。所不同的是，曹魏屯田大多與郡縣分離，而東吳屯田則往往以郡、縣爲區劃，屯田官也負責郡縣地方事務。東吳屯田的範圍很廣，沿著長江流域，西起夷陵，東至吳郡，形成一條數千里的長廊。

東吳的手工業、商業發達，最爲著名的是紡織、海鹽、造船、冶煉、鑄造、青瓷等行業。紡織業主要是生產葛布和麻布；海鹽業集中於浙江、江蘇沿海；造船是東吳最發達的行業，出現了很多大型的造船工場，東吳也因此擁有龐大的水師；冶鑄產品主要是銅、鐵等；而青瓷產品在造型、工藝、釉色方面都很精美，技術已步入了成熟階段。

三國．吳．青釉穀倉罐

罐高四十八公分，江蘇金壇出土。穀倉罐又稱為「魂瓶」，是江南地區孫吳時期墓葬中獨特的隨葬物品，其淵源於漢代隨葬墓中的五聯罐，到孫吳時在罐蓋上堆塑樓閣門闕等建築，是孫吳時期專為喪葬製作的物品中最具藝術價值的文物。

渭南之戰

赤壁一戰，曹操慘敗，所率兵馬傷亡大半。但這並沒有動搖曹操經營北方多年所打下的根基，退回許都後的曹操仍然擁有天下第一的實力，俯視群雄。漢獻帝建安十六年（二一一年），略作休整的曹操又開始了新一輪平定天下的征戰，這一次，他的目標是西北的馬超與韓遂。

漢獻帝建安十六年（二一一年），赤壁之戰結束僅僅兩年後，恢復實力的曹操決定再次發動平定天下的戰事。他命令司隸校尉鍾繇起兵西征，討伐盤據於漢中地區的張魯。

最初，曹操下令伐張魯時，部下高柔便表示了自己的反對意見。高柔認爲，興師動眾地西征張魯，必定會驚擾到關中地區的其他勢力，這些地方上的統治者表面上臣服於朝廷，但實際上各自割據，他們見到曹操的大軍前來，一定會懷疑是來討伐自己

曹操「打草驚蛇」

赤壁慘敗，曹操大軍傷亡慘重，曹操僥倖逃生，荊州得而復失。但由於赤壁之戰曹軍中首當其衝的是大量新降的荊州水軍，因此這場慘敗，並沒有對曹操原有的精銳部隊造成過於嚴重的折損，也因此，曹操的元氣沒有遭到動搖，他仍然擁有當時最強大的勢力。

回到許都後，曹操痛定思痛，深刻地總結了兵敗的原因，並花費力氣整頓政務和吏治，以最快的速度恢復實力。曹操先是針對朝廷選官以清廉爲前提的舊制，下令應放寬標準，「唯才是舉」，大規模網羅人才；接著，他又因朝野指責他專權過甚，主動向朝廷退回了自己三分之二的食邑，以此拉攏人心。此外，他還命人在鄴城鑄造了輝煌宏偉的銅雀台，以浩大的工程來表彰自己的功德，提高自己的聲望。

的，於是必定相互煽動造反，如此一來局面就不好收拾了。但面對高柔的勸諫，曹操並不採納。

結果不出高柔所料，未等鍾繇兵至，關中的馬超、韓遂、侯選、程銀、楊秋、李堪、張橫、梁興、成宜、馬玩等十部兵馬相繼造反，兵力達到十萬之眾，屯據潼關與曹軍對抗。

造反部隊不斷增多，就在群臣對局面的迅速惡化感到懊悔之時，曹操卻面露喜色。諸臣大惑不解，曹操道出了自己心中眞正的「算盤」：「關中地處偏遠，如果這些反叛的勢力各自據守險要，我要征討他們，沒一、兩年是不可能成功的。如今都來齊了，人數雖多，卻群龍無首，各不服從，我就可以一舉殲滅他們了，我是因此而高興。」

征討張魯，不過是個幌子，曹操的眞正目標，是關中諸強。

渭南之戰

渭南，是指今日陝西省關中地區渭河平原的東部，黃河、渭河、洛河三河交縱，自古就是兵家必爭之地。東漢末年，這一地區由一群關中豪強所控制，他們表面歸順朝廷，實則武裝割據，其中以馬騰、韓遂實力最強。曹操爲加強對這一地區的控制，曾將馬騰召入許都做官，而馬騰則將部屬交給的兒子馬超繼續統領。

漢獻帝建安十六年（二一一年）七月，曹操親率大軍到達潼關，與馬超、韓遂等人在潼關兩側分別紮營對峙。曹操一面命人急攻奪下潼關，一面

河北涿州影視城內的標誌性建築——銅雀台

曹操修銅雀台，其子曹植作《銅雀台賦》，其中有「攬二喬於東南兮，樂朝夕之與共」的句子。唐代詩人杜牧又作《赤壁》詩曰：「折戟沉沙鐵未銷，自將磨洗認前朝。東風不與周郎便，銅雀春深鎖二喬。」

派遣大將徐晃和朱靈帶領四千步騎兵不動聲色地偷偷渡過蒲阪津（今山西永濟、陝西大荔之間的黃河渡口），在黃河西岸建立了渡河的橋頭堡。之後，曹操率大軍出潼關，渡黃河。也許是過分輕敵的緣故，曹操命令士兵先行渡河，而自己則與百餘名親兵留下來斷後。然而，馬超見曹操渡河如此情形，急令萬餘名步騎兵以迅雷不及掩耳之勢衝向曹操。馬超的部隊能衝善射，一時間，曹操面前箭如雨下。危急時刻，曹操仍故作鎮定地在帳中穩坐，多虧他的親兵隊長許褚即時出現，才能掩護曹操退出營帳，撤向岸邊。

離間韓馬

曹操軍馬過黃河後，沿河道豎起柵欄，一路向南進兵，戰略上取得主動。馬超、韓遂等人只得退守渭口（今陝西華陰境內），隔渭河與曹操對峙。曹操命人多設疑兵吸引敵人視線，暗中用船裝載士兵，在渭河上搭建浮橋，趁夜渡過渭河，進逼馬超等人。他料到馬超必定連夜前來攻營，於是設置伏兵，一舉擊破馬超的軍隊。馬超、韓遂等人敗走，遣使送信給曹操割地求和，曹操不允。

九月，曹操再次率軍渡過渭河，與馬超、韓遂決勝。馬超屢次營外挑戰，曹操堅守不出，馬超欲求急戰速勝而不得，焦躁中再次提出割地求和的請求，並承諾送去人質。曹操的謀臣賈詡建議可假意應允馬超的請求，曹操詢問其故，賈詡回答道：「離間計而已。」曹操聽後會心一笑：「明白了！」於是接受了馬超的求和。

不幾日，曹操約請韓遂陣前見面。曹操與韓遂曾有舊交，曹操於是故意騎馬湊上前去與韓遂交談，兩人舉止親密，談論的話題絲毫不涉及軍事，都是些昔日交往當中的軼事，說

清末．年畫《倒反西涼》

描繪三國時，曹操誘殺馬騰之後，馬騰之子馬超舉西涼兵大敗曹操，為父報仇之事。

得二人不時撫掌歡笑。當時有很多關中地區的兵民圍觀，人群爭先恐後，曹操見狀大笑著對他們說：「你們想看看曹丞相麼？也還是個人嘛，沒有四個眼睛兩張嘴，不過是有很多智慧罷了！」

曹操與韓遂親密交談的事很快就傳到了馬超的耳朵裡。心生疑忌的馬超等人向韓遂質問二人說了些什麼，韓遂回答沒有什麼，這更加重了馬超等人的懷疑。又過了幾日，曹操又給韓遂寫信，信中的字句多處特意做了塗改的模樣，做成彷彿是韓遂看後修改的一般。這封信同樣也被馬超等人看到，馬超對韓遂的疑心愈來愈重。

曹操的離間計有效地強化了馬超與韓遂之間的衝突，分化了關中各路反叛部隊。曹操見時機成熟，主動出擊，與馬超、韓遂等人進行決戰。曹操先以輕騎兵向敵人挑戰，待敵人傾巢而出，然後出動精銳的騎兵兩翼夾擊，大破敵軍。已經分崩離析的關中部隊被曹操徹底摧毀，首領成宜、李堪等人死於亂軍之中，而馬超、韓遂則帶著殘部逃往涼州去了。曹操取得了渭南之戰的勝利。

婁圭以水築城

渭南之戰中，曹軍每次渡河，都會遭到馬超手下騎兵的突擊騷擾，因此經常無法順利地建立起牢固的營壘，而當地又多沙土，無法進行壘築。面對這個難題，謀士婁圭向曹操提出一條妙計：利用北地氣溫寒冷的條件，用沙土堆成土垛，然後向上澆水，一夜之間凍冰爲壘。

曹操採納了婁圭的計策，他命人從河中運水，連夜澆水築城。到了第二天一早，果然建起了一座堡壘。自此，曹軍渡河便再不受敵人騷擾之苦了。

馬超歸降劉備

馬超兵敗渭南後，帶領殘部，向西聯結西北少數民族勢力，繼續對抗曹操。在少數民族部隊的幫助下，馬超又攻殺了曹操的涼州刺史韋康，佔據了冀城。他自稱征西將軍，領并州牧，聲勢一度復起。然而由於他生性暴烈野蠻，不得人心。最終眾叛親離，在韋康舊部的攻擊和屬下的背叛下，馬超再次被趕出了涼州。

狼狽的馬超走投無路，投靠了漢中的張魯。然而張魯嫉妒馬超之能，幾度想要加害於他。恰逢此時，益州傳來劉備包圍成都的消息，馬超於是離開張魯，投奔劉備而去。劉備欣賞馬超的勇武和他在西北一帶的威名，接納了他，並委以兵馬，令其協助攻打成都。而馬超也不負所望，自此在劉備帳下安心服侍，成爲日後蜀漢的開國名將之一。

張遼威震逍遙津

孫劉聯軍赤壁大勝，孫權乘勝追擊，同時開闢出兩條戰線：一面在荊州追擊敗逃的曹軍，另一面則展開了對合肥的進攻。圍繞一座合肥城，曹、孫兩家進行了長達數年的拉鋸戰。而這之中，以東漢建安二十年（二一五年）的戰鬥最為經典，這一役留下了「張遼威震逍遙津」的千古傳奇。

「糾結」合肥

赤壁之戰後，曹操北逃，原本牢固的長江北岸防線頓時變得鬆散。這為孫權向北擴展疆域提供了最好的機會。孫權乘勝追擊，同時開闢出對曹操作戰的兩條戰線：一方面派周瑜向西進攻，與曹仁爭奪荊州；一方面由自己親率大軍，北上進攻合肥。

合肥對於孫權與曹操雙方都有著至關重要的戰略地位。合肥北通淮河，南達長江，素有「淮右襟喉、江南唇齒」之說，自古就是兵家必爭之地。合肥就成了曹、孫兩家爭奪的焦點，於是在雙方接壤的數千里疆界線上，幾十年間僅僅在合肥一地便反覆不斷戰鬥。

漢獻帝建安十三年（二〇八年）十二月，剛剛在赤壁擊退曹操的孫權，馬不停蹄地乘勢揮軍北上，展開了對合肥的第一次進攻。還在北撤的曹操聽聞這個消息，立即派遣張喜率軍前往合肥解圍。孫權大軍包圍合肥長達三個月有餘，卻遲遲不能攻克，眼見張喜的大軍即將到來，心急如焚的孫權決定親自上陣，帶隊突擊。這個舉動立即被一旁的長史張紘阻止。張紘對孫權說：「軍隊是凶器，戰爭是危險的事。如今您仗著年輕氣盛，要做這等魯莽之事，這讓三軍將士聽聞，沒有不寒心的。就算是能斬將搴旗，威震敵場，這也是偏將的職責，不是主將該做的事。希望您克制自己心中如同

張遼像

張遼，東漢建寧二年至曹魏黃初三年（一六九年至二二二年），字文遠，雁門馬邑（今山西朔州）人，三國時魏國名將。

孟賁、夏育一般勇武的念頭，而懷有霸王的心機。」孫權聽罷，這才打消了之前的想法。

孫權大軍圍城，合肥守軍漸漸不支，而張喜的援軍又遲遲不能趕到。眼看合肥不保，曹操手下的揚州別駕蔣濟心生一計。蔣濟煞有介事地對揚州刺史謊稱說，自己剛剛得到來自張喜的信，信中說張喜的四萬步騎兵已到雩婁（今河南商城東北部、固始南部，安徽霍邱部分地區），希望刺史派人迎接。接著，他令信使攜帶這一消息分三路向被圍困的合肥城內通報。突圍入城的信使中有兩路很自然地被圍城的孫權軍士截下，已是毫無耐心的孫權看到信件便信以爲眞，下令大軍燒掉營壘，撤圍而走。

生子當如孫仲謀

第一次合肥之爭勝負未分，並沒有降低孫曹兩家對合肥的「熱情」。漢獻帝建安十六年（二一一年），孫權在張紘和劉備等人的勸說下，移居合肥附近的秣陵（今江蘇南京市江寧區南秣陵關），第二年在此建築石頭城，改秣陵爲建業（今江蘇南京市）。與此同時，曹操剛剛在渭南之戰中擊潰了馬超、韓遂。同年十月，曹操親率大軍，南下合肥，對孫權展開反攻。

聽聞曹操親征，孫權向屬下徵求禦敵之法。呂蒙向孫權獻策——在合肥之南的濡須水口（今安徽無爲縣之東）建立船塢。這一建議遭到其他將領的反對：「我們的水軍上岸殺敵，涉水入船，來去方便，建個船塢有什麼用！」呂蒙卻說：「打仗沒有百戰百勝的，如果我們被敵人逼迫到不了岸

合肥逍遙津公園
三國時期，魏、蜀、吳鼎立，逍遙津屬於魏轄地，是江淮咽喉，軍事重地。歷史上有名的「張遼威震逍遙津」一戰，戰場就在今逍遙津公園一帶。

邊，哪還能上船呢？」孫權聽後，覺得呂蒙說得很有道理，便下令建造了濡須塢。

濡須塢的建造果然發揮作用。漢獻帝建安十八年（二一三年）正月，曹操集合大軍（號稱四十萬）與孫權在濡須塢展開對峙。曾遭遇赤壁慘敗的曹操這一次顯然對水戰比較有想法，他率先攻破了孫權設在江岸西側的營壘，俘獲了孫權的西營都督公孫陽。初戰不利的孫權則率領七萬精兵據濡須塢死守，不敢怠慢。雙方就這樣隔江僵持了一月有餘，興師而來的曹操見孫權兵馬舟船齊備、軍伍整肅，不由得對這位年紀約與自己子輩相仿的對手發出了由衷的讚歎：「生兒子就要生像孫權這樣的（生子當如孫仲謀）！像劉表的兒子那樣的，不過是豬狗罷了！」曹操這句讚歎，後來被後世傳爲名言。

對峙由冬至春，眼看勝負難分的孫權對曹操寫了一封信，信中略帶調侃地說道：「春水正在漲起（形勢於我有利），您最好早點離去。」信中還夾了一張紙條，上面寫著：「您一天不死，我不得安生。」而收到信件的曹操也顯出了非常人可比的氣度，他將信拿給眾將傳看，然後大笑說：「孫權這話不騙人啊！」接著，曹操果眞帶兵撤回。赤壁之戰後的又一次南北交兵，就在這看似頗爲輕鬆的氛圍下結束了。

張遼威震逍遙津

漢獻帝建安二十年（二一五年），曹操本欲再次起兵討伐孫權，但未能成行，轉而西進攻打漢中張魯。孫權見曹操兵發漢中，東側空虛，於是再次親率大軍包圍合肥。這一次，孫權可謂盡遣境內主力，兵馬達到十萬，誓奪合肥之心昭然若揭。

曹操早已料到孫權的意圖，他先派遣大將張遼、李典、樂進統率七千人馬屯駐合肥，防禦孫權。同時，派護軍薛悌送一封密函交給負責守備合肥的主將張遼，告訴他：「等敵人到了，再打開。」

不久，孫權果然率領大軍浩蕩殺來。就在眾將不知如何應對之時，張遼將曹操的密函開啓，函內寫有一計：「如果孫權到來，由張遼、李典二位將軍出戰，樂進將軍守城。」諸將看後都認爲敵眾我寡，實力懸殊，不明白此時遣軍出戰的用意，只有張遼看出了其中的玄妙：「曹公遠征在外，如果我們坐等救援，那麼等到救援到來，我們早就被擊敗了。因此要我們趁敵人立足未穩之際出城迎擊，折損敵人的銳氣，安撫我們的軍心，如此才能有守下去的希望。」但眾將還是對出戰表示懷疑，張遼憤怒地說：「成敗之機，在此一戰。諸位如果再懷疑，我就一個人出戰！」一旁的李典聽後慨然上前：「這是國家大事，我們只是在考慮你的計策如何，難道我們會因私人恩怨而忘公義麼！我請求跟你一起出城。」於是，張遼與李典趁夜招募了八百勇士，作為翌日搏殺的「敢死隊」。

第二天一早，張遼一馬當先，開城衝入敵軍。他披甲持槍，連殺數十敵兵，手斬兩員大將，勇貫長虹，敵軍頓時大震。張遼邊戰邊大呼自己的姓名，一路竟衝殺到了孫權帳前。孫權被如此景象嚇得大驚失色，不知如何是好，急忙向高地奔逃，搶過一把長戟來自衛。張遼單槍匹馬，喝令孫權下來應戰，孫權竟不敢動彈。待孫權緩過神來後，見張遼兵馬不多，於是又重重圍困了張遼等人。張遼策馬殺出一條血路，帶著身邊數十人成功突圍。未能突圍的士兵都向張遼大喊：「將軍要捨棄我們麼？」張遼聞聽，回馬再次殺進包圍圈，救出剩下的兵士。如此一番殺出，張遼如入無人之境，孫權的人馬望風披靡，無人能擋。從清晨打到中午，孫權一方竟完全被張遼一人打得士氣全無。孫權見狀，連忙閉營調整，這才略略安穩了受驚的軍心。

孫權遇險

孫權圍城十餘天，他見張遼把守的合肥根本無法攻克，於是決定撤軍。然而就在撤軍過程中，最驚險的一幕發生了：一時大意的孫權命大軍從逍遙津渡口渡河南撤，自己則與一千將領和少數士兵滯留在江北準備渡河。這一情況被城上瞭望的張遼目擊，他果斷地率軍出擊，意圖襲殺孫權。孫權沒想到大難驟至，身邊士兵太少，面對眾多的敵兵，孫權手下大將盡皆拚死護主。甘寧、呂蒙力戰阻敵；淩統護送孫權突圍，而後又趕回來與張遼廝殺，直殺到左右隨從盡死，身中數槍；大將陳武則力戰殉主。九死一生的孫權騎馬逃到橋上，但橋板已被曹兵拆毀。千鈞一髮之際，近侍谷利告訴孫權抓牢馬鞍、鬆開轡繩，自己在馬後加鞭，以助馬勢，孫權這才順利躍馬過河，逃過一劫。

《三國演義》插圖：張遼威震逍遙津

五子良將

三國風雲，將星如許。後人對劉備麾下「五虎將」耳熟能詳，卻很少有人知道在那時遠比「五虎將」更有名望的是曹操帳下的「五子良將」——張遼、樂進、于禁、張郃、徐晃。這五人為曹魏政權立下赫赫戰功，《三國志》作者陳壽贊曰：「時之良將，五子為先。」

怎一個「剛」字了得

張遼，字文遠，雁門馬邑（今山西朔州）人。青年時，張遼在郡內做一名郡吏。時值漢末大亂，并州刺史丁原無意中發現張遼有過人的武藝，於是將他召爲自己的從事。而後丁原被殺，張遼又在何進、董卓手下做事，董卓被誅後，張遼歸屬到了呂布的麾下。呂布賞識張遼的才能，任命他爲騎都尉。

曹操剿滅呂布後，張遼歸降曹操，被任命爲中郎將。因屢有戰功，被提拔爲裨將。曹操與袁紹交鋒，遣張遼征伐境內叛軍，張遼單騎直入叛軍營寨，不費一兵一卒說降了對方的首領。而後跟隨曹操討伐袁譚、袁尚，張遼屢立大功，晉封蕩寇將軍，曹操親自爲他接風。

張遼有勇有謀，在曹操的將領中可謂首屈一指。曹軍北征烏丸，柳城下與敵方大軍相遇，軍中兵士怯戰，張遼力勸曹操迎擊，情緒激奮，膽氣豪壯，曹操爲其所感染，將自己的指揮鞭授予張遼。張遼指揮曹軍奮勇出擊，於是大破敵軍，斬殺敵首。後來曹操南征荊州，軍中發生兵士嘩變，叛亂軍人趁夜在營中放火，軍中大亂。張遼冷靜處置，他告誡身邊將士不要亂動，下令不參與叛亂的士兵原地安坐，自己則親率數十親兵站立在營地中央。張遼的做法大大穩定了軍

魏晉·馬車

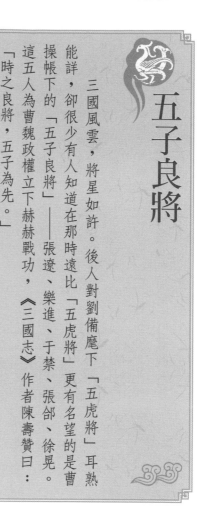

心，沒過多久，叛亂遂平。

張遼一生征戰，最爲輝煌的經歷還是漢獻帝建安二十年（二一五年）的合肥攻防戰，他以區區八百勇士大破孫權十萬大軍，還險些擒殺了孫權本人。曹操聞聽合肥戰況，對張遼大爲讚賞，晉封他爲征東將軍。後來曹操再次南征途中路過合肥，還專程來到張遼立下不世奇功的地方，佇立感歎了許久。

而後，張遼長駐合肥。曹操死後，曹丕繼位，晉陞張遼爲前將軍，恩寵甚隆。曹丕還特命接張遼的母親進京，並親自接待。曹丕稱帝後，加封張遼爲晉陽侯，食邑有兩千六百戶之多。曹丕還稱讚張遼爲「古之召虎」（即召伯虎，史稱召穆公。周宣王時淮夷造反，召虎率軍平定。淮夷故地在合肥，故以召虎譽張遼），並爲其敕造府第。張遼偶得疾病，曹丕專遣太醫爲其治病，時刻打探病情，還專程到居所看望，將自己的衣服和食物賜給張遼。

魏文帝黃初三年（二二二年），張遼病逝在江都（今江蘇江都）。魏文帝曹丕傷痛落淚，他對臣下說：「合肥一戰，張遼以步卒八百人，破賊十萬，自古用兵，從未有過這樣的奇功。張遼使敵人至今聞風喪膽，眞可謂『國之爪牙』啊！」因其一生智勇雙全、剛猛無敵，張遼被追謚爲「剛侯」。

驍勇果敢的「威侯」

樂進，字文謙，陽平衛國人（今河南清豐）。他身材矮小，卻膽性剛烈。樂進從一開始便跟隨曹操，是曹操身邊的屬官。曹操起兵後，樂進做了曹操的軍假司馬、陷陣都尉。而後，樂進隨同曹操四處征戰，逐漸成爲曹操的得力部將。

樂進身材雖然矮小，武藝卻十分高強。討張繡、滅呂布、破劉備，樂進屢立戰功，被任命爲討寇校尉。官渡之戰，曹操帶樂進偷襲烏巢，樂進力戰，親手斬殺烏巢守將淳于瓊。在之後對袁譚、袁尚的追擊戰中，樂進又親斬對方大將嚴敬。曹操圍困袁譚於南皮，樂進率眾攻城，捨生忘死，身先士卒，第一個登上城樓，攻陷敵城。曹操嘉獎樂進的勇猛剛毅，晉封他爲游擊將軍。

漢獻帝建安十一年（二〇六年），曹操大行表彰長期以來爲自己出生入死的各員大將。在寫給漢獻帝的表奏裡，他這樣稱讚樂進：「武力過人，計略周全，個性與外表忠誠如一，守節重義，每次攻戰之中，常常作爲統帥，奮勇突擊，無堅不摧，親自擂鼓爲本軍助戰，不知疲倦。派其外出征伐，統率軍旅，能夠安撫眾心，不違犯命令，面對敵人制定決策，從來沒有失漏。」漢獻帝晉封樂進為折衝將軍。

因其驍勇，曹操常派樂進攻堅，樂進也不負曹操的信任：征討高幹，樂進包抄敵後，連斬敵將數人；征討管承，樂進將對手逼上海島；迎擊名將關羽，樂進奮力將其擊退；進擊劉備勢力，大破敵軍……。在面對孫權的合肥爭奪戰中，樂進與張遼共同出兵，以少勝多，成功擊退了孫權的十萬大軍。曹操追賞樂進，封食邑一千二百戶。

漢獻帝建安二十三年（二一八年），樂進病逝。因其果敢驍勇，追諡為「威侯」。

晚節不保的「厲侯」

于禁，字文則，泰山巨平人（今山東泰安）。在曹操眾將之中，于禁尤以冷靜沉著著稱。

在征討張繡的作戰中，張繡先降後叛，殺得曹操措手不及。當時，曹兵大潰，唯獨于禁率領著數百士兵，且戰且退，雖有死傷，不離不亂。待敵人追兵漸遠，于禁整頓隊列，擂鼓而還，軍容依舊嚴整。于禁的部隊還未回到大營，路遇十餘傷兵光腳而回，于禁問其原因，傷兵答道：「被青州兵搶去了。」（青州兵是曹軍之中由黃巾軍歸降而來的部隊，軍紀較差。）于禁聽後大怒，帶兵前去懲罰了作亂的兵士，並當面訓誡了青州兵。青州兵連忙跑到曹操那裡去告于禁的狀。于禁帶兵回到大營後，有人告訴于禁讓他趕緊到曹操面前為自己辯白，于禁卻說：「如今賊兵在後，追擊隨時會到，不先做防備，如何禦敵？況且曹公是聰明之人，對我的詆毀怎會相信。」於是，他命士兵先立營盤，而沒有馬上去見曹操。曹操聽聞于禁的做法，他叫來于禁，由衷地誇讚他說：「此次遭難，連我都十分慌亂，將軍能於亂中沉著應變，討伐暴亂，堅固營壘，有不可動搖的節操，就算是古代的名將也不過如此！」

當時，于禁與張遼、樂進等人都是曹操帳下的名將，曹操每次出兵，便令他們依次擔當先鋒。于禁在眾將之中，治軍最嚴整，繳獲的敵軍財物從不私分，因此尤其得到曹操的讚賞，每次得到的賞賜也特別厚重。但由於于禁鐵面無私，治軍過於嚴酷，

武漢龜山三國城于禁塑像

于禁，？至曹魏黃初二年（？至二二一年），曹操時期外姓第一將。早期隨鮑信起兵討黃巾，後來又一起歸附曹操，被任為軍司馬。從此跟隨曹操四處征戰，屢建功勳。

不得將士們擁戴，他在軍中的名聲也讓大家都很忌憚。曹操利用這一點，令于禁去收繳將軍朱靈的兵權。朱靈向來以不服管教著稱，無人敢惹，于禁帶數十騎兵徑直進入朱靈的營中，宣讀詔命，奪下兵權，朱靈及其部眾竟無人敢有異議，其懼怕于禁的程度可見一斑。曹操以于禁長期的功勞，封其爲前將軍，食邑一千二百戶。

然而，一生戎馬的于禁卻在晚年節操不保。漢獻帝建安二十四年（二一九年），關羽與曹仁大戰於樊城，曹操派遣于禁援助曹仁。適値秋季，大降大雨，漢水暴漲氾濫，平地水深達數丈，連帶于禁在內的七支曹軍部隊全部被水淹沒。關羽趁機乘大船攻擊困在水中不得動彈的曹軍，于禁與眾將在高處避水，無法躲避，走投無路之下，選擇了投降。這就是有名「水淹七軍」的故事。曹操聽聞于禁投降，一時不敢相信，待到確認，長歎良久。

晚節不保直接注定了他結局的慘淡。關羽被孫權擒殺後，于禁又短暫地歸屬在東吳。曹丕篡漢稱帝，孫權將于禁遣還曹魏。此時的于禁已是滿頭白髮、形容憔悴的老人，他見到曹丕後，頓首痛哭。曹丕于禁拜謁曹操的陵墓時，命人畫關羽戰克、龐德憤怒、于禁降服之狀，于禁見到後，便因爲覺得丟臉而生氣得病死去。死後，因其未得善終，被追封了一個並不光彩的謚號——「厲侯」。

智勇雙全的「壯侯」

張郃，字俊乂，河間鄚人（今河北任丘北）。張郃起初跟隨冀州牧韓馥征討黃巾軍，是軍司馬。韓馥被袁紹吞併後，張郃便歸屬在袁紹門下，成爲袁紹軍中名聲響徹河北的名將。官渡之戰中，袁紹不聽張郃的勸諫，招致慘敗，嫉賢妒能的小人藉機在袁紹面前詆毀張郃，袁紹大怒。又怨又氣的張郃見戰爭失敗，又無法容身於袁營，便歸降了曹操。曹操爲此大爲歡喜，稱張郃來投是「微子去殷、韓信歸漢」，特加封他爲偏將軍。

武將相

天津楊柳青年畫，《三國演義》武將。自左至右：夏侯淵、張遼、曹洪、許褚。

而後隨曹操南征北戰，張郃兢兢業業，戰功不斷。滅袁氏、征叛賊、破馬超、討張魯，曹操大軍所至，到處都有張郃驍勇的身影。曹操派張郃留守漢中，防衛自己最忌憚的對手劉備。劉備出精兵萬餘，分爲十部，趁夜輪番攻城，張郃沉著應對，戰術得法，劉備不能攻克。而後，定軍山一役，劉備帳中老將黃忠手斬名將夏侯淵，曹軍大亂，張郃領兵且戰且退，穩定軍心，挽救了敗局。劉備聽聞夏侯淵被殺，遺憾地說：「爲什麼不是張郃！」由此可見劉備對張郃智勇的忌憚。

曹丕即位後，封張郃爲左將軍，委其以防守蜀漢的重任。諸葛亮率軍兵出祁山，一路所向披靡，眼看就要攻到長安。曹丕派遣張郃總督各路魏軍前往抵抗，張郃在街亭一戰擊潰蜀將馬謖，瞬時扭轉了戰局，使諸葛亮功虧一簣。曹丕對張郃大加封賞，晉封他爲征西車騎將軍，食邑四千三百戶。

張郃用兵有勇有謀，通曉應變之術，善於布營列陣，他對戰事地形極有把握，沒有不如他所預料的。此外，他還經常與儒士交往，推賢舉能。自從有了張郃防守蜀漢，諸葛亮屢次北伐的計畫都被他破壞，因而對他也是畏懼三分。

曹魏太和五年（二三一年），諸葛亮再次兵出祁山，張郃與司馬懿前往抵禦。諸葛亮糧盡退兵，走時特意布下圈套，目的就是要除去心頭大患張郃。張郃追擊蜀軍，中計被圍，諸葛亮命令亂箭齊發，張郃右膝中箭，戰死沙場。因其一生智勇雙全，張郃被追諡爲「壯侯」。

張郃像

張郃，？至曹魏太和五年（？至二三一年），河間鄭縣（今河北任丘北）人，三國時期魏國名將。原是袁紹的部將，在官渡戰時成為曹操部下，為曹操平定北方立下了汗馬功勞。後列為「五子良將」之一。

嚴謹忠正的「壯侯」

徐晃，字公明，河東楊縣人（今山西洪洞）。徐晃青年時做郡吏，跟隨車騎將軍楊奉討伐黃巾軍有功，被任命爲騎都尉。徐晃爲人忠誠正直，李傕、郭汜亂長安，徐晃公忠體國，力勸楊奉護送漢獻帝回洛陽。回到洛陽後，朝廷仍不安定，徐晃又獨具慧眼地勸楊奉投靠曹操。

曹操授予徐晃兵權，令其跟隨自己南征北討。滅呂布、破劉備、官渡之戰，徐晃經常戰功居首。在剿滅袁

關於「五子良將」的比喻

有人將「五子良將」比作人身體的五個部位，雖不完全準確，倒也有幾分貼切。張遼是「頭」：張遼一生戰功卓著，威震四方，剛猛過人，性格沉穩，智勇俱佳，不愧爲「五子良將」之首。

樂進是「臂」：樂進追隨曹操時間最長，一生爲其南征北戰，因其驍勇果敢，常被曹操用爲「攻堅利器」，各處戰場都能看到他的身姿，可謂曹操有力的臂膀。

張郃是「軀」：智勇雙全的張郃一生征戰無數，通曉應變之術，善於排兵佈陣、把握戰局，可比身軀，獨當一面。

于禁是「胯」：一生戰功卓著，軍中無不畏服其威，尤其得到主公的賞識，但晚節不保，終生留下污點，比喻爲「胯」，終是有臭之處。

徐晃是「足」：徐晃戎馬一生，不停征戰，謹慎做事，忠心耿耿，其辛勤與質樸，比喻爲「足」，似是恰當。

氏的戰鬥中，他向曹操建議廣開生路、接納降兵；而後從征烏丸，徐晃被晉陞爲橫野將軍；赤壁之戰，徐晃與滿寵、曹仁共同抵禦孫劉聯軍的追擊，保障了曹操的成功撤離。

關羽與曹仁大戰樊城，曹操派遣徐晃救援。適值發生「水淹七軍」的變故，七路兵馬覆沒，主將于禁投降，曹軍形勢一度危急。徐晃臨危不亂，他先是作塹壕佯裝要斷敵軍後路，將關羽大軍逼退，接著他集合各路援兵，穩紮穩打，將關羽逼退入營盤。關羽圍屯十重自守，徐晃聲東擊西，大破關羽，一舉挽救了危局。

曹操爲此嘉獎徐晃：「賊人圍塹十重，將軍能破敵全勝，攻陷敵營，多斬敵首。我用兵三十餘年，以及我所聽說過的古之善於用兵者，沒有敢於長驅直入敵圍的。將軍此次之功，超過孫武、田穰苴（春秋時齊國著名軍事家）。」曹操還專程出城七里迎接徐晃歸來，他舉起酒杯向徐晃祝賀：「保全樊城、襄陽，全是將軍的功勞！」曹操還巡視歸來的各路軍隊，引來了許多士兵上前圍觀，但徐晃軍隊的士兵守紀嚴整，沒有一個離隊圍觀，曹操不由讚歎：「徐將軍可謂有周亞夫（西漢名將，治軍嚴整，留下『細柳營』的千古美談）之風啊！」

徐晃行事謹慎，用度簡樸，很少爭領封賞，交友也很慎重。他常說：「古人常擔心不能遇到明主，我今天有幸遇到，時常告訴自己要多立功勳，爭那些私人榮譽有什麼用呢！」曹丕繼位後，任命徐晃爲右將軍。徐晃晚年仍然奔波於魏國的各道邊陲，屢次挫敗對手的進犯。魏明帝時，賜徐晃享受食邑三千一百戶。魏明帝太和元年（二二七年），徐晃病逝，念其一生功績，被追諡爲「壯侯」。

劉備入蜀

按照諸葛亮「隆中對」的指導方針，劉備佔據荊州之後，下一步戰略就是奪取益州。曹操苦戰於西涼，孫權膠著於合肥，劉備獲得發展的最好時機。然而就在此時，益州劉璋又送來了助討張魯的入蜀邀請。之後的一切，是假途伐虢的詭計，還是迫不得已的反戈？

張松背主獻圖

「借」得荊州後，劉備「三分天下」的目標完成了第一步，而後便是如何西進奪取益州的問題了。而就在此時，曹操正與馬超大戰於西北，孫權則在合肥的爭奪戰中陷入泥潭——劉備的大好時機到來了。

漢獻帝建安十六年（二一一年），曹操命令司隸校尉鍾繇討伐張魯。消息一經傳開，盤踞在西北和西南的各方勢力立即人人自危。在益州已經統治兩代的益州牧劉璋擔心曹操此舉會危及自己的地位，不知該對曹操表示順服抑或自守對抗，因而猶豫不決。

劉璋手下的重要謀士張松早年曾出使曹營，那時適逢赤壁之戰前夕，曹操心高氣傲。加上張松相貌醜陋、身材短小，曹操對張松很是怠慢。張松對此一直心懷怨恨，他見劉璋正在為對曹態度發愁，便對劉璋進言，說盡了曹操的壞話。劉璋聽了張松的話，便決定與曹操劃清界限。

誰知張松自負才高，早就不滿在無能的劉璋手下做事，欲另尋明主。他素聞荊州的劉備是個英雄人物，便有了轉投劉備、令劉備取劉璋而代之的想法。他假意勸劉璋說：「曹操的部隊無敵於天下，若是他們在張魯的幫助下攻擊我們，誰能抵抗呢！劉備

劉璋像

劉璋，？至東漢建安二十四年（？至二一九年），字季玉，東漢江夏竟陵（今湖北潛江西北）人。繼父親劉焉擔任益州牧，後為劉備所敗，病逝於荊州。

與您同是漢室親族，與曹操有深仇，又善於用兵。如果邀請劉備來先發制人討伐張魯，張魯必敗。張魯敗了，益州就更強了，曹操即使來攻，也無能爲力了。」劉璋聽後，深以爲然，便派張松前往荊州與劉備結好，又派謀士法正邀請劉備入蜀，還饋贈巨額資金資助劉備。

法正也是劉璋帳下懷才不遇之人，他見劉備是個明主，便暗地裡勸說劉備襲取益州：「以將軍您的英才，奪得益州，易如反掌啊！」張松更是命人畫了一張益州地形圖給劉備，將益州境內兵馬、要塞等訊息一併告訴了劉備。如此一來，劉備面前就是一個門洞大開、毫無祕密的益州了。

「鳳雛」龐統

得到資助又受邀入蜀，劉備自然心花怒放。但進兵奪取益州，畢竟有背離道義之嫌，這讓素來以忠義標榜天下的劉備感到爲難。就在他猶豫不決之際，謀士龐統終於說服他下定了決心。

龐統，字士元，襄陽人。他少時樸質，並不惹人注意。潁川的司馬徽人稱「水鏡先生」，頗有識人之明，他見到龐統後大爲賞識，稱讚龐統是南州士人的翹楚。龐統由此顯名，時人稱之爲「鳳雛」。出道後的龐統先是在周瑜手下做功曹，而後「良禽擇佳木而棲」，轉投在劉備帳下。龐統多謀，又擅長人情綱常方面的事務，每次評定他人，都特意放大別人的優點。別人對此感到奇怪，龐統解釋道：「當今天下大亂，德行荒墮，做好事的人少而作惡的人多。我想重立風化，如果不放大那些優點讓人們嚮往敬慕，那麼爲善的人就更少了。如今我抬舉十人，其中五人名不副實，那還有剩一半優秀的人，可以匡救世道，使有志者自勵，難道不可以麼？」

龐統起初只是劉備身邊的一名從事，並不被劉備所在意。劉備佔據荊州後，只讓龐統出任一個耒陽縣令的小官。龐統到任後，什麼也不去做，劉備一怒之下免了他的官。深知龐統才幹的魯肅得知後，連忙給劉備寫信稱：「龐統絕非管轄方圓百里之才，讓他做您的治中、別駕，才能展示出他眞正的才幹。」諸葛亮也極力推薦龐統。於是，劉備將龐統重又召回，二人暢談一番，劉備對龐統的才識大爲器重，提拔他做了治中從事和軍師中郎將，寵信程度僅次於諸葛亮。

得到重用的龐統開始爲劉備盡心竭力地策劃計謀。他對劉備說：「荊州歷經戰亂早已荒敗殘破，人才和物資都已殆盡，領土東有孫權，北有曹操，我們的鼎足之計，在此很難達成。當今益州國富民強，戶口百萬，兵馬戰具，一應齊備，我們可以借助以成大事。」劉備坦言自己的顧慮：「當今之人，都認為我與曹操水火不容。曹操用急，我用寬；曹操用暴，我用仁；曹操詭詐，我則忠義。每次與曹操的做法相反，我的事情才能做成。如今為圖益州的小利，卻要失信於天下，如何是好？」龐統回答道：「天下離亂之際，本來就不是一種準則所能決定的。況且攻伐愚昧，兼併弱小，自古已然。如果事定之後，封給劉璋一個大國，那麼談何背信之有！今日不取益州，終為他人所圖。」劉備聽後，終於堅定了進兵益州的決心。

劉備入蜀

漢獻帝建安十六年（二一一年），劉備命諸葛亮、關羽、趙雲等人鎮守荊州，自己親率數萬兵馬啟程，以受劉璋邀請拱衛益州為名，出兵入蜀。劉璋命人沿途處處款待，劉備入蜀如同回鄉一般，受到了隆重的歡迎。

劉璋手下很多人早就對劉備入蜀的意圖產生過懷疑，堅決反對邀請劉備之舉，認為這是「引狼入室」。主簿黃權勸諫劉璋說：「劉備素有驍勇之名，今日請來，如果是當作部下來對待，則不能滿足他；如果當作客人來對待，則一國不容二君；如果客人像泰山一樣安穩，那麼主人就有累卵之危了。」從事王累更是將自己倒掛在城門口，以此向劉璋勸諫，但劉璋對這些意見一無所納。劉備一行來到巴郡，巴郡太守嚴顏拊膺長歎道：「這就是所謂『獨坐窮山，放虎自衛』啊。」

劉備率領人馬一路自江州到達涪城，劉璋親率步騎兵三萬餘人出成都前來迎接。迎接的車乘綿延數里，華

清末．年畫《新繪三國誌後本：五虎大將進西川》

描繪《三國演義》中，獻西川張松賣主，戰巴州義釋嚴顏，落鳳坡龐統中箭，金雁橋計捉張任，成都府劉璋出降，葭萌關挑燈大戰等情節。

麗的帳幔精光耀日，雙方拜會於涪城。張松、法正私下建議劉備在會面當場襲擊劉璋，奪下益州，劉備說：「此事不可倉促！」龐統也從旁建言：「今日借助會面的機會拿下劉璋，那麼將軍您就不勞一兵一卒而坐定益州了。」劉備回答說：「我們初入益州，恩信未著，這麼做絕對不可。」於是雙方仍舊歡飲暢談，劉璋向朝廷表薦劉備代行大司馬之職，領司隸校尉；而劉備則表薦劉璋代行鎮西大將軍，領益州牧。雙方將士歡慶一處，慶祝的活動竟長達百餘日之久。劉璋還爲劉備增兵，資助劉備米二十萬斛、馬千匹、車千乘等大筆軍資，並將自己的白水軍撥出劉備管轄，請劉備幫助攻打張魯。劉備整合擴充的軍馬，已有了三萬餘人的規模，車輛、鎧甲、器械、物資無比充足。歡慶活動結束後，劉璋回到成都，劉備則按照約定北上，駐兵在葭萌關。但他並不急於出關討伐張魯，而是在當地樹立威信，收攬人心。

義釋嚴顏

「挾天子以令諸侯」劉備入蜀，平定益州，這之間還有一段「張飛義釋嚴顏」的佳話。諸葛亮、張飛、趙雲等人受命逆江而上，支援劉備，一路上連克沿途郡縣。在攻打江州之時，張飛生擒了蜀中名將、巴郡太守嚴顏。嚴顏原本就反對劉璋邀請劉備入蜀，因此被擒後拒不投降。張飛不忍殺害嚴顏，便當面呵斥他說：「我們大軍已至，你爲何不降，而且還敢抵抗我們！」嚴顏回答道：「你們無故侵奪我益州，我益州只有斷頭的將軍，沒有投降的將軍！」張飛大怒，命人將嚴顏推出斬首，嚴顏面不改色，說道：「砍頭便砍頭，有什麼可發怒的！」張飛敬佩嚴顏的膽色，親自爲其鬆綁，並最終將他收降。

反戈一擊

劉備駐軍葭萌關，時已至漢獻帝建安十七年（二一二年）。龐統向劉備獻上「上中下」三道奪取益州的計策：「現今私下選募精兵，令其晝夜兼行，從葭萌關直取成都，劉璋懦弱，又沒作防備，我們大軍突至，一舉便可拿下成都，此上計也；楊懷、高沛是劉璋手下的名將，各擁重兵，把守關口，聽說他們屢次給劉璋寫信，勸劉璋將您遣送回荊州，您可藉口說荊州危急，要馬上回去救援，並把這個消息傳給楊懷、高沛，他們二人素來畏服您的英名，聽說您要走，一定高興地率輕騎來送將軍，藉機抓住二人，奪其兵馬，攻向成都，這是中計；我們放棄這次機會，退回白帝城，依托荊州，以圖日後之計，這是下計。如果這三計都不採用，而是坐等下去，將會招致困局，不能長久啊。」劉備聽後，決定採納「中計」。

此時，正值曹操再次南侵，進攻東吳的濡須塢，孫權告知劉備命其自救。劉備藉機寫信給劉璋：「孫權與我唇齒相依，而鎮守荊州的關羽兵力弱小，現今我不去救援的話，曹操必奪取荊州，而後其轉攻益州的話，危害更甚於張魯。張魯不過是個只會自守之賊，不足為慮。」並向劉璋索求增兵萬人和軍資若干。此時，劉璋才漸漸發覺有點被劉備「玩弄」的意味，氣惱之下只答應給劉備四千兵馬，而各種軍資也只允諾了一半的數量。劉備借此向全軍喊話：「我為劉璋來征討強敵，一路軍馬勞頓，而劉璋卻囤積財物，吝惜賞賜，這怎能讓我們為其死戰呢！」劉備一席話果然發生效果，軍中將士都被激怒起來。

與此同時，劉璋身邊的張松見時機已到，修書給劉備聯絡大事，不料被他的兄長廣漢太守張肅發覺。張肅怕事情敗露後殃及自己，便向劉璋告發張松。劉璋這才意識到自己的處境，盛怒下的劉璋命人斬殺了張松，並下令各個關口嚴禁劉備通行。

劉璋反目，劉備大怒，他依龐統之計，招來了白水軍的都督楊懷、高沛，以二人無禮為名，將其斬殺，並佔據了二人所把守的關口，收編了二人的兵馬，進而進兵涪城。

龐統之死

劉備「反戈相擊」，益州上下震怖。益州從事鄭度向劉璋獻策，建議對來犯的劉備採用「堅壁清野」的戰術，將蜀地百姓盡數遷移到涪水以西，而將東岸的穀物房屋一併燒燬，然後築起高台深溝，與敵軍對峙。劉備孤軍深入，不能久持，必定退走，如此可一舉破敵，保全益州。但劉璋卻對下屬們說：「我聽說過抵抗敵軍以保全民眾，沒聽說過勞煩民眾來躲避敵人的。」因而拒絕了鄭度的計策。劉璋派遣大將劉瑰、冷苞、張任、鄧賢、吳懿等人迎擊劉備，但都被劉備擊敗，吳懿還率眾投降了劉備；劉璋又派遣部將李嚴、費觀率軍抗敵，但李嚴等人同樣歸順了劉備。劉備兵馬越發強盛，他派遣諸將分頭出擊，平定益州大小屬縣，同時調集荊州人馬前來支援。諸葛亮、張飛、趙雲等率軍逆江行船入蜀，平定白帝城、江州、江陽等地，只留下關羽坐鎮荊州。

劉備軍馬勢如破竹，很快攻陷了涪城，兵鋒直指成都。為了慶祝勝利，劉備命人在城下大擺酒宴，與眾將飲酒作樂。酒興正酣之際，劉備對坐在身邊的龐統洋洋得意地說：「今日的酒宴，可謂盡興啊！」頭腦很冷靜的龐統卻回答道：「討伐別人的國家卻以為是樂事，這不是仁義之師啊。」酒醉的劉備聽後大怒：「武王伐紂，難道不是仁義之師麼？你的話太不應該了，你給我出去！」龐統於是起身告退。但沒多久，自知理虧的劉備後悔剛才的行為，又命人召回了龐統。龐統回到原來的席位，飲食自若，面無愧色。劉備問龐統：「剛才咱們的言論，是誰的過失？」龐統回答道：「君臣都有過失。」劉備聽後大笑。

然而樂極生悲，就在劉備節節勝利之時，對此次入蜀大計居功至偉的龐統卻意外殞命。就在劉備軍隊圍攻雒縣之際，由於久攻不下，負責攻城的龐統親臨城下指揮，卻不幸被從城中射來的飛矢射中，不治而亡，得年三十六歲。龐統之死，劉備痛失軍師，這讓劉備無比悲痛。

益州平定

龐統之死帶給劉備沉重的打擊，但並沒有阻礙劉備平定益州的步伐。漢獻帝建安十九年（二一四年），劉備軍攻破雒縣，與從荊州而來的諸葛亮、張飛、趙雲的兵馬合圍了劉璋在益州最後的據點成都。而此時成都城內尚有精兵三萬，糧草足夠一年之用，城中的兵民也都欲保城死戰。

劉備圍城數十日，就在此時，在渭南被曹操擊敗的西涼名將馬超前來投靠劉備，劉備命其屯駐在成都城北。蜀中軍人素聞馬超英名，得知他來攻城，成都城內一片驚恐。劉備於是派遣從事中郎簡雍入城說降劉璋。本無戰心又身心俱疲的劉璋再也聽不進群臣力主一戰的勸諫，他對臣下們說：「我們父子在益州二十餘年，沒有什麼恩德施加給百姓。此次戰事，百姓歷經三年戰亂，挨餓生病流離失所，這都是因爲我劉璋的原因，要我再戰我怎能心安！」話畢，群臣無不落淚。劉璋於是命人打開城門，自己與簡雍同坐一輛車出城，向劉備投降。劉備厚待劉璋，將他送到公安郡安置，並將他原來的財物悉數歸還給他，並授予劉璋振威將軍的印綬。

至此，劉備完成了吞併益州的宏願，向三分天下的大計又邁出了重要的一步。

四川德陽龐統墓

此墓為清康熙四十八年（一七〇九年）重建。龐統，東漢光和二年至建安十九年（一七九年至二一四年），字士元，襄陽人，人稱鳳雛先生，與諸葛亮同為軍師中郎將。

荀彧之死

漢獻帝建安十七年（二一二年），壽春城內，一位老者正在辛勤地辦理著各項公務，保障著濡須口前線的幾十萬曹軍的衣食住行。這時，一個由主公賞賜的食盒遞到了他的手裡。老者打開食盒，卻發現裡面空空如也。他明白其中的含義，長歎一聲，找來毒藥，一飲而盡。這位悲情的老者，就是曹操身邊最為重要的謀臣——荀彧。

王佐之才

荀彧，字文若，穎川穎陰人（今河南許昌）。他出身名門大族，祖父荀淑在當時非常有名，膝下有八個兒子，個個精明強幹，時人號稱「八龍」。荀彧的父親荀緄做過濟南相，他的叔父荀爽更是位尊司空。出生在這樣優越的家庭中，受到優良的教育，荀彧自幼就顯出過人的才能。他胸懷大志、心思縝密、智略出眾，南陽名士何顒見到他後大爲驚異，評價荀彧道：「這是輔佐帝王之才。」

出身名門，荀彧順利進入朝廷做官。董卓作亂京師，年輕的荀彧不恥爲伍，於是棄官回到了家中。他看出亂世將至，而自己的家鄉穎川戰略地位重要，以後定會遭到戰火的荼毒，於是他苦勸父老鄉親離鄉避禍。但鄉親們都眷戀故土不願離去。荀彧無奈，只得帶著自己的宗族遷往冀州。不久，戰亂四起，穎川化爲一片焦土。

來到冀州後，名望很大的荀家立即得到了袁紹的隆重接待，荀彧和弟弟荀諶皆被袁紹邀請出仕，並待以上賓之禮。但是在眼光長遠的荀彧看來，袁紹終究不能成大事，而當時只是奮武將軍的曹操卻有匡濟亂世之才。於是，漢獻帝初平二年（一九一年），荀彧離開袁紹，轉投曹操。曹

武漢龜山三國城荀彧塑像

荀彧，東漢延熹六年至建安十七年（一六三年至二一二年），字文若，穎川穎陰（今河南許昌）人。東漢末年曹操部下謀臣，傑出的戰略家，並在戰術方面也有諸多建樹，官至漢侍中，守尚書令，謚曰敬侯。

操對荀彧的到來極爲歡喜，他立即對荀彧委以重用，任命他爲司馬，並對荀彧說：「你就是我的張良！」那一年，荀彧二十九歲。

曹操的謀士

董卓作亂，威臨天下，曹操向荀彧問計，荀彧答道：「董卓暴虐過多，必定死於禍亂，無可挽救。」後來董卓被誅，果如其言。

漢獻帝興平元年（一九四年），曹操因喪父之事，東征徐州牧陶謙，留荀彧在兗州統管後方。曹操的謀士陳宮藉機反叛，引來猛將呂布，想要襲取兗州。他們派使者前往鄄城面見荀彧，謊稱呂布是來協助曹操攻打陶謙的，請求荀彧爲呂布提供軍糧。眾人不知是真是假，只有荀彧洞悉真相。他連忙派人加強守備，並招來東郡太守夏侯惇協助平叛。當時，呂布大軍突如其來，兗州大震，各城盡皆畏敵投降，眾多將領與呂布、陳宮串通聯合。荀彧與夏侯惇連夜誅殺了數十叛將，才將人心稍稍穩住。豫州刺史郭貢率眾萬人來到鄄城求見荀彧，眾將中有人懷疑郭貢與呂布同謀，荀彧卻決意前往。夏侯惇勸阻道：「您是兗州的鎮石，去的話一定會有危險，不能去。」荀彧卻說：「郭貢與叛軍本不是一路人，如今他來得這麼急，一定還沒拿定主意是否反叛；趁其未定之時去勸說他，縱使不能爲我所用，也能讓他保持中立。如果我們先懷疑他的話，對方就會一怒而加入叛軍。」荀彧見到郭貢，郭貢見荀彧毫無懼色，知道鄄城難以攻下，於是退兵而去。荀彧又與謀士程昱合計，遣使勸說范城和東阿的守將堅守，終於爲曹操保住了兗州僅剩的三座城池。也正是這三座城池，成爲曹操後來奪回兗州、東山再起的資本。如果沒有荀彧，恐怕曹操早就自此覆滅了。

荀彧有「全曹之功」，自此之後，曹操對荀彧更爲倚重，視荀彧爲智囊中的「謀主」——出謀劃策最主要的人物。身爲謀主的荀彧也是竭誠盡忠，謀無所遺。他還以獨具的慧眼，不斷地向曹操推薦賢才。荀攸、鍾繇、戲志才、郭嘉等人，這些荀彧

曹營「二荀」

除去荀彧外，曹操身邊還有一位荀姓的重要謀臣——荀攸。荀攸是荀彧的侄子，兩人才智傑出，均爲曹操效力，時人稱爲「二荀」。荀攸，字公達，被荀彧推薦成爲曹操的謀士。他行事周密謹慎，計謀百出，深得曹操稱讚。曹操迎天子入許都之後，荀攸出任汝南太守，又任尚書令，成爲曹操軍師。曹操征伐呂布時，荀攸與郭嘉獻計活捉呂布。平定河北期間，荀攸力排眾議，主張曹操消滅袁紹諸子，被曹操上奏朝廷封爲陵樹亭侯。而後他出任曹操的中軍師，魏國建立之後出任尚書令。荀攸於建安十九年（二一四年）死於曹操伐吳路上。

推薦的人物，都在日後發揮了關鍵作用。

漢獻帝建安元年（一九六年），曹操與群臣商討「挾天子以令諸侯」之策。曹操擔心自己實力不夠，遲遲不能拿定主意，又是荀彧一番力勸，才讓曹操堅定了出兵洛陽、迎接漢獻帝的決心。漢獻帝封曹操爲大將軍，封居功至偉的荀彧爲朝廷的侍中，行尚書令之職。

「天下之定，彧之功也」

曹操「挾天子以令諸侯」，河北的袁紹非常惱怒，他修書給曹操，言語中透露著挑釁的意味，這讓實力尚處下風的曹操非常憂慮。荀彧看出了曹操的心思，他面見曹操，曹操將袁紹的信交給他看，對他說出了自己的苦惱：「如今想要討伐不義的袁紹，但怕不是他的對手，怎麼辦？」荀彧回答道：「袁紹看似寬厚實則內心猜忌，用別人卻懷疑對方；您則英明放達，不拘一格，能人盡其用，這是在法度上勝出。袁紹遲疑重重，少有決斷，總是錯過時機；您卻能當斷則斷，臨機應變，這是在謀略上勝出。袁紹治軍懈怠，法令不行，士兵雖多，其實難用；您法令嚴明，賞罰必行，士兵雖少，卻都捨生忘死，這是在武力上勝出。袁紹憑藉家族的資源起家，以從容的儀態來遮掩自己智略方面的不足，收攬名譽，因此那些沒什麼才能卻喜歡質疑的人大都投奔了他；您以仁德待人，推心置腹而不貪戀虛名，行爲勤儉謹慎，對有功之人毫不吝惜地封賞，因此天下忠正有眞才學之人都願爲您效力，這是在德行上勝出。您以四勝輔佐天子，仗義征伐，誰敢不聽從？袁紹雖強又能怎樣！」曹操聽後大悅。接著，荀彧爲曹操謀劃了先滅呂布、後討袁紹的方略，曹操依計而行，步步成功。

官渡之戰中，荀彧被曹操留在許，擔負至關重要的任務——統管後方政務並籌集糧草支援前線。荀彧盡了最大的努力，保障了實力有限的曹操與袁紹的對峙。當時，已經精疲力竭的曹操想要放棄官渡，退兵回許防守，荀彧力諫阻止，曹操才作罷。官渡大勝後，曹操幾度想先征劉表，再滅落敗的袁紹，又是荀彧幾次曉諭，才令曹操一鼓作氣追擊袁氏殘餘，一

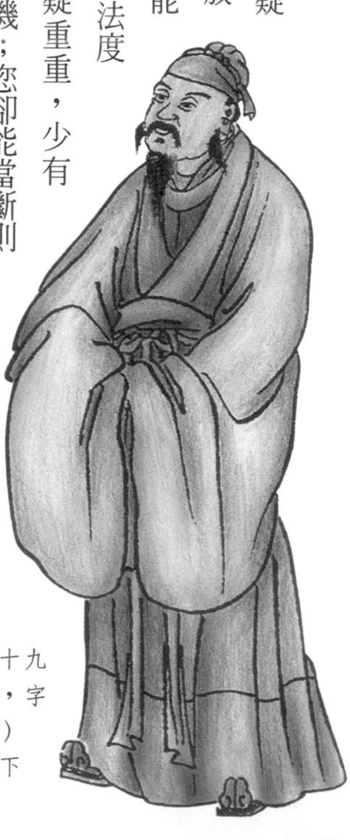

荀攸像

荀攸，東漢永壽三年至建安十九年（一五七年至二一四年），字公達，潁川潁陽（今河南許昌）人，荀彧侄。東漢末年曹操手下謀士，著名的軍事家。

舉統一了中國北方。

漢獻帝建安八年（二〇三年），曹操追錄荀彧的前後功勞，封荀彧為萬歲亭侯。在向朝廷表薦荀彧的奏章中，曹操寫道：「天下之定，彧之功也。」曹操還與荀彧結為親家，將自己的女兒許配給了荀彧的長子荀惲，並賜配食邑兩千戶。曹操甚至還想表薦荀彧去做朝廷的三公，但荀彧堅決不受，推辭了十幾次才作罷。

食盒賜死

曹操如此器重荀彧，但他卻忘了荀彧忠心效力的原因：荀彧的目的，是為了輔佐曹操平定亂世，做匡扶漢室「周公」；而不是讓曹操竊取漢祚，稱王稱霸。

隨著曹操平定四方，稱霸天下，他的慾望和野心也愈來愈大，對最高權力心生覬覦。曹操的臣下們自然看出了主公的心思，他們多次私下勸曹操稱王甚至稱帝，但都被認為時機不到的曹操假意拒絕了。

漢獻帝建安十七年（二一二年），司空軍祭酒董昭聯合眾人，聯名再一次懇請曹操晉位稱王，並建議朝廷給曹操加九錫（天子賜給有殊勳者的九種器用之物，是最高禮遇的表示）。這一次，連曹操都覺得理所應當了，他將這個想法私下詢問荀彧，卻遭到了荀彧的堅決反對。荀彧認為曹操起義兵是為了匡扶漢室，要盡忠貞、守謙實，君子應德行天下，不應如此犯上。荀彧一席話，讓滿心歡喜的曹操臉色頓時難看了下來，心中的怒火久難平復。跟隨自己居功至偉的荀彧，此時已成為曹操眼中實現野心的絆腳石。於是，野心膨脹的曹操心中逐漸起了殺念。

同年十月，曹操率大軍征討孫權，荀彧因病留在了壽春，負責統籌曹操走後的政務。一日，曹操命人從前線送來一個食盒，明言是給荀彧的。荀彧將食盒打開，卻發現裡面空空如也。食盒賜食，卻無食物，精明的荀彧馬上猜到了曹操的用意。荀彧長歎一聲，找來毒藥，一飲而卒，結束了自己的生命。

荀彧死後，再沒有人對曹操僭越的行為表示反對。翌年，曹操晉位為魏公。

東漢．馬蹄形漆盒

精明的賈詡

與荀彧的悲情相比，曹操身邊的另一位謀士賈詡的結局截然相反。智策絕倫的他曾四易其主，所作所為「亦正亦邪」：他是攪動風雲的「毒士」，是亂世沉浮的「鬼才」。他是後人眼裡「三國最聰明的人」之一，智慧令其名揚天下，精明保他善始善終。把他與荀彧相比較，令人感慨良多。

攪動風雲的「毒士」

賈詡，字文和，武威姑臧（今甘肅武威）人。他生來智慧超群，有著超乎常人的心機，但因出身並不顯赫，很少有人知曉，唯獨漢陽名士閻忠對其大爲推崇，認爲他是西漢張良、陳平一樣的奇才。

年輕的賈詡先是被朝廷徵辟爲郎官，但沒多久就因病辭官了。適值漢末大亂，在回鄉路上的賈詡不幸遭遇氐族的盜匪，同行的數十人都被抓了起來，面臨殺身之禍。賈詡知道氐族人很害怕當時久鎮邊關、威震西土的太尉段熲，於是他開口謊稱：「我是太尉段公的外孫，你們不要傷害我，我家一定會花大錢來贖我。」賈詡的謊言果然嚇到了氐族的盜匪，盜匪不僅不敢再傷害賈詡，還與他約定盟約，並送他離開，而與賈詡同行的人則盡皆被殺。賈詡這種巧施小計、轉危爲安的事情還有很多。

沒過多久，董卓兵入洛陽，爲禍朝廷，許多有識之士紛紛棄官逃離，以求避禍免身，但賈詡卻於此時接受了董卓的邀請，以太尉府掾屬的身分做上了平津都尉，而後轉任討虜校尉，在董卓的女婿中郎將牛輔軍中效命。這種行爲在當時看來無異於助紂爲虐，但賈詡本人卻似乎並不在意。也因此，他有了「毒士」之名。

武漢龜山三國城賈詡雕像

賈詡，東漢建和元年至曹魏黃初五年（一四七年至二二四年），字文和，武威姑臧（今甘肅武威）人。三國時期魏國著名軍事家、謀士。曹丕稱帝後，官封太尉、魏壽鄉侯。死時七十七歲。

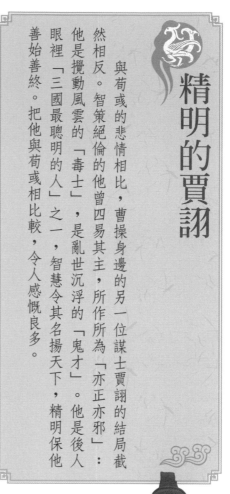

不久後，「毒士」眞的以一己之「智」，攪亂了整個時代。董卓被誅後，牛輔牽連被殺，董卓的勢力一朝散滅。餘黨李傕、郭汜等人畏罪將逃。賈詡勸說本想逃走的李傕、郭汜收集殘部，進攻長安，以求自保。李傕、郭汜依計而行，果然攻破了未作提防的長安，擒殺了王允，逼走呂布，挾持了漢獻帝，上演了一幕「李傕、郭汜亂長安」的禍事。攪亂了剛剛得到的太平，這還要「歸功」於賈詡的「毒計」。

亦正亦邪

賈詡屢出「毒計」，但他並無邪惡的用心，處世精明的他只是少了些正邪的判斷，多了些「在其位謀其政」的圓滑而已。正如他拒絕李傕、郭汜的賞賜時說的一樣：「這些計策都是救命用的，哪裡談得上功勞！」也正因如此，當他看到因自己的智慧換來的是一場暴亂時，懊悔的他又開始致力於挽救局面。

賈詡接受了朝廷對其尚書的任命，負責人才的選舉。賈詡利用職務之權，多方引入曾經頗有名望的人士回朝做官，以圖斧正朝風、匡救世道。久而久之，連李傕、郭汜都開始對他敬而遠之。李傕、郭汜等人因利益糾葛相互大打出手，也是賈詡多方調解，才避免戰事蔓延。李傕還想將漢獻帝劫持到自己的營中，又是賈詡力諫勸阻：「不可。脅迫天子，是不義之舉。」李傕才作罷。身邊的人曾勸賈詡早日離開長安這個是非之地，但賈詡卻說：「我受國家之恩，按道義不能背棄。你自己走吧，我不能去。」賈詡見漢獻帝的安危屢受威脅，便設計削弱了李傕等人的實力，而後又幫助漢獻帝逃出長安，一路上保護群臣東撤洛陽。途中，朝廷的軍隊被追擊上來的李傕部隊擊敗，危急時刻又是賈詡對李傕一席苦勸，才保住了眾位君臣的性命。漢獻帝一行歷盡坎坷卻免遭罹難，賈詡功勞最大。

賈詡護送漢獻帝東撤，聽聞忠於朝廷的將軍段煨屯駐在華陰，於是便引領君臣依投而來。當時，賈詡「多謀」已是遠近皆知，段煨擔心賈詡會設計奪了自己的地位，於是表面對賈詡極盡禮遇。精明的賈詡自然明白其中的含義，他感到留在此處心不能安，於是便遣使祕密聯繫南陽的軍閥張繡，孤身一人轉投他去了。臨行，身邊的人不解地問他：「段煨對您這麼好，您爲何要舍下妻兒出走呢？」賈詡回答：「段煨性格多疑，有忌憚我的意思，禮遇雖隆重，不可當眞，以後他必然要加害於我。我今天離開後，他一定很高興，又指望著我能在外幫他聯繫強援，因此必定會厚待我的妻兒。而張繡身邊沒有謀士，他也很願意得到我，如此一來，我個人和家庭都得到保全了。」聞者無不佩服賈詡的謀略。賈詡投奔張繡後，張繡以對長輩之禮接待賈詡，而段煨也果然對他的妻兒善待有加。

亂世沉浮的「鬼才」

亂世沉浮，苟活尚且不易（連諸葛亮都有「苟全性命於亂世」的感歎），賈詡卻仍能游刃其中。身為張繡的軍師，賈詡憑藉出眾的謀略，竟令這個小小的軍閥攪得各路豪強「頭痛不已」。

漢獻帝建安二年（一九七年），曹操率軍攻打張繡，大軍將至，卻突然撤兵而去。張繡見狀，認為機不可失，欲率軍追擊。賈詡對張繡說：「不可追擊，追擊必敗。」張繡認為賈詡的話毫無道理，執意出兵，果然被曹軍打得大敗而歸。張繡灰頭土臉地回到營中，賈詡卻連忙迎出來說：「催促將士再次追擊，再戰必勝。」摸不著頭腦的張繡不解地問道：「剛才不聽你的話，以至於此。如今已經敗了，為什麼還要追擊？」賈詡回答道：「用兵的形勢發生了變化，現在去肯定有利。」張繡將信將疑，只得再次集合部隊出擊，結果真的大勝而歸。

張繡想不明白，他問賈詡：「我以精兵追擊敵軍，而你說我必敗；而我用敗兵去打他剛剛獲勝的部隊，你卻說必勝。一切都被你說中了，為什麼這兩次都應驗了呢？」賈詡笑著回答：「這其實很簡單。將軍您雖然善於用兵，但終究不是曹操的對手。曹軍雖然撤退，曹操必然親自斷後以防追擊；您的追兵雖然精悍，但您不如曹操，因此我知道您必敗。曹操此次攻來，還未盡力就撤退了，必定是國內發生了變故，所以他擊退您的追擊後，必然命令部隊輕裝前進，縱使留將領斷後，那些將領也不是將軍您的對手，因此您雖率敗兵仍能取勝。」張繡聽後，對賈詡佩服得五體投地。

三國．魏．玉杯

袁紹、曹操對峙官渡，袁紹派人來拉攏張繡，並寫信給賈詡謀求援助。張繡很想當即答應這個來自最強勢力的邀請，坐在一旁的賈詡卻對袁紹的使者說：「回去謝謝袁紹，他們兄弟（袁紹與袁術）尚且不能相容，他能容下天下的國士麼？」當即送走了袁紹的使者。張繡驚恐地問賈詡：「你這是幹什麼！」賈詡說：「我們應該投奔曹操。」張繡不解：「袁紹強曹操弱，我們又與曹操為敵，怎能去投靠他？」賈詡回答：「正因如此我們才要投靠曹操。袁紹強盛，我們這點人馬去投他，他一定不重視我們。曹操稍弱，得到我們的援助一定

賈詡一言「定」曹丕

自古以來，凡是參與主上立儲糾紛的臣子，很少有好下場。然而賈詡憑藉自己的精明，不僅表達了自己的意見，而且得到善終。

曹操晚年，爲立儲的事情發愁，首選雖爲曹丕，但情感上偏向幼子曹植。惴惴不安的曹丕忙向賈詡詢問保全自己的辦法，賈詡告訴他：「你要恭行崇德，禮賢下士，孜孜不倦，不違背做兒子的本分。如此而已。」曹操也向賈詡詢問對立儲的意見，精明的賈詡默然不語。曹操疑惑：「我與你交談你卻不回答，這是爲何？」賈詡回答：「屬下剛才有所思考，因此沒有馬上回答。」曹操問：「思考什麼？」賈詡說：「想起袁紹、劉表父子了。」曹操聽後大笑，他知道賈詡這是隱晦地在告訴他「立長不立幼」的道理，但說得又是如此巧妙。於是，曹操終於打定下了立曹丕爲繼承人的主意。

歡喜。且曹操有霸王之志，定能化解私怨，恩播四海。希望您就別猶豫了！」張繡對賈詡言聽計從，於是率眾投靠了曹操。曹操果然喜出望外，他知道這是賈詡的謀劃，激動地握著賈詡的手說：「使我的信義爲天下所知的人，就是你啊！」他還表薦賈詡做執金吾，轉任冀州牧。

處世精明得善終

投靠曹操後，賈詡很快成爲曹操身邊非常重要的謀臣。官渡之戰，賈詡力諫曹操出奇兵克敵制勝，爲曹操釋解了心中的猶疑。曹操破荊州、南征孫權，賈詡勸曹操暫緩出兵，修政示德，則可不戰而屈人之兵。曹操不聽，結果赤壁遭受慘敗。渭南之戰，賈詡獻上離間計，成功挑撥馬超、韓遂反目，最終擊敗了勁敵。曹操每逢大戰，總是賈詡的計策發揮關鍵的作用。

然而伴君如伴虎，荀彧等人的悲劇不斷地上演。同爲曹操的股肱謀臣，賈詡卻一直保持著清醒的處世原則，圓滑地保護著自己。賈詡深知自己功高，又不是曹操的舊臣，且人盡皆知他的策略深長，因此他明白自己的危險。於是，他平日閉門自守，與外人儘量減少交往，自家的男女婚娶，也從不結交高官名門，處處小心謹慎地生活。

也正因如此，賈詡成爲少數幾個得以善終的重臣。曹操死後，曹丕授予賈詡三公之中太尉之職，配享食邑八百戶，備受尊崇。最終，賈詡活到了七十七歲高齡，壽終正寢，被追諡爲肅侯。

東漢・七層陶樓

漢中爭奪戰

漢中地區自古就是益州的門戶，戰略地位顯要。劉備平定益州後，漢中的歸屬就變得十分重要。曹操迫降漢中軍閥張魯，而劉備也在軍師法正的建議下出兵漢中，雙方展開了決定彼此命運的漢中爭奪戰。劉備先輸後贏，黃忠定軍山斬殺夏侯淵，終於奪取漢中。劉備自立為「漢中王」，步入了鼎盛時期。

法正獻計

渭南之戰後，曹操平定西北邊陲；同時，劉備迫降劉璋，佔據益州。一個是實力恢復，一個是蒸蒸日上，在曹操與劉備這一對宿敵之間，一場決定前途的戰鬥一觸即發，而他們爭奪的焦點，便是益州的門戶——漢中。劉備在得到益州後，在軍師法正的建議下，便將漢中列爲勢在必得的目標。

法正，字孝直，右扶風郿（今陝西眉縣）人。他早先爲劉璋效力，智略過人，屢有奇計，但得不到發揮。劉備入益州，法正一路引導，牽獻計策，爲平定益州居功至偉，劉備對法正非常欣賞，便使他常侍在左右爲自己出謀劃策。當時，諸葛亮被委任負責內政，而劉備身邊眞正的軍師，則是法正。

法正向劉備諫言說：「曹操一舉呑併了張魯，平定了漢中，卻不能趁勢謀圖巴蜀，只留下夏侯淵、張郃駐守，自己卻回去了，這不是他的智略不到，而是力量不足，必定是國內有了憂患的原因。如今我看夏侯淵、張郃的才略不如我們的將領，我們去征討，必能攻克。得到漢中後，我們廣積糧草，等待時機，上可以消滅敵寇，復興漢室；中可以蠶食雍、涼二州，拓展疆土；下可以固守要害，做持久之計。這是上天將漢中賜給我們，機不可失啊。」劉備聽後非常讚賞。於是，漢獻帝建安二十四年（二一九年），劉備興全境之兵，進攻漢中。

漢中爭奪戰

劉備親率大軍進兵漢中，分遣張飛、馬超、吳蘭等屯駐下辨作爲策應，本軍則駐紮在陽平關（今陝西勉縣西），對手是夏侯淵、張郃、徐晃等一干曹魏大將。

起初戰局對劉備不利。劉備派將軍陳式阻絕馬鳴閣道，卻被徐晃率軍擊退。曹軍派大將曹洪攻擊張飛、馬超等人，斬殺了劉備一方的將領吳蘭，張飛、馬超退走。而劉備攻擊張郃把守的廣石，也屢攻不下。劉備急書成都要求增兵，諸葛亮協調後方，保障了前線的足兵足食。

雙方在漢中對峙一年有餘。見形勢不利，法正向劉備獻策，將部隊出陽平關南渡沔水，沿山路前移，在定軍山紮營。曹軍主帥夏侯淵求勝心切，率軍追擊定軍山下。劉備將萬餘精兵分為十部，趁夜全力猛攻張郃防禦的一側，張郃不敵，夏侯淵分兵一半援救張郃。劉備見夏侯淵兵少，派兵火攻曹營，夏侯淵連忙指揮救火。法正見敵人中計，令黃忠居高臨下，從山腰擂鼓衝下，勢不可擋。夏侯淵被殺得措手不及，亂軍之中被斬殺，曹軍大潰。劉備揮軍追擊，曹軍形勢危急。張郃收拾殘兵，安定軍心，兵士仰慕張郃威望，曹軍重又振作。劉備見狀，只好放棄了兵渡漢水的追擊計畫。

曹操聽聞前線大敗，漢中被奪，決定親征。漢獻帝建安二十四年（二一九年）三月，曹操率大軍兵臨漢中。劉備自信地對屬下們說：「曹操雖來，也是無能為力，我必定擁有漢中了！」他令部隊各守要道，堅壁不出。曹操從山道運糧，黃忠趁機劫糧，久去未歸。趙雲帶領數十騎兵出營尋找，遇到曹操大軍。緊要時刻，趙雲率眾人且戰且退，回到營地。見曹兵攻來，趙雲果斷地讓人大開營門，偃旗息鼓。曹軍懷疑營中有詐，紛紛掉頭撤回。趙雲急令士兵擂鼓造勢，命人用強弩從後面追射曹兵。曹軍驚駭，爭相逃竄，死傷無數。劉備聽聞戰報，大讚趙云：「子龍一身都是膽！」

曹劉兩家對峙月餘，曹軍死傷不少，曹操見毫無勝算，悻悻而回。劉備就此佔據了關鍵的漢中。

漢獻帝建安二十四年（二一九年）秋，在群臣的擁戴下，劉備自立為「漢中王」，聲勢達到了頂峰。

定軍山

定軍山位於陝西省漢中市勉縣城以南五千公尺，為三國時期古戰場。三國時，蜀將黃忠斬夏侯淵、趙顒於此，在歷史上遂負盛名。山下有武侯墓。

大意失荊州

正當劉備取得漢中爭奪戰勝利的時候，後方的荊州卻發生重大變故。關羽征討樊城不成，卻被孫權偷襲荊州。呂蒙一計「白衣渡江」，荊州易主。走投無路的關羽敗走麥城，突圍不成，一代名將終被擒殺。失荊州、損關羽，如此一段「大意失荊州」的歷史，成為劉備由盛轉衰的節點。

恩怨荊州

當劉備入蜀節節勝利的時候，孫劉兩家關於荊州的歸屬問題也逐漸浮出水面。劉備「借」去荊州不還，孫權幾次三番索要，終於惱羞成怒。荊州成爲雙方之間衝突的火藥庫，伴隨著摩擦不斷。

起初，劉備以自身發展需要，提出暫時「都督荊州」，孫權聽從魯肅的建議，從聯合抗曹大局著想，同意了他的請求。但劉備打從一開始就沒有歸還荊州的打算，而孫權也絕非心甘情願地「樂於助人」。劉備「借荊州」不久，孫權就多次向劉備提出要借道荊州西進益州，意圖挾制劉備，劉備堅決拒絕，他說：「劉璋與我同宗，如果你要攻打他，我就披髮上山隱居，不失信於天下。」孫權無法，只得作罷。而劉備卻自己率軍奪下了劉璋的益州，消息傳到孫權耳中，孫權氣得破口大罵：「狡猾的傢伙，竟敢如此詭詐！」

劉備入蜀，由關羽鎮守荊州。孫權見劉備已有益州，應當按約定歸還荊州，便幾次三番派人向關

明．商喜．關羽擒將圖

此圖所畫是《三國志》中關羽水淹七軍，生擒龐德的故事。

羽索要。關羽生性高傲、剛愎自用，每次都將使者大罵而回。孫權暴怒，多虧此時江東主事的是主張孫劉聯盟的魯肅，他幾次從中周旋、好言相勸，才保持了雙方相安無事的局面。孫權又派諸葛亮的哥哥諸葛瑾出使劉備，商討履約歸還荊州之事，劉備卻一再推托說：「我正要謀取涼州，等到涼州拿下，才將荊州歸還。」諸葛瑾回復孫權，孫權聽後震怒：「他這是找藉口不還，想用虛假的話拖延時間！」

忍無可忍的孫權終於採取了行動。他自己任命了荊州南部長沙、零陵、桂陽三郡的官吏，並派他們前去接收三郡。關羽自然不會接納這些人，於是將他們盡皆驅逐了回去。孫權大怒，派大將呂蒙率兵兩萬襲取三郡。呂蒙寫信給三郡太守，逼使三郡投降。劉備聽聞荊州出事，親自從益州移兵到公安，派關羽率軍爭奪三郡。眼見大戰一觸即發，忽然傳來曹操要進攻漢中的消息。劉備擔心益州有失，於是遣使向孫權求和。孫權也不想因此失去同盟，於是雙方約定，將荊州一分爲二：長沙、江夏、桂陽以東歸屬孫權，而南郡、零陵、武陵以西歸屬劉備。

衝突暫時得到了平息，然而也成爲隱患，問題並未因此獲得解決。

水淹七軍

赤壁之戰後，孫劉聯軍雖奪下荊州，但荊州北部重鎮襄陽、樊城還一直控制在曹操手中。爲了實現諸葛亮《隆中對》中謀劃的「跨有荊、益二州」的方略，關羽的一大任務就是伺機奪取襄陽和樊城。

漢中爭奪戰後，劉備奪取漢中，自立爲「漢中王」，聲勢達到頂峰；曹軍大敗，又適逢孫權再次調集大軍逼近合肥，曹操只得倉促地集合人馬前往合肥防禦。關羽見曹魏荊州防務空虛，決定抓住時機揮軍北上。他任命南郡太守糜芳守江陵，將軍傅士仁守公安，自己率大軍攻向曹軍大將曹仁把守的樊城。

面對關羽大軍，曹操命平寇將軍

單刀赴會

有關關羽與荊州的故事，還有一段「單刀赴會」的典故。

時值關羽驅逐孫權委派官員之後，孫權出兵奪取三郡，雙方劍拔弩張，大戰一觸即發。一心維護兩家結盟的魯肅急忙邀請關羽見面，並在信中說明：雙方部隊退後百步，只許關羽和部將攜帶單刀前來赴會。關羽如約前來，魯肅當面指責劉備不守信義、霸佔荊州，關羽理虧，無言以對。這就是史實當中的「單刀赴會」。

與《三國演義》中的描寫不同，眞實的「單刀赴會」展現的不是關羽孤軍深入的大智大勇，而是魯肅的識大體、顧大局。

徐晃率軍支援曹仁，又命左將軍于禁和立義將軍龐德前往樊城北面駐防。適值八月，天降暴雨，漢水河水猛漲，沿岸暴發洪水，平地水深數丈。于禁疏忽，將部隊布置在地勢低窪處，結果一夜之間，所率的七路人馬盡數被水淹沒，戰力全喪。于禁等人連忙逃到高處躲避，關羽趁機派出戰船攻擊毫無抵抗力的曹軍，曹軍大敗。于禁無處可逃，投降了關羽；龐德據堤死守，他用箭射殺關羽的士兵，自清晨戰鬥到中午，箭用完了，就與敵人近身搏殺，異常英勇，但終因寡不敵眾被擒。關羽敬重龐德，想勸其投降，卻遭到誓死不降的龐德怒罵。關羽只得將龐德殺死。

樊城之圍

水淹七軍，關羽聲勢大振，又兼得曹軍降兵無數，於是關羽開始猛攻樊城。此時樊城內只剩下守軍數千人，城中絕大部分地方都被水淹，危在旦夕。關羽命人乘船將樊城包圍數重，阻絕一切外界聯繫。同時，他遣人分兵包圍了襄陽。二城眼看就是關羽的囊中之物了。

關羽之威，聲震許都，城內官民，人人惶恐，盛傳關羽即將兵臨城下。連曹操本人都感到恐懼，竟動議要遷都避難。丞相軍司馬司馬懿和西曹屬蔣濟勸阻曹操：「于禁等人是被洪水淹沒，不是戰鬥上的過失，對國家來說算不上損失。劉備和孫權，外表親密，實則疏遠，關羽得志，孫權必定不樂意。我們可派人勸孫權襲擊關羽的後方，許諾給他江南的土地，那麼樊城之圍自解。」曹操同意了二人的計策。

白衣渡江

接到曹操的來信，早就對關羽懷恨在心的孫權欣然允諾，即刻召回呂蒙商討對策。此時在江東，主張維持孫劉聯盟的魯肅已死，有決定權的主將已轉為呂蒙。呂蒙對孫權說：「關羽討伐樊城卻在後方留下很多後備兵力，是害怕我們從後襲面擊。我常患病，就以我患病治療為名，佯裝撤去我的兵權，關羽聽聞，一定會放鬆下來，而將後備兵力盡數發往樊城前線。我們從江上晝夜兼行，趁其空虛，攻其不備，那麼南郡可下，關羽可擒。」孫權應允。於是，孫權公開宣布了對呂蒙的撤換令，並令接替呂蒙的小將陸遜寫信給關羽，對其大加吹捧。關羽見呂蒙已走，陸遜只是個無名小輩，便真的中計調走了荊州的備兵。於是，孫權命呂蒙為大都督，發兵襲擊荊州。

然而，深知孫劉聯盟脆弱性的關羽早先就在領地的沿江修建了一座座相連的烽火台，一旦發現來自江東的異常，便點燃烽火，報知前線。於是，如何躲過烽火台的監控就成爲孫權首先要解決的難題，呂蒙想出了「白衣渡江」的妙計：呂蒙令兵士盡數躲避在船艙裡，身穿白衣，化裝成商人，又招募百姓來搖櫓划槳，晝夜兼程。烽火台上的守兵見是商船模樣，就放鬆了警惕。呂蒙命人將守兵一一擒獲，就這樣，關羽毫不知情，呂蒙大軍卻已進入了荊州。

呂蒙大軍猶如天降，荊州上下頓時慌亂。江陵的守將麋芳和公安的守將傅士仁平素總被關羽輕視，懷恨在心，於是開城投降呂蒙。孫權的部隊入城擒得了關羽軍隊的家屬們，呂蒙命令善待這些人，並嚴肅軍紀，嚴禁士兵傷害百姓。呂蒙頗得人心之舉，令剛剛易主的荊州迅速平定了下來。

關羽敗走麥城

聽聞荊州被奪，關羽大駭；同時曹軍徐晃救兵趕到，關羽陷入苦戰。徐晃集合曹軍殘部，穩紮穩打，逐漸擊退了關羽的攻勢，破解了樊城之圍。關羽見大事不妙，急忙帶著部隊趕回荊州。

關羽自知危急，便向駐紮在上庸的己方將領劉封、孟達求援，誰知二人卻以上庸剛剛奪取爲由，拒絕支援。關羽走投無路，便向西撤往麥城（今湖北當陽東南）。孫權派兵迅速包圍了麥城，並誘降關羽。關羽佯裝投降，趁夜突圍而逃，兵士走散。孫權早有預料，派潘璋、朱然二將在其必經之路上埋伏。關羽一行人困馬乏，盡皆被擒。考慮到關羽名聲太大，留下不好處置，孫權向潘璋下達了擒得即殺的命令。一代名將關羽就這樣命喪黃泉，時年六十歲，他的兒子關平也一同被處死。

《三國演義》插圖：呂子明白衣渡江

士別三日，刮目相看

一招「白衣渡江」的奇謀，讓不可一世的名將關羽兵敗身死，而大都督呂蒙一戰成名。作為繼周瑜、魯肅之後的新一任統帥，呂蒙承先啓後，為東吳建國立下大功。呂蒙能取得如此成就，與他後天的勤奮和努力密不可分，「士別三日，刮目相看」的典故，說的就是他的故事。

吳下阿蒙

呂蒙，字子明，汝南富陂（今安徽阜南）人。他從小出身寒微，頗通武藝，志向不凡，卻性格叛逆。漢末大亂，年少的呂蒙跟隨家人南渡逃難，來到江東投靠姐夫鄧當。鄧當是孫策手下將領，屢屢跟隨孫策出征，年紀輕輕的呂蒙看在眼裡，心癢難耐。十五、六歲時，一次他偷偷跟隨鄧當的軍隊出征擊賊，鄧當發現後大吃一驚，但上了戰場的呂蒙就像野馬一般，叫都叫不回。回到家後，呂蒙的母親生氣地責罵呂蒙，呂蒙卻頂嘴說：「我們不能總這樣貧賤下去，我打仗立功，就能得到富貴。況且不入虎穴，焉得虎子？」說得母親無言以對。當時，鄧當手下的一個官吏看呂蒙年紀小小口氣卻很大，很輕蔑地對他說：「你這小子能幹什麼?你不過是拿肉餵食老虎罷了。」呂蒙聽到耳中，記在心裡。不久後，那名官吏又再次羞辱呂蒙，呂蒙大怒，抽刀當場殺死了這個官吏。殺了人的呂蒙逃亡到同鄉家中，後來經他人說情才得赦免。孫策聽說了呂蒙的事，對這個年輕人很感興趣，便將他召到自己身邊做事。

加入了孫策的軍隊，呂蒙如魚得水。他盡心效命，很得孫策的喜愛，孫策提拔這個小將做了別部司馬。孫策死後，孫權想將領兵很少又作用有限的將領整合併入大部隊。呂蒙見狀，知道自己將被裁撤，於是他私下賒來一筆錢，給自己的士兵換上鮮紅色的新裝和綁腿。等到孫權檢閱兵馬的日子，他令士兵整齊列陣操練。孫權遠遠望見呂蒙的軍隊格外精神漂亮，非常高興，不僅沒有削掉他的兵權，反而還增加了他的兵馬。

士別三日，刮目相看

呂蒙以軍功顯名，聲望日隆。有

一次，孫權召來呂蒙問話，他發現呂蒙勇略有餘而知識卻不足，便對呂蒙說：「你如今已經是掌管一方的將領了，應該多學習一些學問。」呂蒙推托說軍務繁忙，孫權卻說：「我難道是要你去做經學博士麼？你說自己軍務繁忙，難道能忙過我麼？我從小遍讀詩書、史籍、兵法，這些對我都大有裨益。聖人都是手不釋卷。爲何獨你不勤勉學習呢？」一席話，說得呂蒙無言以對。自此，呂蒙在軍務之餘，開始發奮讀書，他勤勉不倦，飽覽書籍，進步飛速。

後來，魯肅率軍與荊州的關羽對峙。有一天，呂蒙面見魯肅，他問魯肅：「您受主公重托，與關羽爲鄰，您將用什麼策略防備不測呢？」魯肅認爲呂蒙因軍功起家，不過是一介莽夫，便很不屑地答道：「隨機應變。」呂蒙上前言道：「關羽是虎熊般的猛將，我們哪能不未雨綢繆呢？」接著，他向魯肅說出了自己謀劃的五條策略。呂蒙的才學令魯肅眼前一亮，魯肅離席走到呂蒙身邊，拍著呂蒙的背，讚賞地說：「我只知道你有武略，今日一見，學識廣博，再也不是以前那個吳地的阿蒙了！」呂蒙也笑著回答道：「士別三日，當刮目相待。」

勤勉爲學，使呂蒙成爲文武全才的江東柱石。曹操南征，呂蒙獻策濡須建塢，敵人不得南渡；逍遙津之難，呂蒙拚死護衛，救主脫身；魯肅死後，呂蒙接任大都督，他趁關羽北攻樊城，「白衣渡江」飛降荊州，一舉奪回了孫權朝思暮想的荊州，擒殺了蓋世名將關羽。孫權以呂蒙功大，封呂蒙爲南郡太守、孱陵侯，賜錢一億，黃金五百斤。

呂蒙像

呂蒙，東漢光和元年至建安二十四年（一七八年至二一九年），字子明，汝南富陂（今安徽阜南東南）人，三國時期吳國著名軍事家。

曹操之死

無論是被認作亂世的救星，還是被指責為竊國的漢賊，毀譽參半的曹操帶著全天下人的關注步入了晚年。常年獨步朝野，曹操的慾望愈來愈大，他稱公、稱王，卻在稱帝的最後一步戛然而止，留給世人無盡的爭議。

曹操稱魏王

常年獨步朝堂、一言九鼎，晚年的曹操已不再是當初那個各路聯軍討董卓時因義軍不思進取而悲憤落淚的曹操，不再是那個用人不疑、嚴己寬人的曹操；取而代之的，是一位權欲旺盛、滿腹猜忌、心狠絕情的老人。他對上欺壓漢獻帝，不僅殘忍地將漢獻帝的皇后和皇子處死，還強迫漢獻帝立自己的女兒爲皇后；對下則不念舊情、睚眥必報，賜死荀彧、處死崔琰等人。隨著曹操私慾的進一步膨脹，丞相的名位早已不能滿足他。

其實早在渭南之戰後，得勝回朝的曹操便已享受到了上朝不必通名、可持劍上殿的「格外優待」，可是對他來說，這些遠遠不夠。漢獻帝建安十八年（二一三年），經歷濡須口與孫權對峙的曹操回到許都，文武百官早已按照他本人的意思準備就緒，共同上表，脅迫漢獻帝頒布了曹操等候許久的冊封詔書：冊封曹操爲魏公，加九錫，撥出冀州十個郡爲曹操領地，建魏國，定國都於鄴城（今河北臨漳西南），曹操有設置魏國丞相、太尉、大將軍等百官的權力。

漢獻帝二十一年（二一六年）五月，被脅迫的漢獻帝再次冊封曹操由魏公升爲魏王，食邑三萬戶，位在諸侯王上，奏事不稱臣，受詔不拜，並可享用天子的冠冕、車服、旌旗、禮樂郊祀天地，出入得稱警蹕（出行途徑清道警備），宗廟、祖祭和節日排場皆遵照漢朝天子規格，子弟盡數加封列侯。如此一來，曹操名義上雖稱漢臣，實際上已儼然如同皇帝了，而曹操自封爲王之舉也破了自漢高祖劉邦定下的「異姓諸侯者不得爲王」的祖制。

貴爲魏王，天子儀冕，曹操只差稱帝一步了，善於逢迎的群臣們自然主動迎合。漢獻帝建安二十四年

（二一九年），侍中陳群等滿朝文武奏請魏王：「漢朝的天壽已盡，不再適合於今日。殿下的功德巍巍，是眾生所望。這天人相應、萬眾同聲之際，殿下應登皇帝大位，還有什麼猶豫的呢？」已是皇位唾手可得之時，曹操卻選擇了就此而止，他對勸進的群臣說：「如果天命在我，我願做周文王（商周交替，周文王德而不反，其子周武王滅商建周）。」

曹操爲何在最後一步戛然而止？有人說，曹操不敢篡位是因爲受「挾天子以令諸侯」之累，他以此彪炳正統，攏絡人心，才有如今的基業，所以不敢自毀根基，是所謂「成也蕭何，敗也蕭何」；也有人說，曹操選擇以退爲進，一句「吾爲周文王」，將篡位的機會留給了兒子，也就此躲避了篡位的惡名。待到兒子稱帝，自己自然能得到皇帝稱號的追封，可謂「名利雙收」，足見一代「奸雄」的本色。上述爭論千百年不絕，迄今尚無定論。

曹操之死

魏文帝黃初元年（漢獻帝建安二十五年，二二〇年），一代梟雄曹操走到了生命盡頭。正月，曹操病逝洛陽，時年六十六歲。

曹操一生不尚奢費，他的宮室器用都本著高雅而不奢華的原則，妻妾不著錦繡的衣裝，身邊的侍者數量不過十人，穿的鞋也一律是單色；家中的帷帳和屏風有破損，就補上繼續用，睡覺用的被子連個花紋都沒有，而一生所得的金錢，大都賞賜給了眾人。曹操生前就反對婚喪嫁娶的靡費之風，因此他留下遺囑：「天下尚未安定，還不到遵循古制進行厚葬的時候。我死後入葬只穿平日的衣服，隨葬不帶金玉珍寶。葬禮一結束，眾人就把喪服換掉。各將領屯駐在關隘的，都不得趕來弔喪，各個部門官員也要各守其職。」按照他的遺命，當年二月，曹操被葬於高陵，諡號武王。曹丕篡位稱帝後，追封曹操爲魏武帝，廟號太祖。

幾番功過後人說

曹操一生，毀譽參半，千百年來一直是極具爭議的人物。首先，曹操是一個軍事奇才。他統御海內，威服四方。用兵打仗，大抵依照孫武、吳起的兵法，但又不拘泥，總能因事而變，出奇制勝，變化如神。他還自撰兵法十餘萬言，史稱《孟德新書》，頒發給眾將。眾將按照兵法作戰，往往得勝。曹操總能在將領外出作戰之時，身處後方卻對前線做出準確的指示，往往將領遵照他的指令就能獲勝，不遵照就會落敗，足見其用兵之神。每與敵人對陣，他總顯得氣定神閒，好像不想作戰一般，然而每到決勝之機，他總能氣勢飽滿，意志昂揚，因此戰無不勝。

曹操是一位知人善任的人才大師。他洞悉人性，善於觀察，別人很難迷惑他。他任人唯賢，不論出身，獨具慧眼，能從一般兵士中提拔出于禁、樂進這樣的名將，能收留並重用張遼、徐晃這樣的外來降將，被他從微末之處發現的人才數不勝數。因此他能在亂世之中，得到如此眾多的人才，開創出屬於自己的大業。

曹操文武兼修，是位文武全才型的人物。他統兵作戰三十餘年，不論身在哪裡，總是手不釋卷，認眞研讀各種書籍。他白天與眾人探討用兵之法，夜晚就獨自思考經傳文學，每次登高必會賦詩（孔子曰：「君子登高必賦」），而每有新作，就令人譜上樂曲，編爲樂章。

曹操武藝也是了得，他力大過人，能手射飛鳥，躬擒猛獸，曾經在南皮涉獵，一日就射中雉雞六十三頭之多。他還擅長書法、音樂、圍棋，水準能與當時的名家匹敵，甚至連煉丹製藥，曹操都懂得不少。

但曹操同樣是一位嚴酷好殺的詭詐之人。他刑法嚴厲，犯罪必死，有仇必報，就算是有人跪在他面前

金鳳台的曹操與群臣塑像

位於河北邯鄲磁縣鄴城遺址。曹操，一名吉利，字孟德，小字阿瞞，沛國譙郡（今安徽亳州）人。東漢末年軍事家、政治家及詩人。

痛哭流涕，也不得活命。在他起兵之初，沛縣的袁忠、桓邵和陳留的邊讓都與他有過節，曹操懷恨在心，及到掌權，曹操命人將邊讓全家滅族，並追殺了逃難的袁忠；桓邵自首，跑到曹操面前哭求活命，曹操卻說：「跪著就能免死麼！」還是將他全家滅門了。有一次，曹操討賊途中兵糧不足，他找來糧官詢問解決辦法，糧官提議減少士兵每餐飯量，曹操首肯，但卻導致士兵的不滿。為平息眾怒，曹操再次叫來糧官對他說：「我要借你的命來安撫眾人，不然不能解決問題。」說罷，就令人斬殺了糧官，並傳令軍營：糧官私做主張，減少飯量，偷盜軍糧。類似詭詐之事，曹操舉不勝舉。

曹操嚴酷，卻對家人有著溫馨的深情和無比的寬容。曹操的原配夫人姓丁，而另一位妻子劉夫人生下長子曹昂後不久就去世了，於是由丁夫人收養曹昂。丁夫人視曹昂如自己親生，母子情深。然而在征討張繡的作戰中，因曹操疏忽，曹軍被敵人劫營，長子曹昂為護父親逃脫，死在戰場。曹昂之死，令丁夫人無比傷心，她將孩子的死歸罪於曹操：「是你把我兒子殺了！」由此夫妻失和。曹操不願聽丁夫人的痛哭和抱怨，於是命人將她遣送回娘家，想讓她有所收斂。不久，曹操親自去接丁夫人回去，怨氣難消的丁夫人卻視若不見，一點面子也不給曹操。曹操撫摸著妻子的後背，溫情地勸慰：「跟我一起回去吧！」丁夫人還是不應。曹操無奈，只得與丁夫人斷絕了關係。但曹操仍不忘原配，即使位尊權重，也時常令人向丁夫人問寒問暖，照顧如同往昔一般。對於丁夫人，曹操有著無限的愧疚，在他臨死之時還念念不忘：「我一生行事，不曾虧欠於心。但如果死後真的有靈，曹昂問我：『我的母親在哪裡？』我將如何回答他啊！」說完淚落於地。

曹操到底是英雄還是奸雄？或許二者兼有之。不論他是收拾了亂世還是攪散了和平，正如他所說的：「設使國家無有孤，不知當幾人稱帝，幾人稱王。」一如《三國志》的評價：曹操，超世之傑矣。

神醫華佗

提到華佗的名字，恐怕無人不知無人不曉，但很少有人會將他那玄妙的人生故事與那風雲叱吒、戰火紛飛的三國時代聯繫在一起。實際上，一代名醫華佗用他那精妙絕倫、無可匹敵的醫術，在血與火的暗夜劃出了一道閃爍著人性光芒的華麗軌跡。

一代神醫

華佗，又名華敷，字元化，沛國譙郡人（今安徽亳州，與曹操是同鄉），東漢著名醫學家。正史中，並沒有關於他生年的記載，而他的卒年則在建安十三年（二〇八年）。

出生在戰火紛飛、民不聊生的戰亂年代，華佗自小就看透了地方豪強爭名逐利的醜惡嘴臉，立下了以己之力造福蒼生的宏願。華佗在少年時期曾於徐州一帶遊學，精通數部經典，但他不慕富貴，多次拒絕了官府的徵召，一心行醫，造福百姓。

華佗的醫術可謂出神入化。他精通各種療法與藥性，他給病人看病，用藥不過寥寥幾種，只需在心中略略盤算，便可下藥開方，從不需要再行斟酌。而病人只管將他開的藥喝下去，短暫的時間便可見效，甚至他剛一離開病就痊癒了，可謂名副其實的「藥到病除」。若是病人需要針灸治療，華佗也只需要選擇一、兩個穴位，每個穴位不過針灸七、八壯（在一個灸療穴位上燃燒一個艾炷叫做一壯），病人就可康復。倘若藥物針灸都不能生效，而是需要開刀手術的話，華佗就拿出自己研製的「麻沸散」讓病人飲下。「麻沸散」是世界上最早可考證的麻醉劑，病人喝了它就如同醉死一般毫無知覺。華佗藉此開刀進行手術，刮去病灶，縫好傷口，不過五、六日之後，病人就可痊癒如初。

料「病」如神

華佗四處行醫，因此留下了很多有關他精湛醫術的神奇故事。

他曾為兩位軍吏看病。這兩人病症相同，都是頭痛發熱，但華佗開出的藥方卻大不一樣，一個用的是發汗藥，一個用的是瀉藥，兩人服藥後都即日痊癒。有的人對此感到非常奇怪，華佗解釋道：「他們一個人是內實外虛，一個人是外實內虛，所以應該用不同的治療方法。」

華佗爲一位郡守看病，他認爲病人需要大動肝火，病就可治癒。於是他故意向病人收求高價診費，但卻不爲其治療，然後無緣無故不辭而別，還留下一封書信對病人大肆謾罵。郡守果然被激得大怒，還命人去追殺華佗。郡守的兒子知道事情原委，因此並沒照做。當晚，怒不可遏的郡守吐出了數升黑血，病不治自愈。

慘死獄中

華佗的醫術出神入化，他的名聲也逐漸遠近聞名，許多權貴都希望請華佗來給自己看病。當時擔任丞相的曹操得知了這位醫術精湛的同鄉人才，便把他請到自己的府上，爲自己看病。曹操患有頭風病，經常發作，痛苦不堪。華佗到來後，只需略施針劑，病即痊癒，這讓曹操非常滿意。

但華佗志不在此，他雖爲醫生，卻希望自己成爲一名士人，能施展史遠大的抱負，而每每只以醫術得到賞識，常讓他感到一絲悔恨。他發現曹操只是用他爲自己看病，而沒有任用的想法，於是逐漸厭倦了這種侍奉高官的生活。

不久，隨著公務加重，曹操的病也越發嚴重。他令人召華佗前來，華佗卻以家中有事爲由辭讓了曹操。曹操累次徵召，華佗都藉故推辭。曹操大怒，令人收押華佗，並治了他的死罪。

臨死前，華佗將自己編寫的一卷醫書託付給獄吏，但獄吏卻畏罪而不敢接受。華佗無奈之下，只得將畢生心血付之一炬，帶著無限的惋惜離開了人世。

河南許昌華佗墓

華佗是東漢時期的名醫，其發明的「麻沸散」為外科手術的麻醉用品。他還發明了五禽戲，教人強身健骨，延年益壽。

天下名巧馬鈞

曹操帳下有這樣一位臣子：他不在戰場拚殺，也不善於謀劃，但他的貢獻卻能比得上任何一位名臣良將。他以自己的巧思和妙想，成為那個時代最有名的機械發明家，而他也被譽為「天下名巧」——這個人就是馬鈞。

絕世巧思

三國與發明家，兩個奇妙的名詞撞擊在一起，產生了一位時代的偉大巧匠——馬鈞。

馬鈞，字德衡，生於扶風（今陝西興平），是三國時的魏國人。他出身貧寒，不善言談，但腦筋聰慧，極富觀察與思索能力。後來，他考取了經學博士，但仕途並不順利。於是，馬鈞將更多的精力放在鑽研機械構造方面。當時，由於戰事和恢復農業生產的需要，機械的製造和改造顯得十分迫切，而這正爲聰明的馬鈞提供了一個發揮所長的舞台。

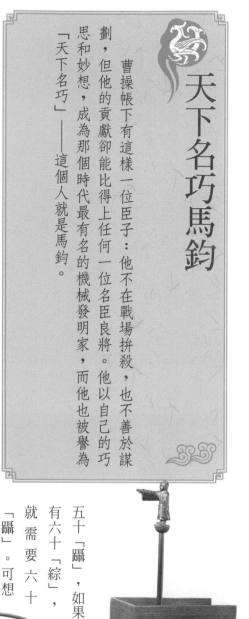

舊時的紡織機爲了織出繁複而精美的花紋圖案，要將織機上的經線分成幾十組，每組經線由一「綜」控制（「綜」控制著經線的分組與開合，以便梭子來回穿織），每一「綜」又由一個踏具「躡」所操縱。因此，如果織機有五十「綜」，就需要有五十「躡」，如果有六十「綜」，就需要六十「躡」。可想而知，這樣的紡織機運作起來不僅操作複雜，而且費時費工。馬鈞針對紡織機「喪功費時」的特點，經過巧妙的設計和改造，將「躡」數統一降到了十二，大爲降低了操作的難度，而且經過馬鈞改造後的織機較之從前更易於織出炫彩多姿的花紋，變化無窮。馬鈞的這一發明地促進了紡織業的恢復和發展。

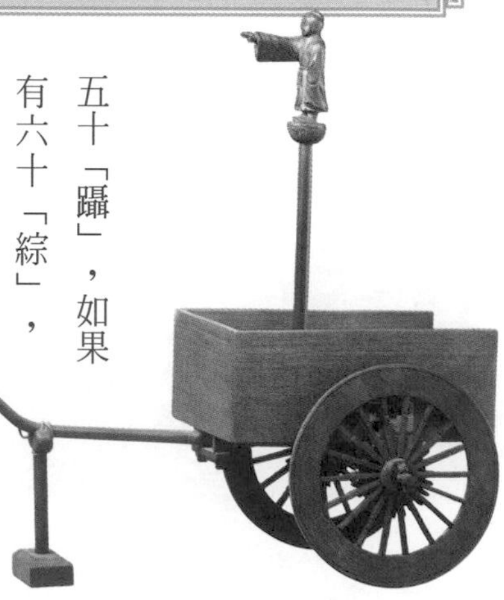

三國．魏．指南車模型

除了生產用具之外，馬鈞還善於製造兵器。當時由於各方勢力混戰，

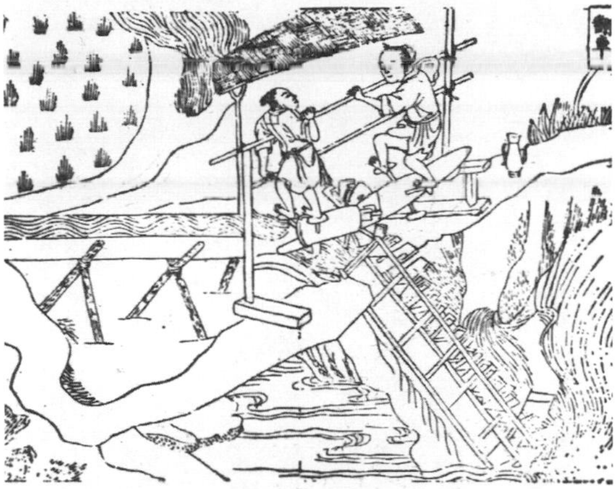

馬鈞改良的翻車

馬鈞創製的這種翻車，應用齒輪的原理使其汲水，「其巧百倍於常」，用時極其輕便，連小孩也能轉動。是當時世界上最先進的生產工具之一，從那時起，一直被中國歷代鄉村所沿用。

對兵械的需求很大，各方勢力都組織人員設計新式戰具。曹操曾在官渡之戰中使用過「發石車」攻擊袁紹的堡壘，但這種「發石車」每次只能彈射一枚石塊，效率不高。而且，如果敵人在城樓上掛起大塊的濕牛皮，就可以完全克制「發石車」的攻擊。針對這一點，馬鈞巧妙地設計了一種大輪，輪上繫著數十塊大石頭，以機械驅動大輪急速旋轉，然後切斷繫石的繩索，石頭便連續飛擊城樓，使敵方來不及防禦。馬鈞還在車輪上用磚石進行試驗，結果磚石飛出數百步遠，證明了自己的設計可行。

天下名巧

馬鈞心思巧妙，引起了朝中官員的注意。在任給事中之職時，朝中的常侍高堂隆、驍騎將軍秦朗便與馬鈞在朝堂上展開過關於是否存在指南車的爭論。指南車自製造出來後，就因爲年代久遠而失傳了。高堂隆和秦朗認爲歷史上並沒有指南車這種東西，無非是古書上的杜撰罷了，但馬鈞卻堅持認爲指南車的傳說可信。雙方爭執不下，馬鈞說：「我們在此無謂爭論，不如我來試驗一下，判別眞僞。」於是，他按照古書上的方法，苦心鑽研，眞的複製出指南車。自此，朝中上下無人不服馬鈞之巧。

在朝爲官期間，馬鈞還改良了「翻車」，這成爲他名垂青史的一大功績。「翻車」是中國古代最著名的農業灌溉機械之一，史冊所載是最早由東漢宦官畢嵐所發明，是一種刮板式連續提水機械，利用鏈輪的驅動，將葉板沿槽刮水上升，到長槽上端將水送到需要之處。但畢嵐發明的「翻車」主要是供宮廷玩樂之用，且操作較爲困難。到了馬鈞這裡，他將翻車大爲改進，並應用於農業生產，連兒童都能操作，功效大大提高。經馬鈞改良過的「翻車」，「其巧百倍於常」，直至西元二十世紀末期，中國許多地區還在使用馬鈞改良過的翻車。

曹丕篡漢

曹操死後，曹丕透過兄弟相爭繼承王位，成為新的魏王。曹丕有著同其父曹操一樣的野心，卻沒有一樣的耐心。短短幾個月後，迫不及待的曹丕邁出了篡漢稱帝的最後一步。漢獻帝「禪讓」退位，四百年漢祚至此終結。

曹丕其人

曹丕，字子桓，是曹操的妻子卞氏所生。曹丕是曹操的第三子，但由於長子曹昂和次子曹鑠早亡，曹丕擁有長子的地位。曹丕生於漢靈帝中平四年（一八七年），生來聰慧過人，八歲時就能寫文章，有逸世之才，博覽貫通古今經典、諸子百家之書。他善於騎射，喜好擊劍，有不錯的武藝。由於文武兼備，又有長子地位，曹丕一直作爲繼承者人選之一，被曹操著重培養。

曹丕天資卓越，也許是受到作爲詩人的父親的影響，他在文學方面也有著非凡的造詣。他下筆成章，文藻華美，博聞強識，才藝兼備，後世將他和其父曹操、其弟曹植並稱「三曹」，同爲建安文學的傑出代表。但他野心大、私心重、心性狠毒的弱點也同樣明顯。

曹操晚年，著實爲繼承人的人選而煩惱，其中主要的競爭者就是曹丕和他的弟弟曹植。

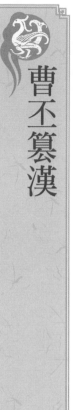

儲位之爭

長子曹昂早亡，最鍾愛的幼子曹沖早夭，對於曹操來講，剩下的繼承人選就落在最有才幹的兩位兒子身上：曹丕與曹植。與曹丕相比，曹植有著更爲出色的文采和更爲儒雅的品行，因此更得曹操的喜愛。曹操在漢獻帝建安十六年（二一一年）冊封曹丕爲五官中郎將、副丞相，任命爲自己的副手。但對於繼承人選，則還在猶豫。

儲位未定，自然引發了曹丕與曹植之間的激烈爭奪。曹丕知道父親更喜愛弟弟曹植，心中十分焦慮，便找來自己的幕僚吳質商量對策。爲避人耳目，曹丕命人用廢舊的竹籠裝載吳質，作爲掩飾偷偷運到自己的府第。但這一切被支持曹植的丞相主簿楊修看到，楊修馬上將此事報告給了曹操，罪名是曹丕祕結黨羽。曹操對此自然十分反感，但還沒來得及辨明眞假。曹丕得知後非常恐懼，吳質卻說不會有事。第二天，吳質讓曹丕仍舊將竹籠運入府內，但竹籠內裝滿絹帛。楊修發現後再次向曹操打小報告，曹操大怒，令人前去查驗，卻發現並非如楊修所言。曹操自此產生懷疑，不再相信對曹丕不利的消息。

更爲關鍵的是，曹丕得到了朝中元老的堅決支持。曹操曾以密函的方式徵求幾位大臣對繼承人選的意見，尚書崔琰回答道：「《春秋》之義，當立長子。五官中郎將曹丕仁孝聰明，應該繼承正統，我願以死推薦。」而東曹掾邢顒也說：「以庶子繼承正統，先前已有教訓，願您仔細考慮。」連曹操身邊重臣的太中大夫賈詡也以袁紹、劉表廢長立幼的教訓提醒曹操。加上曹植逐漸暴露出驕縱任性的毛病，惹來曹操反感，曹操最終下定了決心，立曹丕爲繼承人。

漢獻帝建安二十二年（二一七年），曹操正式冊封曹丕爲魏世子，確定了他繼承人的地位。

魏文帝曹丕像

《歷代帝王圖》（又稱《古帝王圖》）卷之一，現藏於美國波士頓藝術博物館，唐代畫家閻立本繪。魏文帝曹丕（一八七至二二六年），字子桓，三國時魏國建立者，在文學方面與曹操、曹植並稱「三曹」。

曹丕篡漢

漢獻帝建安二十五年（二二〇年），曹操病逝洛陽。隨即，曹丕繼魏王位，接任丞相之職，改元延康。

在他繼承魏王之位的八個月後，漢獻帝延康元年（二二〇年）十月，他會意群臣向漢獻帝上了要求「禪讓」的奏章。此時的漢獻帝早已名存實亡，他知道退位只是早晚的事，於是不做任何申辯就答應了。於是，在曹丕的策劃下，舉行了冠冕堂皇的「禪讓」大典，漢獻帝告祭祖廟，令使臣奏璽綬詔冊，禪位於曹丕。而曹丕則象徵性的再三推辭，繼而在群臣的「一再懇求」下，在繁陽亭登上受禪壇，接受玉璽，即皇帝位。

曹丕立國號爲魏，史稱曹魏，改年號爲黃初。曹丕追尊曹操爲武皇帝，廟號太祖；廢漢獻帝爲山陽公，勒令搬出宮去，但仍加以善待，曹魏青龍二年（二三四年），漢獻帝劉協病逝，終年五十四歲）。至此，綿延了四百餘年的漢朝歸於終結。

七步成詩說曹植

東晉名士謝靈運曾有一句名言：「天下才共一石（即十斗），子建獨佔八斗，吾占一斗，天下共分一斗」。其中，能讓自負才高的謝靈運敬慕的「才高八斗」之人，就是曹操與卞氏所生的第三子曹植。而他「七步成詩」的經典故事，更是家喻户曉。

才高八斗

若論曹操子嗣中誰人才情最高，非曹植莫屬。曹植，字子建，生於漢獻帝初平三年（一九二年），是曹操與卞氏所生的第三個兒子，與曹丕是同父同母的兄弟。曹植生來聰穎絕倫，十幾歲時就能誦讀詩、論及辭賦數十萬言，並寫得一手絕妙文章。有一次，曹操讀曹植的文章後，不敢相信自己的兒子能寫出如此好的作品，便問他道：「這是你找人代筆的麼？」曹植跪拜於父親膝下，理直氣壯地說：「言出便成議論，下筆便成文章，您可以當面試我，爲何說我是找人代筆呢？」曹操於是大喜。適值曹操在鄴城修造銅雀台，他令自己的兒子們登台作賦，一比高低，結果剛剛十九歲的曹植揮筆立就，文采可觀，令曹操又驚又喜。而每逢曹操與諸子答問，曹植總能先聲奪人、應聲而對。曹操見曹植如此聰慧機敏，對他格外寵愛有加。

雖然貴爲曹操的公子，曹植眞正的舞台卻是詩歌和文學。「三曹」之中，曹植被後世推爲建安文學的集大成者，他的作品成爲建安文學的典範。曹植的詩歌，既表現了他貴公子優遊生活的華美篇章，也反映出「生乎亂、長乎軍」的時代感受，但更主要的是抒發自己在皇權壓制之下，時而憤慨時而哀怨的心情，表現他不甘被棄置、希冀用世立功的願望。

曹植的詩歌對中國五言詩的發展貢獻尤大，他把抒情和敘事結合起來，使五言詩既能描寫複雜的事態變化，又能表達曲折的心理感受，大大豐富了詩歌的藝術功能。由此，也奠定了曹植在中國文學史上的重要地位。

爭儲風波

曹操寵愛曹植，幾次都想立曹植

爲自己的繼承人，他時常對旁人誇讚曹植「兒子中最可定大事」。然而由於顧及到長幼有序和群臣的反對，曹操還是將年長的曹丕封爲五官中郎將，定爲自己的副手，而封曹植爲臨淄侯。至於繼承人選，則猶豫不決。

曹丕深知父王更寵愛弟弟曹植，自己儲位不穩，於是他對內「矯情自飾」，處處對曹操恭恭順順，表現孝心；對外則廣爲結援，拉攏朝中重臣，贏得口碑。有一次，曹操要率兵出征，曹丕、曹植一起在路邊送行。曹植當場口頌一文，稱讚父王的功業，曹操聽後非常喜歡。曹丕相形見絀，心情十分低落，一旁的幕僚吳質悄悄湊近曹丕耳邊對他說：「魏王要出行，你應該哭泣。」曹丕聽聞，馬上照辦，哭著向父王拜別。曹操一見兒子如此依戀自己，心裡頗爲感動，而在場的人也認爲曹植雖然文采飛揚，但卻不及曹丕一片誠心。

曹植沒有曹丕一般的城府，已讓他在爭儲之中輸掉三分，但眞正擊敗他的卻是曹植自己。曹植的性情放達不羈，隨意隨心，雖有才學，卻無持重威儀。他經常任性而爲，不自雕飾，而且喝酒沒有節制。有一次，曹操想讓曹植帶兵出征，這實際上是想考察曹植。面對這樣重要的機遇，曹植卻因喝酒喝得酩酊大醉而不能下床受命，氣得曹操只得作罷。更嚴重的是，有一次曹植出行，由於太過放縱隨意，竟令屬下將自己的車駕駛在道路正中，並打開司馬門而出。依照漢制，除皇帝外，任何人不能乘車由司馬門出入。曹植這一僭越行爲立即引來了曹操的大怒，他下令處死了駕車的馬伕，連宮中掌管車駕的公車令也被連坐處死。「司馬門」事件讓曹操不得不重新審視如此驕縱的兒子。

自此，曹操對曹植的寵信日漸冷落，甚至心生反感。曹植也發現了父親對自己的冷落，於是更加努力地表現自己，結果卻適得其反，「聰明反被聰明誤」。曹操總喜歡招幾個兒子前來問策時事，以作考察。曹植

三曹塑像

三國時期曹操、曹植、曹丕三父子「三曹」塑像，雕塑家葉毓山作品，立於成都浣花溪公園詩歌大道。

虎父無犬子

曹丕與曹植是一母同胞，二人俱爲人傑。而他們還有一同胞兄弟也是十分了得，他就是曹操與卞氏所生的第二個兒子曹彰。

與哥哥曹丕和弟弟曹植不同，曹彰是天生的猛將。他臂力過人，武藝精熟，能徒手與猛獸搏鬥。曹彰自小立志爲大將，曹操對他頗爲欣賞。漢獻帝建安二十三年（二一八年），北方烏丸造反，曹彰被任命爲北中郎將、驍騎將軍，率軍往討，大捷而歸，人人畏服其勇猛。曹丕稱帝後，封曹彰爲任城王。魏文帝黃初四年（二二三），曹彰入京朝見，卻忽然暴斃於府邸中（一說爲曹丕毒殺），享年約三十五歲。

文有曹丕，武有曹彰，加上「才高八斗」的曹植、「神童」曹沖，曹操的兒子可謂人人傑出，讓人不得不感喟：虎父無犬子！

爲了有好表現，便令幕僚楊修忖度曹操的心意，預先做好答案，等到曹操的問題剛一提出，曹植便已經接上答案了。曹操對曹植回答的過於快速感到十分懷疑，命人去查，結果發現了眞相，曹操一怒之下殺死了幕後協助的楊修。曹操對曹植，從失望到不滿，發展到最後竟成爲憤恨。有一次，曹操登台看到曹植的妻子衣著過於華麗，於是他以穿著違反規制爲名，竟下令賜死了自己的兒媳。

七步成詩

不久，曹丕被正式冊名爲魏世子，成了名正言順的繼承人。漢獻帝建安二十五年（二二〇年），曹操病逝，曹丕順理成章繼承王位。同年十月，曹丕迫不及待地逼迫漢獻帝「禪讓」退位，自己篡漢稱帝，建立曹魏政權，史稱魏文帝。

由於爭儲遺留下的宿怨，自曹丕勝出的一天，曹植後半生的悲慘命運就已注定了。曹丕一即位，立即下令誅殺了曾爲曹植圖謀儲位的幕僚丁儀、丁廙及他們的家人。而對於一母所生的親弟弟曹植，更是新仇舊怨一起清算。他先是將曹植和其他兄弟遣散到各自的屬國封地上嚴加看管，一年後，又令屬下控告曹植「醉酒悖慢，劫脅使者」，要治曹植的罪。多虧太后出面求情，曹丕才假惺惺地頒布詔諭：「曹植，是朕同母的兄弟。朕對天下人無所不容，何況曹植呢？」但還是將曹植貶爵爲安鄉侯。之後幾乎每隔一段時間，曹丕就將曹植的封地改換，鄄城（今山東鄄城）、雍丘（今河南杞縣）、浚儀（今河南開封），而後又回到雍丘，令弟弟曹植不斷疲於奔命，惶惶不可終日。

即便這樣，曹丕仍不肯放過曹植，大有非置曹植於死地不可之勢。

加上曹丕性窄心狠，於是便有了《世說新語》中「七步成詩」的故事。曹丕曾召曹植來見，命他在七步之內作詩一首，否則就要「大法」伺候。悲憤的曹植不待七步走完，當即吟誦出一首：「煮豆持作羹，漉鼓以爲汁。萁向釜下燃，豆在釜中泣。本是同根生，相煎何太急？」曹植在詩中把自己比喻成鍋裡的豆子，把曹丕比喻成鍋下面燃燒的豆稈，表達出對骨肉相殘的悲憤之情。曹丕聽後面有慚色，只好放他一馬。實際上，「七步成詩」並不見於正史記載。「七步成詩」的故事後來被羅貫中寫入了《三國演義》之中，詩篇也縮改爲「煮豆燃豆萁，豆在釜中泣。本是同根生，相煎何太急！」而這首「七步詩」也成爲曹植一生最爲膾炙人口的詩篇。

「七步成詩」讓曹植躲過了死劫，卻仍然無法換得生機。曹丕對各個同姓諸侯王採取了嚴格的監控措施，分封在各地的諸侯王不僅沒有兵權，而且只能在自己的領地內行動，還要接受嚴格的約束和監視，雖爲王侯，實則囚犯，毫無人身自由可言。這讓性情舒放的曹植無比壓抑和痛苦。曹丕稱帝時，曹植還不到三十歲，雖知處境危險，但他仍然心懷壯志，渴望有所作爲。於是，「天眞」的曹植不斷上書懇求曹丕，懺悔自己的「罪過」，反覆剖白自析，希望能夠得到任用，哪怕是充當「一校之隊」、「偏舟之任」也在所不惜。言辭切切，令人悲憫。然而，他不明白，他報效朝廷的願望愈是強烈，曹丕對他的猜忌和迫害愈是變本加厲。

魏文帝黃初七年（二二六年），曹丕病逝，曹丕之子曹叡繼位，爲魏明帝。曹叡繼承了父親對曹植的手段，對自己的這位叔叔實行了嚴酷的壓制。曹植眼見濟世之志再也不能實現了，他痛苦、憤慨，孤獨苦悶又彷徨無助。魏明帝太和六年（二三二年），四十一歲的曹植在憂鬱中離開了人世。

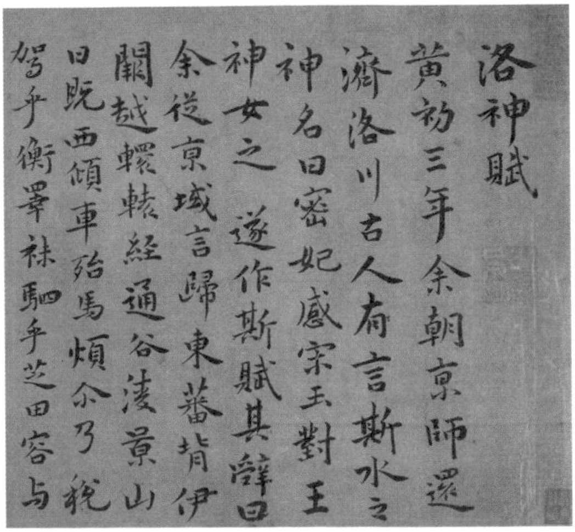

祝允明．行楷洛神賦卷

絹本，縱二十．一公分，橫一百六十一公分，中國上海朵雲軒藏。

《洛神賦》為曹植於魏文帝黃初四年（二二三年）所著。最早見於蕭統《昭明文選》，其序稱曹植由京城返回封地時，途經洛水，忽然有感而發，並作此賦。

劉備登基

劉備，一世英傑，卻遭遇半生坎坷，直到晚年才終成大器。漢中爭奪戰後，劉備自立為「漢中王」，與對手「魏王」曹操相抗衡。不久，曹丕篡漢稱帝，為了戰略需要和延續漢祚，劉備在成都稱帝，續用漢朝國號，史稱蜀漢，劉備就是漢昭烈帝。

自立漢中王

漢中一戰，黃忠斬名將夏侯淵，劉備大勝曹操，奪取了戰略地位極其重要的漢中地區。作爲一個新興的勢力，劉備能夠擊敗最爲強大的曹魏，聲望一時間達到頂峰，世人的目光再次聚焦在劉備身上——他會是拯救漢室的英雄麼？

身繫天下厚望，正是兵強馬壯、風光無限的劉備需要一個更爲響亮的稱謂。此時，曹操已於漢獻帝建安二十一年（二一六年）冊封「魏王」，名義上一人之下萬人之上。爲了與對手平起平坐，在戰鬥中不落名義上的下風，劉備接納屬下的建議，自立爲「漢中王」。

漢獻帝建安二十四年（二一九年）秋，剛剛結束漢中爭奪戰的劉備決定即位「漢中王」。劉備依照漢朝的規矩，由屬下聯名向漢獻帝上書表薦劉備。薦表的大意是：「曹操爲禍，挾持天子，皇后太子，皆被毒殺。劉備世受皇恩，願爲國殉命。但由於爵號不高，九錫未加，不足以鎭守社稷。此天下危急之時，臣等依照舊典，封劉備爲漢中王，拜大司馬，以漢中、巴蜀、廣漢、犍爲爲國境，以圖糾合同盟，掃滅凶逆。」

這篇給漢獻帝的表奏只不過是個形式，被曹操控制的漢獻帝豈會同意劉備稱王。於是，劉備在沔陽（今陝西勉縣）設壇場，陳兵列眾，群臣陪位，讀罷這篇奏表，就將「漢中王」的王冠戴在自己頭上了。

武侯祠劉備像

痛失法正

劉備即位「漢中王」，群臣皆有封賞。然而就在劉備與群臣沉浸在一片歡喜之中時，卻傳來法正病危的消息，這對劉備來說無疑是一個沉重的打擊。實際上，法正是劉備眞正的作戰軍師，劉備能定益州、取漢中，全賴法正之功，因此他對法正極爲依賴信任。

但法正還是最終病逝了，時年四十五歲。劉備爲此極爲傷心，接連哭了好幾天。法正之死，對劉備後來的勢力發展有很大的影響。

劉備登基

漢獻帝建安二十五年（二二〇年），關羽「大意失荊州」，敗走麥城，被孫權擒殺，劉備一時接連痛失情同手足的大將和至關重要的版圖，遭受到很大的打擊；同年，曹操病逝，繼位的曹丕迫不及待地逼迫漢獻帝「禪讓」退位，篡漢稱帝，終結了四百餘年的漢王朝。對劉備來說，漢朝的滅亡讓劉備「匡扶漢室」的目標失去了意義，而他的對手則變成了一個新生王朝的皇帝。

漢獻帝被廢，一時生死不明，坊間傳言漢獻帝已被曹丕殺害。劉備聞之，命人製作喪服，爲漢獻帝發喪。漢室終結，天子殞命（實際上並無此事），爲了在與魏國的繼續作戰中保持「勢」均力敵（名不正則言不順），也爲了延續劉姓漢室的香火，在群臣的聯名奏請下，劉備決定登基稱帝。

漢獻帝被廢的第二年（二二一年），劉備在成都武擔山的南側舉行登基大典，沿用漢朝章制，續用漢的國號，史稱蜀漢。改元爲章武，大赦天下，以諸葛亮爲丞相，劉禪爲皇太子。建立宗廟，供奉漢高祖劉邦以下各代劉姓帝王。

武侯祠三義廟春節三國故事表演

三國時期的文學藝術

三國時期，分裂與動亂影響了文學藝術的繁榮，但這一時期的文學藝術仍然取得了不少成就：文學方面，主要表現在「三曹」文學與「建安七子」；書法方面，主要是楷書的創立及草書的發展；繪畫方面，則出現了宗教、現實題材的作品。

「三曹」文學

「三曹」，即曹操、曹丕、曹植父子的合稱。這父子三人不僅是三國時期重要的政治人物，也是活躍在三國文壇上的巨匠。

「三曹」創作了一批反映現實生活的詩歌散文，摒棄漢代奢靡華美的文風，提倡文章的自覺而發；同時以其尊貴的地位身分，他們還聚集了一批志同道合的文學人才，使漢末建安時期的文壇出現了獨特的繁榮景觀。後人稱之爲「建安文學」，而將建安文學的風格追求稱爲「建安風骨」或「漢魏風骨」。

曹操一生南征北討，飽經漢末大亂的時勢，積累了豐富的見聞與情感。他主張文章應「感於哀樂，緣事而發」，不因循古人的套路，有獨特的精神與新穎的風格。曹操的作品大都爲樂府詩歌，尤以四言、五言詩見長。詩作的題材十分廣泛，或爲漢末戰亂的眞實寫照，如《蒿里行》、《薤露行》等；或抒發一統天下的凌雲之志，如《觀滄海》、《短歌行》等；或表達世事無常、憂思難忘的苦悶情緒，如《秋胡行》、《陌上桑》等。曹操的詩風沉鬱滄桑，間以豪邁之風，開建安文學之新風。

曹丕的詩作形式多樣，四言、五言、六言、七言、雜言等皆有，多以男女愛情、遊子思鄉等爲題材，風格清新婉約，纏綿悱惻。如代表作《燕歌行》，描寫女子思念征人、夜不能寐的情景，是現存最早的七言詩。曹丕的才華不及其父曹操和其弟曹植，其作品不如曹操的現實詩作那般深刻，也比不上曹植的文辭浪漫。他在文學上最大的貢獻在於寫作了文學評論史上的重要著作《典論》，從中提出了「文以氣爲主」的論斷，闡述了建安文學各家的「文氣」，將文學引向一種自覺的表現。

曹植被公認為建安文學最傑出的代表，也是最具浪漫氣質的一位。天才的稟賦與曲折的經歷，使他在建安文人中留存的作品最多，對後世文學的影響最大。曹植的作品以漢獻帝建安二十五年（二二〇年）為界，前期因其深受曹操寵愛，因此作品多為直抒心志、感時傷亂之作，如《白馬篇》、《送應氏》、《泰山梁甫吟》等；後期因被曹丕猜忌迫害，作品多為憂憤淒涼、控訴不平之作，如《贈白馬王彪》、《七哀詩》、《洛神賦》等。其中，《洛神賦》借與洛神相遇而又散的故事，表達深深的悵惘之情，文辭優美，想像新奇，最為後人傳誦。曹植的文風華茂充盈，骨氣兼備，歷代評價頗高。

建安七子

「建安七子」之稱源於曹丕的《典論》，是建安年間孔融、陳琳、王粲、徐幹、阮瑀、應瑒、劉楨等七位文學家的合稱，他們與「三曹」一起構成了建安文學的主力。

孔融，字文舉，是孔子的二十世孫，幼時以重孝悌而讓梨給兄弟——「孔融讓梨」的典故遂名聞天下，他文才出眾，辭藻華麗，被譽為建安七子之首；陳琳，字孔璋，在建安七子中年紀較長，擅作長詩；王粲，字仲宣，記憶力極強，路過石碑看一遍而成誦，觀人下棋棋局亂而重布，沒有絲毫差誤，文學創作感人有力，在「建安七子」中成就最高；徐幹，字偉長，勤於學術，淡泊功名，數次辭官不就，甘居陋巷寒舍；阮瑀，字元瑜，少有奇才，擅作章表，通曉音律，詩文生動形象，語言樸素；應瑒，字德璉，擅長作賦，詩亦見長；劉楨，字公幹，擅作五言詩，通俗易懂，言簡意深。

「建安七子」的人生經歷有共同的特點，即前期在漢末動亂中顛沛流離，後期得到曹操的重用擔任官職（結局不同，有些得善終，孔融、劉楨等則被曹氏迫害）。與之相對應的，他們的作品也鮮明地分為兩個階段，前期

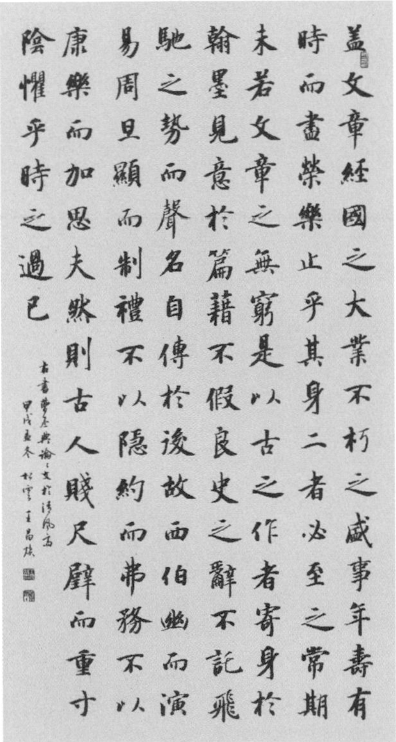
蓋文章經國之大業不朽之盛事年壽有
時而盡榮樂止乎其身二者必至之常期
未若文章之無窮是以古之作者寄身於
翰墨見意於篇籍不假良史之辭不託飛
馳之勢而聲名自傳於後故西伯幽而演
易周旦顯而制禮不以隱約而弗務不以
康樂而加思夫然則古人賤尺璧而重寸
陰懼乎時之過已

曹丕《典論·論文》書法作品

《典論·論文》是中國第一篇評論文學的專論，開中國文學批評的先河。它強調文學的價值，賦予文學以獨立的生命。

所作多爲感懷亂世、憂心百姓之作，後期作品則多爲施展抱負、頌揚曹魏之作。整體來說，「建安七子」的作品大都是眞情流露，不落俗套，獨闢蹊徑，貫穿了作者的氣質，反映出曹丕「文以氣爲主」的說法。

「建安七子」在詩歌、散文、辭賦三方面都有建樹。詩歌方面，「建安七子」大量寫作五言詩，促進了詩歌形式的成熟；將許多現實生活寫入詩中，平實動人。如王粲的《七哀詩》描寫了飢餓婦女拋棄兒子的悲況，揭示了漢末戰亂中百姓深受災難；阮瑀的《駕出北郭門行》描寫了幼子受繼母虐待的遭遇；陳琳的長詩《飲馬長城窟行》藉秦長城之事，深刻地揭露徭役繁重對百姓的迫害，這些都是感人肺腑之作。

散文方面，孔融文風駢儷，《薦禰衡表》、《與曹公論盛孝章書》等作品獨樹一幟；阮瑀的《爲曹公作書與孫權》，陳琳的《移豫州檄》、《爲曹洪與魏太子書》，王粲的《務本論》、《荊州文學記官志》等俱爲佳作。

辭賦方面，「建安七子」喜作小賦，取材廣泛，抒情眞摯。如王粲的《登樓賦》抒發思念家鄉之情與懷才不遇之恨，被認爲是最能表現「建安風骨」之作。

鍾繇創楷書

三國時期最主要的書法成就是隸書衍變爲楷書，鍾繇首創楷書藝術。

鍾繇，字元常，官至太傅，曹丕主政時封侯，位列三公。鍾繇一生癡迷於書法，曾師從曹熹、蔡邕、劉德升等書法名家，最終博采眾長，自成一派。據史料記載，鍾繇學習書法極爲刻苦，

「建安七子」塑像

中國河南省許昌市文博苑「建安七子」塑像。「建安七子」是建安年間孔融、陳琳、王粲、徐幹、阮瑀、應瑒、劉楨等七位文學家的合稱。

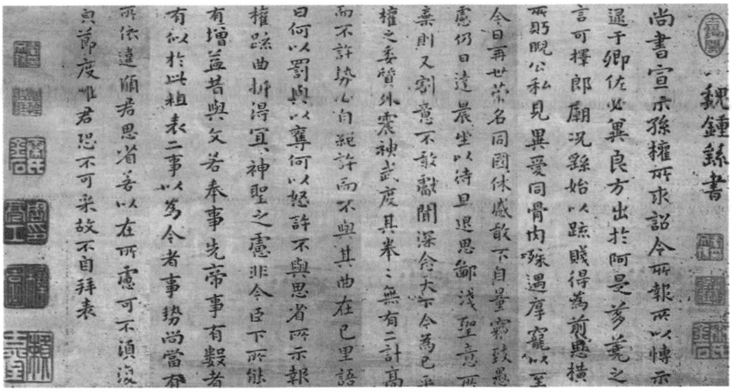

三國・鍾繇・《宣示表》（臨摹本）

此帖筆畫遒勁而顯樸茂，字體寬博而多扁方，充分表現了魏晉時代正走向成熟的楷書的藝術特徵。

不論寒暑晝夜，坐臥立行，只要有閒暇就會練習寫字；見到花鳥魚蟲、草木走獸以至自然萬物，鍾繇都會仔細觀察，然後從中揣摩筆法的奧妙；與人做客聊天時，鍾繇就在旁邊的地上練字；夜晚不能成眠時，鍾繇就在被子上以手寫字，久而久之，被子竟被劃出一個大洞。西晉虞喜的《志林》一書中寫道，有一次，鍾繇發現書法家韋誕有蔡邕的筆法祕訣，便央求韋誕借給自己，但韋誕以祕訣珍貴爲由不借，鍾繇情急之下，竟頓足捶胸，大鬧三日，以至身負重傷，昏厥不醒，差點死去。這段故事或許是杜撰的，卻生動地反映了鍾繇對於學習書法的執著。

經過長年不懈的努力，鍾繇在隸書、行書等字體上都練得出神入化。更重要的是，他在漢代隸書的基礎上，首創了楷書，後來楷書取代隸書成爲書法藝術的主體。鍾繇創楷書，不僅是書法史上的里程碑，也對漢字的發展流變產生了重大影響。

鍾繇的字古樸典雅，佈局嚴謹，字體大小相間，不失靈動。歷代書法家都對鍾繇的字給予了很高的評價，如「上品之上」、「天然第一」、「超妙入神」等，後世名家王羲之、懷素、顏真卿等都爭相臨摹汲取。鍾繇被譽爲「中國書史之祖」，與大書法家王羲之合稱「鍾王」，與胡昭並稱「胡肥鍾瘦」。

鍾繇的眞跡至東晉時已失傳，一般認爲其代表作有「五表」：《宣示表》、《薦季直表》、《賀捷表》、《調元表》、《力命表》），「六帖」：《丙捨帖》、《還示帖》、《白騎帖》、《常患帖》、《雪寒帖》、《長風帖》）等等。

此外，三國時期還有許多書法成就。曹魏碑文莊嚴方正，自成一體（魏碑體）；張芝、張昶、韋誕等書法家擅長章草，張芝還創新出今草，發展了草書藝術。

夷陵之戰

所謂三國時期「三大戰役」，最後一戰便是夷陵之戰，又稱彝陵之戰、猇亭之戰。劉備為報奪荊州殺關羽之仇，盡起蜀漢大軍攻向東吳，然而卻慘敗於年輕的東吳大都督陸遜之手。這一戰不僅使正在蒸蒸日上的蜀漢政權由盛轉衰，而且成為三國歷史的分水嶺——從此之後，三國跌宕的歷史歸於平穩，那些令人激動的奇幻異彩也逐漸黯淡下來。

劉備伐吳

赤壁之戰後，定鼎三分的戰略順利實現，而又值曹操赤壁、漢中兩戰連敗，人心渙散，另一側的孫權遲遲擺脫不開與魏軍在合肥糾纏的夢魘，這正是劉備趁熱打鐵、北伐中原的最好時機。然而，關羽「大意失荊州」使得劉備的計畫宣告破滅。

荊州失守、孫權背信、關羽慘死，這一系列突發事件令劉備怒火中燒。恰在此時，兩個重大的變故傳來，漢獻帝建安二十五年（二二〇年），曹操病死；同年，繼承者曹丕逼漢獻帝退位，自己篡位稱帝。漢朝滅亡，爲了自身師出有名，確立正統，劉備以漢室繼承者的身分在次年（二二一年）四月於成都稱帝。同年，料理完登基事宜的劉備馬上開始了對東吳的復仇。

後世對劉備伐吳的決定普遍給予了否定的評價，認爲他顛倒了戰爭的主次，過分急於報復。但從另一個角度來看，人近暮年而喪失了曾出生入死的兄弟，心中難免按捺不住怒火。盛怒之下，劉備調集全國兵馬，水陸並進，討伐東吳而來。

東漢・鎏金銅馬

張飛之死

不料，就在劉備集合兵馬向東開赴之時，又一個天大的噩耗傳來——張飛遇害。

張飛本就脾氣暴躁，關羽的死更令其復仇心切。在接到劉備的徵調令後，身爲車騎將軍的張飛受命率領萬餘人馬從閬中（今四川東北部，古爲巴蜀要衝）出發到江州（今重慶一帶）會合。張飛爲人「暴而無恩」，對自己的下屬非常苛刻，時常虐待屬下的毛病終於釀成禍事。平日裡鬱積了一肚子不滿的兩名帳下士官——張達和范強趁著軍隊整備的混亂刺殺了張飛，砍下了他的首級，然後乘船順江逃往東吳，將首級獻給孫權。

張飛被刺，張飛軍中的都督連忙趕往蜀漢大營奏報。奏報之人還未入帳，深知三弟脾氣秉性的劉備便猜到了一切。他長歎一聲：「噫！張飛死矣！」接著昏倒在地。

關羽死於東吳之手，張飛被刺傳首東吳，劉備將所有的憤怒都凝結在了對東吳的仇恨之中。儘管孫權爲了緩和關係，連忙將刺殺張飛的兩個兇手押解給劉備以洩憤，但這對局勢絲毫於事無補。蜀漢大兵壓境，承載著的是劉備的國仇家恨。

夷陵鏖兵

蜀漢章武元年（二二一年）秋，劉備統帥蜀漢水陸軍馬八萬餘人討伐東吳。關於夷陵一戰中蜀軍的具體兵力，史書中並無明確而統一的記載。參照其他文獻，蜀軍實際交兵的先鋒部隊人數應是四萬餘人，加上各地趕來支援的部隊，人數大致能達到八萬左右。這些兵力與《三國演義》中所說的七十三萬大軍相差甚遠，究其原因，一方面在於劉備自帶的人馬本來就不多，還要分散在各地常備防守；另一方面則是當時的西蜀地處偏遠，人口不多，很難徵到大量的兵員。但這先鋒的四萬人確是蜀漢的精銳，大部分都是跟隨劉備多年的老部隊，所以戰鬥力還是很強的。

劉備興師而來，攪得孫權坐立

夷陵古戰場

湖北宜昌，長江三峽西陵峽口南津關，三國夷陵之戰張飛擂鼓雕塑。

不安。孫權幾次三番遣使求和道歉，均被劉備盛怒駁回。無可奈何，孫權只得應戰。此時在東吳，最早一批的開國功臣已先後辭世，幾任大都督周瑜、魯肅、呂蒙也都離世。但東吳延續了「善產少帥」的傳統，新一代的領軍人物陸遜已嶄露頭角。於是，孫權拜陸遜爲大都督，持節統率一千東吳猛將，率五萬兵馬迎敵。夷陵之戰就此爆發了。

東吳首先派遣小股部隊試圖阻止劉備前進，但均被擊退。同時，劉備派遣侍中馬良前往武陵等地，籠絡當地少數民族出兵相助，並得到了部落首領沙摩柯等人的支持。而後，劉備從巫峽、建平進軍，直達夷陵，一路依山建營，連立數十座營壘。陸遜則率領吳軍駐防在夷陵，遙相對峙。

兩軍對峙在夷陵，偶有小小交鋒，蜀軍氣勢正盛，吳軍屢遭挫敗。東吳大都督陸遜並不慌亂，反而沉下氣來，閉營不戰，打算進行持久戰。劉備的軍隊遠道而來，糧草和補給都有困難，不宜將戰事長期拖下去。於是，蜀吳兩軍的主帥——劉備與陸遜開始鬥智。

劉備爲引誘吳軍出擊，派遣吳班率千餘人在離吳軍不遠處的平地立營，藉以挑釁吳軍，而在營旁的山谷中埋伏了重兵。吳軍上下一致要求出擊，陸遜卻早看得明白，對屬下說：「這其中必有詭計，我們暫且觀察。」果不其然，挑釁許久的蜀軍見毫無效果，便將伏兵引出回營。吳軍上下無不對陸遜的謀略深表歎服。

火燒連營

就這樣，兩軍隔著夷陵道僵持了七、八個月，時間進入到了次一年的盛夏，人困馬乏的蜀軍逐漸顯露疲態。陸遜見時機已到，便謀劃進行決戰。屬下們對此都表示反對：「當初不去攻打劉備，如今蜀軍已入我國境五、六百里，各處要害都已經守得很牢固，這時候攻打一定得不到好處。」陸遜則說：「劉備是狡猾的敵寇，一生經歷的事情也多，經驗豐富。軍隊剛剛集結時，他一定非常用心謹慎，所以這時我們不能去攻打他。如今鏖戰已久，他沒佔到便宜，士兵疲憊意志沮喪，也沒什麼計策可用了。消滅敵人，就在今日！」

於是，吳軍率先打破僵局。陸遜領兵攻向蜀軍的一處營寨，但並未攻克。屬下將領都對陸遜的決策產生了懷疑，而陸遜卻高興地說：「我已知曉破敵之術了！」他馬上命令兵士每人拿一把茅草，用火攻的辦法將營寨攻下。一營既拔，陸遜便率領吳軍一鼓作氣，展開了對蜀軍營寨的全面進攻。疲乏的蜀軍被突然的火攻打得方寸大亂，一時潰不成軍，相連的數十座營寨陷入一片火海，這就是歷史上著名的「火燒連營」。

混亂中，蜀軍前部將軍張南、大督馮習以及蠻夷首領沙摩柯等主要將領皆被吳軍斬殺，劉備的將領杜路、劉寧等被逼投降。劉備集合部隊退上馬鞍山，佔據山勢防守。陸遜則督促士兵從四面齊攻，蜀軍頓時土崩瓦解，死傷過萬。劉備趁夜狼狽出逃，爲防止吳軍追擊，他下令隨軍士兵燒燬鎧甲淤堵道路，這樣才僥倖逃回白帝城（今重慶奉節東）。東吳諸將主張追擊，要在白帝城生擒劉備，陸遜則認爲吳蜀交戰必爲曹魏所乘，如果進一步出兵，有被曹魏偷襲的危險。果然沒過多久，曹魏大軍即至，吳軍險些陷入被夾擊的困境。

《三國演義》插圖：陸遜營燒七百里

為報東吳襲荊州、殺關羽之仇，劉備親征東吳。在猇亭（今湖北宜都北長江東岸），蜀軍因多次挑戰，陸遜總是置之不理。因為無法忍受暑熱，劉備讓水軍離船上岸，和陸軍一起靠著溪溝山澗、樹林茂密的地方，紮下互相連接的四十多座軍營，躲避暑熱，休整軍隊。卻不料陸遜乘此機會反攻，設下火攻之計，火燒蜀軍連營。

三國歷史的分水嶺

夷陵之戰，最終以東吳擊潰來犯的蜀漢而結束。東吳經歷此戰，鞏固了奪取的荊州地盤，並由此成就一位新的領軍人物——陸遜，他成爲吳國中後期的中流柢柱。

而蜀漢則遭遇了徹底的失敗，除了荊州再無望收回外，這一戰幾乎打掉了劉備積蓄半生的實力，蜀國草創的成果付之一炬，蜀國淪爲三國中實力最弱的國家。劉備報仇不成，又大折元氣，不久就在白帝城撒手人寰。諸葛亮托孤受命，面前留下的卻是一個戰敗後的破爛攤子，雖然他履行了「鞠躬盡瘁，死而後已」的諾言，但蜀國的國運已經江河日下了。

夷陵之戰是三國歷史的一座分水嶺：吳國擊敗蜀國後，實力穩固；而正在蒸蒸日上的蜀漢卻一戰不起，轉入了只能被動防禦的狀態；剛剛經歷政權變故的曹魏則利用寶貴的時間穩定了局勢。自此，三國進入了驚濤駭浪過後的平緩時期。

陸遜一戰成名

夷陵一戰，吳軍大破蜀漢，吳軍年輕的大都督陸遜因而聲名鵲起。然而，陸遜被夷陵之戰的光環覆蓋，人們忽視了他一生的光輝功績。作為東吳的新一代領袖人物，陸遜畢生鞠躬盡瘁。他威震敵手，保全東吳，堪稱「南天一柱」。

初露鋒芒

夷陵之戰，年輕的陸遜一戰成名。但事實上，早在夷陵之戰以前，陸遜在東吳就已初露鋒芒。

陸遜，字伯言，原名陸議，吳郡吳縣（今江蘇蘇州）人。陸姓是江東的大族，陸遜的祖父陸康曾是盧江太守，父親陸駿官至九江都尉。陸遜年少時父母雙亡，陸遜由祖父撫養，因其在同輩子弟中年歲最長，他擔負起管理家務的擔子。

二十一歲那年，陸遜進入了孫權的幕府。他歷任許多小官，所在政績卓越，但一直默默無聞。孫權爲了統治江東，廣爲結交江東大族，他見陸遜出身名門又頗有才學，便做主將兄長孫策的女兒許配了陸遜。自此，陸遜與孫權便有了姻親關係，而他也逐漸爲人所知。

關羽包圍襄陽，呂蒙設計以退爲進，告病離開前線以迷惑關羽。孫權詢問呂蒙誰可暫時替代他統領前線，頗具慧眼的呂蒙向孫權推薦了名不見經傳的陸遜：「陸遜深謀遠慮，才能堪當重任，我觀其智略，終將擔當大任。」孫權於是任命陸遜爲偏將軍右部督，代替呂蒙。陸遜到達前線後，利用關羽輕視自己名氣小的特點，寫信稱讚關羽，使關羽掉以輕心，不作防備，幫助呂蒙施行「白衣渡江」的奇謀。襲取荊州後，陸遜因功提升爲宜都太守、撫邊將軍，封華亭侯。

而後，已得信任的陸遜又接連領兵數破敵兵，累功升至右護軍、鎮西將軍，進封婁侯，可謂鋒芒初露。

戰功名成

東吳黃武元年（二二二年），劉備盡起蜀漢精兵，進攻東吳；東吳初戰不利，節節敗退。關鍵時刻，孫權啓用三十七歲的陸遜爲大都督，對陣當時天下敬畏的蜀漢皇帝劉備。陸遜利用蜀漢軍隊長途跋涉難以久持的弱點，責令全軍堅守不戰，消磨對手銳氣，伺機尋找戰機。他激勵屬下們說：「劉備打仗，勝少負多，不足懼怕。他違背天道，不守著自己老窩，竟敢自己送上門來。今日之戰，我必能克之。」果不其然，劉備經不起長期的對峙，自亂陣腳，在布營方面出現重大紕漏。陸遜抓住機會，「火燒連營」，一舉將劉備的大軍擊潰，取得了夷陵大捷。劉備一敗塗地，僥倖逃到白帝城，他爲自己輸給如此一位聲名不顯的年輕將領感到極爲羞恥，大呼道：「我竟被陸遜小兒折辱，這難道不是天意麼！」

陸遜像

陸遜，東漢光和六年至東吳赤烏八年（一八三年至二四五年），字伯言，本名陸儀，吳郡吳縣人，孫策之婿，三國時期吳國大臣，著名的軍事家和政治家。

擊敗了不可一世的劉備，陸遜因此一戰成名，他在夷陵之戰中所表現的出色的指揮能力、高超的智略以及寬宏的心胸，都足以令其躋身三國名將之列。夷陵之戰後，孫權升陸遜爲輔國將軍、領荊州牧，改封江陵侯。

南天一柱

夷陵之戰，奠定了陸遜在東吳的領袖地位。孫權對陸遜無比信任，全權委託陸遜處理東吳與蜀漢的外交，甚至還將自己的大印刻製了一份交給陸遜，每次自己與劉禪、諸葛亮的通信，都要經由陸遜過目，如果陸遜覺得不妥，授予他修改自己書信並加蓋大印的權力。如此恩寵，世所罕見。

深受信任的陸遜兢兢業業，鞠躬盡瘁，承擔起了東吳柱石的作用，敵人聽聞陸遜威名，不敢輕易進犯。

然而陸遜爲人正直，公忠體國，因此得罪了朝中一干小人，他們想盡辦法在朝中詆毀陸遜。陸遜本人心憂國家，雖在外任，卻時常上書糾正時弊。久而久之，引起孫權的不滿。尤其是他捲入了孫權兩個兒子——太子孫和與魯王孫霸的皇儲之爭：孫權聽信讒言，有廢黜太子孫和之意；陸遜則認爲嫡庶有分，堅持保護並無過錯的太子，這讓孫權十分反感。

東吳赤烏七年（二四四年），孫權任命陸遜爲東吳新一任丞相，但這只是孫權布置的假象。同年，孫權以「親附太子」爲罪名將陸遜的親族顧譚、顧承、姚信等人發配遠方，將與陸遜屢有通信的太子太傅吾粲下獄處死，而後不斷派使者前去責罵年邁的陸遜。陸遜因憂傷過度，於次年（二四五年）二月含恨而亡，終年六十三歲。

孫權建吳

夷陵之戰雖然以東吳獲勝、蜀漢落敗收場，但從長遠戰略出發，吳蜀兩國都決定迅速復盟，重歸於好。隨著曹魏、蜀漢兩個政權的先後建立，孫權也稱帝建國。至此，純粹意義上的「三國」時代才算開啓。孫權建吳不久，便遣使出使夷洲（有學者認爲即是今日的臺灣），而這也成爲中國歷史上一次重要事件。

吳蜀復盟

夷陵之戰，吳勝蜀敗，吳蜀結仇。但兩國君臣都明白，兩國的仇恨大不過兩國戰略利益的需要——魏強而吳蜀皆弱，吳蜀交惡，只能是兩敗俱傷。於是，就在夷陵之戰結束沒多久，孫權就遣使前往永安拜謁劉備，首先提出了停戰的請求。劉備雖怒氣未消，但也明白大局爲重，於是兩國從交戰的火線上各退一步，暫時相安無事。

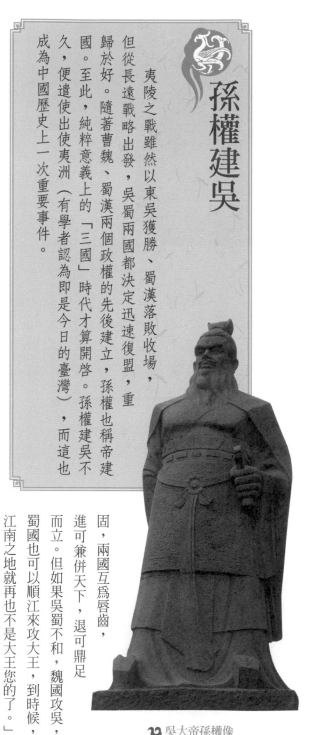

劉備死後，諸葛亮積極致力於吳蜀復盟，他派遣尚書鄧芝前往東吳拜見孫權，謀求重歸於好。鄧芝見到孫權，開宗明義地說：「臣今日前來，不單是爲蜀漢，也是爲東吳。」孫權故意刁難道：「我願與蜀和好，但恐怕蜀國太弱，不能自保。」鄧芝回答：「吳有三江之阻，蜀有重險之固，兩國互爲唇齒，進可兼併天下，退可鼎足而立。但如果吳蜀不和，魏國攻吳，蜀國也可以順江來攻大王，到時候，江南之地就再也不是大王您的了。」孫權聽之有理，於是派遣使節回報蜀漢。自此，吳蜀復盟，信使不絕。

吳大帝孫權像

孫權建吳

曹魏、蜀漢先後稱帝建國，只剩下江東孫權未稱尊號了。

其實早在夷陵之戰前，孫權便已稱吳王。由於荊州恩怨，孫權趁關羽包圍樊城，撕毀吳蜀盟約，聯絡曹魏，稱臣示好，暫時結成了吳魏同盟。曹魏黃初二年（二二一年），曹丕爲坐收吳蜀相爭的漁人之利，派太常邢貞出使江東，冊封孫權爲吳王。邢貞來到東吳，態度傲慢，見到孫權卻不下車，引起了東吳眾將的憤怒。大將徐盛憤憤不平地對眾人說：「我徐盛等人不能奮身捨命，爲國家併許都、洛陽，吞巴蜀之地，卻讓我們的主公與魏國結盟，這是恥辱啊！」說罷涕淚縱橫。邢貞見狀，對隨從們說：「江東將相如此，不會久爲我們之下啊。」

孫權對魏稱臣，只不過是權宜之計，並不心服。劉備死後，諸葛亮主持蜀漢政治，力主吳蜀復盟。孫權於是再次與蜀漢結爲同盟，而斷絕了與魏國的關係。曹魏太和三年（二二九年），繼曹魏與蜀漢之後，孫權在江東稱帝建國，國號爲吳，史稱東吳，改元黃龍。

至此，隨著「三國」中最後一國——吳國的建立，三國的對抗進入另一個層次。

衛溫出使夷洲

孫權稱帝不久，就派遣衛溫出使夷洲。

據傳，夷洲就是現今的寶島臺灣，在此之前，由於海峽阻隔，中國歷代均未將此島劃入版圖。孫權建吳的次年（二三〇年），由於人口和兵源上的需要，他派遣將軍衛溫、諸葛直率萬餘將士，乘船尋訪夷洲，想要俘獲當地民眾以增加人口。這個計畫遭到了丞相陸遜等人的反對，他們認爲船隊遠涉不毛之地，勞師動眾，弊大於利，但孫權不聽。

然而，夷洲由於與大陸隔絕，經濟文化還極不發達，可謂蠻荒。正如陸遜等人所料，出使的船隊在海上連遭風波，又爆發了疾病，加上夷洲本土居民並不多，東吳黃龍三年（二三一年），出海僅一年的船隊歸來，船上士兵病死十之八九，而帶回的夷洲居民只有數千，得不償失。孫權大怒，處死了無功而返的衛溫和諸葛直。

三國．吳主孫權像

《歷代帝王圖》（又稱《古帝王圖》）卷之一，絹本設色，縱五十一．三公分，橫五百三十一公分，今藏美國波士頓藝術博物館，唐代畫家閻立本繪。孫權（一八二年至二五二年），字仲謀，吳郡富春（今浙江富陽）人，三國吳國的創建者，孫堅次子。

永安託孤

夷陵兵敗，蜀漢精銳付之一炬。關羽、張飛雙雙罹難，荊州盡失，夷陵慘敗——重重的打擊向劉備襲來，這位年逾六十的老人終於心力交瘁，一病不起。眼前自己難以面對的現實和未曾實現的理想，病榻上的劉備將蜀漢的未來託付給了諸葛亮。蜀漢章武三年（二二三年），一代英雄退出了三國的舞台。

永安托孤

夷陵之戰慘敗，劉備僥倖逃出，一路自猇亭（今湖北宜昌）撤往秭歸（今湖北宜昌），途中收合離散的殘兵，毀舟棄船，步行逃到魚復（今四川奉節），狼狽不堪。爲求平安之意，劉備命人將「魚復縣」改名「永安縣」。

情同手足的關羽、張飛二將接連殞命，戰略地位極其重要的荊州全盤丟失，夷陵一戰被年輕小將陸遜殺得慘敗，自己征戰半生積蓄的戰將強兵損失殆盡……接二連三的沉重打擊摧殘著劉備的一顆雄心，年逾六十的劉備再也承受不住重負，一病不起。

蜀漢章武二年（二二二年），劉備的病症由最初的痢疾轉爲了重症，他自知病危，連忙叫人召來在成都統管大後方的丞相諸葛亮。翌年二月，諸葛亮趕到永安。三月，劉備病危，他將諸葛亮召到病榻之前，一對相遇相知十五年的君臣，上演了歷史上令人動情的一幕——永安托孤。

劉備墓前的石像

劉備將後事囑托給諸葛亮，他握著諸葛亮的手說道：「君之才能十倍於曹丕，必能安邦定國，成就大事。如果我的孩子可以輔佐，就輔佐他；如果他不堪大任，君可取而代之。」諸葛亮哭泣著回答：「臣一定竭盡全力，忠貞無二，以死效命！」劉備又把太子劉禪和魯王劉永二子叫到跟前，指著諸葛亮對他們說：「人活到五十就不算早亡，我年已六十有餘，沒什麼遺恨了，只是放心不下你們兄弟。你們要努力！勿以惡小而爲之，勿以善小而不爲！只有賢德，才可以服人。我德行淺薄，不足仿效。你們要像對待父親一樣對待丞相。」蜀漢章武三年（二二三年）四月，劉備病逝在永安宮，享壽六十三歲。五月，劉備靈柩回到成都，葬在惠陵，謚號漢昭烈皇帝。

一世英雄

劉備確實廣得人心，天下所望。長阪之役，十餘萬百姓冒著生命危險，離鄉背井甘願跟隨劉備，這是其他人難以達到的；劉備一生輾轉沉浮，身邊猛將智士無數，他們能夠不離不棄，甚至有關羽單騎尋主的壯舉，與劉備同甘共苦，這也是他人很難企及的；哪怕是夷陵慘敗，也有將軍傅彤、程畿之輩，爲保劉備安全與吳軍做無望的博殺，大罵「吳狗」，竭忠殉國。亂世之中，無數人願爲劉備效命，這足以說明劉備的行爲與品德。

三國的三位君王中，曹操出身官宦人家，是太尉的公子；孫權繼承父兄基業，功在守成。與二人相比，劉備出身微末，販賣草鞋出身，經過不斷的努力，歷經無數坎坷，晚年才擁有了一片廣大的基業。劉備遠沒有曹操和孫權擁有的資源和條件，卻取得了三分天下的成就。而曹操一生傲視天下，所憂之人唯有劉備一人。一個「平民」的奮鬥史——這也是爲何千百年來劉備一直是民間三國故事主線的原因之一。憑這一點，劉備堪稱一世英雄。

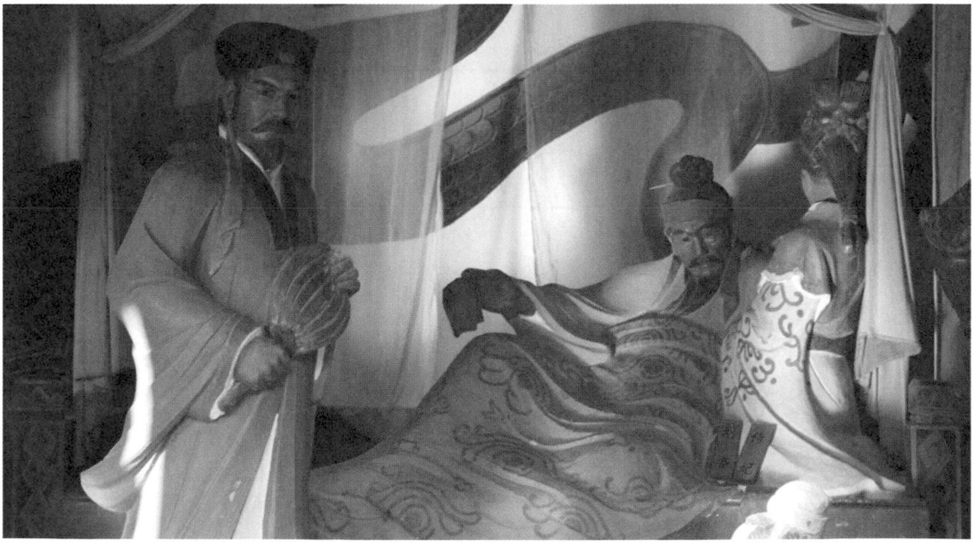

重慶奉節白帝城白帝廟．劉備托孤塑像

「五虎將」的眞面目

關羽、張飛、馬超、黃忠、趙雲，蜀漢五虎將的威名遠播四海。在《三國演義》中，劉備授予開國五員猛將以「五虎將」的威名，他們叱吒沙場，傲視群英。然而，真實的歷史中，蜀漢卻並不存在「五虎將」的稱號，他們真正的形象也與《三國演義》中有不少出入。

忠義千秋——關羽

如果說三國的武將中，誰對後世的影響最大，那無疑是關羽。他的非凡武藝，他的忠義千秋，都令後人對這位「關帝爺」產生無比的敬仰。

關羽，字雲長，河東解城（今山西運城）人。因與鄉人結仇，關羽離家來到了涿郡，並在這裡結識了劉備和張飛。三人一見如故，志投意合。黃巾之亂爆發後，劉備在他人的資助下，籌集人馬，建立了自己的勢力，關羽與張飛跟隨左右，出生入死。三人感情至深，平日在一張床上睡覺，有如兄弟；而有外人在場時，關張二人便侍立在劉備身旁，形同君臣。

關羽追隨劉備征戰，英勇無敵，不避險阻，但他最令人稱道的，是他人格中的「忠義」二字。劉備在徐州被曹操擊敗，逃奔袁紹，關羽盡忠竭義，戰至最後。曹操愛惜關羽才能，勸其投降，關羽爲保護劉備家小，屈節應允。曹操任命關羽爲偏將軍，對其極爲厚待。但關羽卻心念舊主，日夜思歸。官渡之戰，袁紹大將顏良兵近白馬，曹軍不敵。曹操命關羽出奇兵迎擊。關羽遠望顏良陣營，然後單槍匹馬殺入敵陣，萬軍之中直取下顏良的首級，無人可擋（《三國演義》中，有關羽「斬顏良誅文醜」的情節，事實上，關羽只殺了顏良一人）。

曹操表彰關羽爲漢壽亭侯，並爲了留住他，不斷地施以重賞。但關羽去意堅決：「我非常明白曹公對我極爲優待，但我受劉備厚恩，發誓生死與共，我不能背棄。我終究不會留下

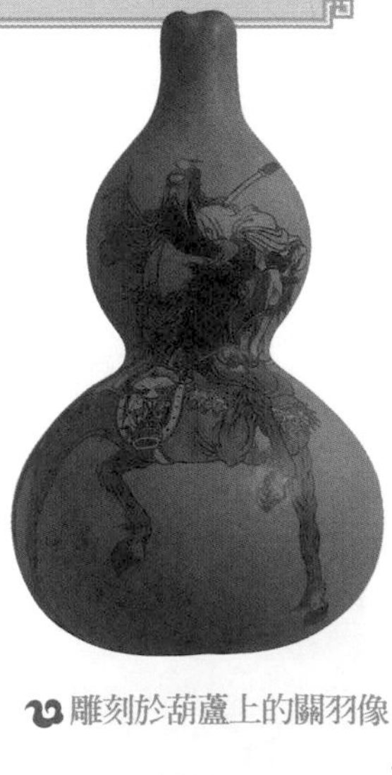

雕刻於葫蘆上的關羽像

的，我會建功報答曹公後再走。」斬殺顏良後，關羽將所有賞賜都原封留好，然後寫下告辭信，離開曹操追尋劉備去了。曹操眾將想去追趕，曹操卻歎息著說：「各爲其主，不要追了。」

關羽跟隨劉備南征北戰，功勳顯赫。赤壁之戰後，劉備對元勳們論功行賞，任命關羽做了襄陽太守、蕩寇將軍。劉備入蜀，將大後方的安危交付給關羽統管，而關羽也就此留在了荊州鎮守。劉備稱漢中王，封關羽爲前將軍，尊榮冠絕諸將。

關羽爲人勇毅，當世知名，而他「刮骨療毒」的故事更是被傳爲美談。關羽在戰場上曾被毒箭射穿左臂，後雖痊癒，但每逢陰雨天，傷處的骨頭經常作痛。醫生告知原來是箭毒滲入骨骼，必須要刮去骨頭上的毒，才能治癒。關羽即令醫生開刀手術，不施麻醉，自己則與屬下對坐飲酒。醫生切開患處，頓時血流如注、血肉流離，而關羽卻吃肉喝酒，談笑自若。旁人觀之，無不歎服。

關公像

一世名將關羽也有性格的弱點，那就是爲人高傲、剛愎自用。孫權曾想爲自己的兒子迎娶關羽的女兒，派人前去說親，關羽不但不答應，還破口大罵孫權，惹得孫權大怒；馬超歸降劉備，關羽聽說馬超名氣很大，便寫信給諸葛亮，一定要與馬超爭個高下。諸葛亮知道關羽的爲人，於是便回信安慰他說：「馬超文武兼備，雄烈過人，是一世豪傑，但比不上你的超凡絕倫。」關羽看後大爲歡喜，還把信給屬下們傳看。

漢獻帝建安二十四年（二一九年），關羽出兵包圍樊城。曹操派人與孫權聯絡，兩方聯合，約定除掉關羽。孫權採用呂蒙計策，「白衣渡江」，奇襲荊州，關羽後方被斷，兵盡糧絕，最終被孫權部將擒殺。關羽死後，孫權以諸侯之禮厚葬。

絕世猛將——張飛

與關羽齊名的張飛，也是三國絕世的猛將。張飛，字益德，涿郡人（今河北涿州），年輕時與劉備和關羽結識。關羽年長張飛幾歲，張飛以兄長之禮對待關羽。張飛武藝超群，膽氣更是絕倫，跟隨劉備征戰多年，張飛勇冠三軍。其中，最著名的故事莫過於「張飛喝斷當陽橋」一段了。

劉備兵敗長阪，曹操大軍追殺而至。危急時刻，劉備命張飛率二十餘名騎兵斷後。張飛命人將過河的木橋從中拆斷（並非如《三國演義》中描寫的被張飛「喝斷」），自己橫矛立馬站在橋上。面對席捲而來的曹軍，只見張飛大喝一聲：「我是張益德，快來與我決一死戰！」膽氣干雲，聲震九霄。曹操大軍都被張飛震住，竟無一兵一將敢於上前，劉備因此得以倖免逃脫。一人嚇阻曹操大軍，張飛名震天下。

張飛追隨劉備，忠心耿耿，戰功無數。赤壁之戰後，劉備論功行賞，封張飛爲宜都太守、征虜將軍。劉備入蜀，與劉璋開戰，張飛奉命率軍逆流而上，輔攻益州。一路之上，張飛勢如破竹，期間還上演了「義釋嚴顏」的一幕，傳爲千古美談。劉備奪下益州後，封張飛爲巴西太守。

與傳統的印象不同，張飛並非一介莽夫，剛勇蓋世的他也有心細如髮的謀略。在漢中爭奪戰期間，張飛率軍與曹魏名將張郃對峙。張飛故意引誘張郃至山道交戰，山道狹窄，張郃的人馬前後不能相顧，被張飛殺得大敗。劉備稱漢中王，封張飛爲右將軍，名位僅次於關羽。劉備稱帝後，加封張飛爲車騎將軍。

張飛勇猛，可謂萬人之敵。他的個性與關羽恰恰相反：關羽善待部屬而不尊重士大夫，張飛則對士大夫敬重有加，卻毫不體恤下屬。他時常因個人喜怒責打屬下。關羽被殺後，劉備一怒東征孫權，同樣悲憤的張飛迫不及待率軍出征。臨行前，長期遭到張飛責打，早已滿腹怨憤的部將張達、范強趁張飛不備，將他刺殺。一代名將，就此死於非命。

張飛塑像

西元二〇〇二年十月，整體搬遷以前的重慶雲陽張飛廟內張飛塑像。因三峽大壩的興建工程，雲陽張飛廟溯江上遷了三十千公尺，從雲陽飛鳳山整體遷至盤石鎮龍安村。次年七月十九日，新的張飛廟正式開館。

頗具爭議——馬超

「五虎將」之中，馬超聲名在外，卻在五人之中著墨不多。此中緣由，大概是因爲其頗具爭議之故。

馬超，字孟起，扶風茂陵（今陝西興平）人，有羌族血統。其父馬騰，原爲西陲悍將，早先作亂西涼，後歸順朝廷，被封爲征西將軍。曹操爲穩住關西各路軍閥，召馬騰入京做了衛尉。馬騰走後，將所率的兵馬移交給兒子馬超，馬超由此聞名。

馬超武藝高強，勇猛過人，所率騎兵戰力強悍，因此西部百姓人人敬畏馬超的威名。曹操爲收服關西諸強，以征討張魯爲名，「打草驚蛇」，驚擾關西眾軍閥。以馬超爲首的各路軍馬果然人人自危，他們再也按捺不住，盡皆反叛曹操。曹操親征，與馬超等人展開渭南之戰，馬超先贏後輸，內部因曹操離間計而失和，終於被曹操打得大敗。

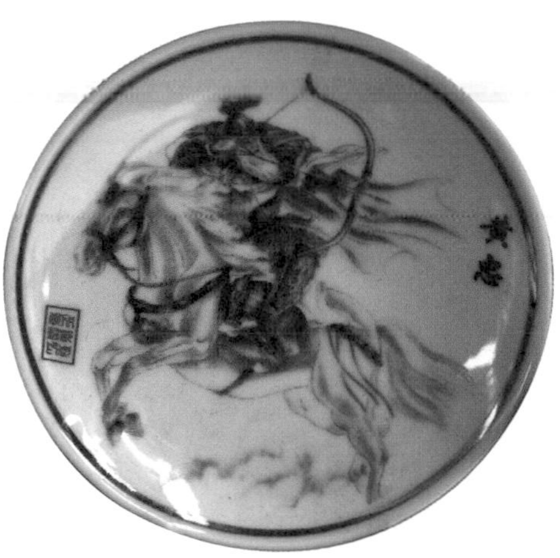

瓷畫黃忠像

黃忠，？至東漢建安二十五年（？至二二〇年），字漢升，南陽人。原為劉表部將，後歸降劉備。曾在定軍山斬殺曹操名將夏侯淵。

渭南之戰後，曹操以馬超造反爲名，處死了馬超的父親馬騰及一干親族。這也就成爲馬超具有爭議的關鍵：人們認爲馬超明知父親在京爲人質，仍然反叛作亂，這無異於親手害死父親，是無父無君的獸行。因此，渭南之戰後，馬超威名尚在，但卻聲名狼藉。

渭南戰敗，馬超逃到西部少數民族部落，聚集當地人民，再次起兵。他自稱征西將軍，率領少數民族部隊連克隴上各郡縣，殺涼州刺史韋康。韋康生前故吏楊阜、趙衢等人爲主報仇，趁馬超出城在外，將城門封閉，並殺死了馬超的妻兒老小。馬超聞知，捶胸大叫：「我滿門百口，一朝盡死！」說罷口吐鮮血。失去了所有親人的馬超走投無路，只得投奔張魯。張魯忌憚馬超之能，欲私下加害於他，適值劉備圍困成都，馬超於是投奔劉備。

歸順劉備後，馬超跟隨劉備平定益州，劉備任命馬超爲平西將軍。劉備稱漢中王，封馬超爲左將軍。劉備稱帝後，封馬超爲驃騎將軍，領涼州牧。劉備給予馬超極高的名位，但並不委派大事給他。蜀漢章武二年（二二二年），一生坎坷的馬超在鬱鬱中死去，時年四十七歲。

大器晚成——黃忠

在《三國演義》中，老將軍黃忠以善射聞名，其與關羽的惺惺相惜更是一段精彩的故事。但事實眞的如此麼？

黃忠，字漢升，南陽（今河南南陽）人。黃忠早年默默無聞，曾在劉表手下做事，協助劉表的侄子劉磐守衛長沙。曹操奪取荊州後，黃忠繼續留任原職，接受長沙太守韓玄的統轄。赤壁之戰後，劉備平定荊南諸郡，黃忠歸順劉備（正史並無黃忠與關羽「惺惺相惜」的故事），而後隨同劉備入蜀。劉備與劉璋反目，黃忠受命率部攻打劉璋，每逢征戰，黃忠總是帶頭衝鋒陷陣，勇冠三軍。益州平定後，黃忠被封爲討虜將軍。

眞正讓黃忠躋身「五虎」之列的是他在定軍山斬殺夏侯淵一戰。漢獻帝建安二十四年（二一九年），黃忠率部與曹魏名將夏侯淵交戰於定軍山。夏侯淵兵士精良強悍，實力很強，黃忠身先士卒，激勵將士，居高臨下，發動襲擊，一戰斬殺了夏侯淵，大破曹軍。黃忠由此名震天下，劉備加封黃忠爲征西將軍。劉備尤爲欣賞黃忠。劉備稱漢中王後，想封黃忠爲後將軍，諸葛亮對劉備說：「黃忠的名望，跟關羽、馬超不可相提並論，而如今將他們列爲同級，恐怕不妥。」但劉備卻執意任命黃忠：「你說的情況我來親自調解。」於是晉封黃忠爲後將軍。

黃忠一生，可謂得遇明主，大器晚成。魏文帝黃初元年（二二〇年），黃忠病逝。而關於黃忠「善射」之說，正史無一字記載，應該是小說的杜撰了。

貼身保鏢——趙雲

《三國演義》中，趙雲給人的印象是一位英俊瀟灑的白馬將軍，他武藝精湛，重情重義，長阪坡前七進七出，救出少主阿斗，殺得敵軍膽寒。但在眞實的歷史中，他卻是「五虎將」中與小說描寫差距最大的一位。

趙雲，字子龍，常山眞定（今河北正定）人。他身高八尺，儀容英俊雄偉，少年習得一身好武藝，立志報國。最初，趙雲投在幽州公孫瓚帳下，公孫瓚見他是冀州人，便故意嘲諷道：「聽說你們州的人都願意跟隨袁紹，爲何獨有你來

四川綿陽富樂堂前五虎上將塑像

「五虎將」稱謂的由來

其實正史中並沒有所謂蜀漢「五虎將」的叫法，這一稱謂是後人杜撰而成。究其來源，一是源於當時的軍隊設置，一般有前將軍、後將軍、左將軍、右將軍這四個上將職位，因此就有了關羽、張飛、馬超、黃忠並列的局面（趙雲例外，翊軍將軍職位較低）；二是因為《三國志》的作者陳壽考慮到這五人都是蜀漢開國的功臣，於是將五人合著一傳，這也就有了五人並稱的由來。

實際上，「五虎將」中，只有關羽和張飛算是名副其實；馬超與黃忠，一個考慮到是「當地名人」，另一個是照顧「外來移民」，都屬於蜀漢拉攏人氣之舉；而趙雲則更加不適合此稱號。反而是曹操的「五子良將」，算得上是當時天下知名的「五虎將」。

投我？」趙雲正色答道：「如今天下混亂，民不聊生，我們州里人都說，要跟從仁政，而不分袁公還是您。」當時，劉備也寄留在公孫瓚處，趙雲因此得與劉備相識。兩人一見如故，彼此欣賞，常常同床而眠，交談甚歡。劉備南下徐州，他緊握著趙雲的手道別，趙雲回應說：「我終不會背棄您的恩德。」

公孫瓚被袁紹消滅後，趙雲輾轉重回劉備身旁，劉備任命他為自己的貼身衛隊長。長阪坡兵敗，劉備捨下妻兒逃難，是趙雲策馬殺入敵軍，懷抱幼主阿斗（劉禪），救出阿斗的母親甘夫人。當時，有人對劉備說趙雲已經投降曹操了，劉備竟憤怒地用手戟砍向那人：「子龍不會背棄於我！」果然不久，趙雲便帶著劉備的妻兒歸來。劉備入蜀，趙雲與張飛一道，逆江輔攻益州。益州平定，封趙雲為翊軍將軍。蜀漢建國，封趙雲為中護軍、征南將軍。

趙雲在小說中的形象與正史中差別最大的地方，就是他的帶兵能力。劉備善於用人，卻幾乎從不讓趙雲獨自帶兵出戰。《三國志》中，趙雲唯一一次帶兵的紀錄是在蜀漢建興六年（二二八年），諸葛亮兵出祁山北伐，聲東擊西，揚言兵出斜谷道。魏國主帥曹真果然派大軍前往斜谷道阻攔，諸葛亮主攻祁山，而派趙雲與鄧芝前往斜谷道牽制曹真。這一戰，雙方兵力懸殊，趙雲與鄧芝在箕谷兵敗，但卻能回營固守，不至慘敗。戰事結束後，趙雲被降職以示懲戒。

唯一帶兵的一戰以戰敗告終，這就是《三國志》中的趙雲。與小說中的常勝將軍絕不相同，趙雲以武藝聞名，領兵卻非所長，這也就是劉備不使其領兵，而只留在身邊出任侍衛隊長的原因。趙雲於蜀漢建興七年（二二九年）病逝，死後追諡為順平侯。

七擒孟獲

劉備之死，蜀漢政權為之動搖，接連爆發了黃元、雍闓的軍事叛亂，而南中地區的少數民族也被教唆反叛。面對一個由盛乍衰的殘破局勢，諸葛亮親征南中，七擒孟獲，平定叛亂，挽救了一度傾危的蜀漢政權。

黃元、雍闓叛亂

劉備病逝永安，剛剛建立三年的蜀漢政權遭遇重大打擊，國內人心浮動，惶惶不安，接連出現了多起軍事叛亂。

首先是素來與諸葛亮不和的漢嘉太守黃元，趁著諸葛亮還在永安料理喪事之時，率全郡反叛，並率兵攻打成都附近的臨邛。當時成都兵力空虛，黃元肆意橫行，毫無忌憚，使成都軍民惶恐不安。諸葛亮派遣將軍陳曶、鄭綽討伐黃元，蜀軍很快擊潰了黃元的叛軍，黃元順江東逃。陳曶、鄭綽預先在峽谷口設計埋伏，一舉擒獲黃元。黃元被押送回成都，斬首示眾，叛亂被平息。

一波未平，一波又起。黃元叛亂平息不久，又爆發了雍闓叛亂。雍闓是蜀漢將軍，他出身益州本土豪族，原本就對「外來」的劉備心口不服。劉備死後，他襲殺了本郡太守正昂，派使者聯絡孫權示好稱臣，公然造反，還劫持了益州太守張裔，把他押送給了東吳。蜀漢朝廷遣人送信給雍闓，對其曉以利害，勸其迷途知返，雍闓卻回信說：「我聽說天無二日，地無二主，如今卻是天下鼎立，有三位皇帝，所以我非常困惑，不知該聽誰的啊！」態度極其傲慢。雍闓率領叛軍北上，蜀漢永昌郡的守吏呂凱、王伉據守全境，不令叛軍通過。雍闓見前進受阻，就命人找來在南中地區威望很高的少數民族首領孟獲，煽動其部落作亂，西南少數民族部落盡皆響應。同時，牂柯太守朱褒、越嶲夷王高定也趁亂加入了叛軍的行列。一時間，兵亂甚囂塵上，南中地區不復爲蜀漢所有。

面對如此嚴重的局面，諸葛亮決定隱忍不發，他認爲蜀漢剛剛遭遇大喪，人心不穩，不宜立即征討。於是他命人前往各地安撫，採取休養生息的措施，鼓勵百姓耕織務農，積極恢復生產，穩定社會秩序。

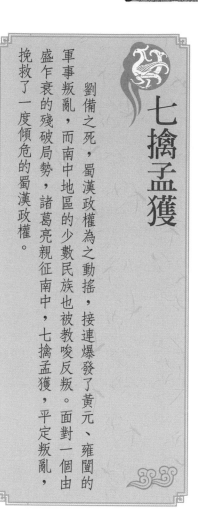

平定南中

蜀漢建興三年（二二五年），諸葛亮認爲時機已經成熟，於是他親率大軍征討南中（今四川南部及雲南、貴州大部）。臨行，參軍馬謖前來相送，馬謖對諸葛亮說：「南中叛軍仗著地勢偏遠，長期以來一直不曾歸服。今日雖然擊敗他們，明日他們又會造反。如果想斷除後患，就要攻心爲上，攻城爲下，心戰爲上，兵戰爲下，希望您能收服他們的心。」諸葛亮聽後，深以爲然。

諸葛亮兵發南中，叛軍雖然聲勢囂張，卻不堪一擊，蜀漢軍隊勢如破敵，所向無敵。退敗的叛軍發生內亂，雍闓被高定所殺，而高定也被蜀軍擒殺，叛軍破散。但參與叛亂的少數民族首領孟獲收拾雍闓的殘軍，繼續據險與蜀軍抗衡。諸葛亮巧設計謀，生擒孟獲。諸葛亮並沒有依律處死這個叛軍首領，而是領著他參觀自己的軍營，並問孟獲：「我軍如何？」孟獲並不服氣，他回答說：「之前是我不知虛實，因此失敗。今日承蒙參觀軍營，若貴軍只不過如此，我就有把握贏了。」眾將怒其不遜，諸葛亮卻聽後大笑，命人將孟獲釋放，使其擇日再戰。如此擒住又放歸，反覆七次，這就是歷史上有名的七擒孟獲。七擒七縱，孟獲仍舊被蜀軍擊敗擒拿，諸葛亮又命人將其釋放，但這一次孟獲再也不走了。他跪倒在諸葛亮面前：「明公天威，我們南人再也不反叛了！」

於是諸葛亮南下直抵滇池，平定益州、永昌、牂柯、越巂四郡，南中叛亂至此平息。諸葛亮決定將叛亂地區的地方官吏繼續留用原職，很多人不解，諸葛亮向眾人解釋了「三不易」：「如果任用外人，那就必須駐軍來保障，軍隊缺少糧草供給，這是一不易；南中剛剛平定，少數民族人民遭受戰事之苦，心有怨恨，若任用外人而不駐軍，則必出禍亂，這是二不易；南中地區人民屢屢挑釁鬧事，他們自知有罪，如果任用外人管轄，他們終究不會放心地相信我們，這是三不易。如今我想不駐軍不運糧，而立綱紀定民心。」眾人聽後皆心服口服。於是，諸葛亮任命孟獲等當地人士充任官屬，善加撫慰，穩定人心。經過諸葛亮一番治理，蜀漢一朝，西南少數民族再無反叛。

電視劇《三國演義》拍攝地的孟獲王府。位於雲南曲靖陸良彩色沙林景區

扶不起的阿斗

劉備壯志未酬，病逝永安宮，長子劉禪繼位，史稱蜀漢後主，而他也是中國歷史上有名的末代君王。丞相諸葛亮受託孤重任，他盡心輔佐幼主，獨木支天，實踐「鞠躬盡瘁，死而後已」的誓言。但面對「扶不起的阿斗」，蜀漢還是不可避免地走向衰落。

幼主劉禪

劉備死後，長子劉禪繼承皇位，史稱蜀漢後主。劉禪，字公嗣，小名阿斗，生於漢獻帝建安十二年（二〇七年）。劉禪幼年跟隨劉備東奔西走，顛沛流離，幾度陷於危難。長阪一役，劉備潰敗逃亡，劉禪母子陷在敵圍，多虧大將趙雲衝入亂軍救出母子二人，才免於死在敵手。

但沒過幾年，甘夫人病逝荊州。劉備與孫權之妹結成「政治聯姻」後，劉禪就由年輕的孫夫人撫養，但孫夫人性格剛猛，連劉備都有些畏懼，劉禪的遭遇就可見一斑了。這期間，還發生了孫夫人要挾劉禪回江東的事件，多虧張飛和趙雲乘船橫江阻攔，才將少主安全地留了下來。

劉禪動盪而不幸的童年不僅使其缺乏知識的學習和能力的鍛煉，而且養成了他貪玩、不務正業的惡習。

漢獻帝建安二十四年（二一九年），劉備在漢中自立漢中王，劉禪被冊封爲王太子；兩年後，劉備登基稱帝，建立蜀漢，劉禪被正式立爲皇太子。蜀漢章武三年（二二三年），劉備病逝永安宮，劉禪繼承皇位，成爲蜀漢第二位皇帝。同年，改元建興。依照劉備遺詔，由丞相諸葛亮輔佐劉禪。那一年，劉禪剛滿十七歲。

諸葛亮事必躬親

接受先帝托孤，丞相諸葛亮承擔起了輔佐少主劉禪，振興蜀漢的重任。從接任的那一刻起，諸葛亮就履行著自己「鞠躬盡瘁，死而後已」的誓言，成爲蜀漢的支天之木。

依照劉備遺詔，諸葛亮統管起蜀漢的大小政務。劉禪封諸葛亮爲武鄉侯，領益州牧，朝中事無鉅細，全由諸葛亮決策。諸葛亮約束百官，修訂法制，對內鼓勵生產、發展經濟，對外積聚實力、聯吳抗魏。他每天殫精

武漢龜山三國城劉禪塑像

竭慮，日理萬機，幾乎是事事過問，親力親爲，甚至有一次連校對書簿這類小事都親自來做。

主簿楊顒見諸葛亮如此，直言向他進諫：「治國有上下之分，相互不可侵犯。有一個人，他令僕人負責耕種，奴婢主管烹廚，雞打鳴報早，狗看門防盜，牛負重拉貨，馬遠行跋涉。自己的事情都沒有耽誤，所有要求都得到滿足，自己光是享用就可以了。忽然有一天要讓他自己親自來完成所有這些工作，他竭盡全力卻也不能勝任，形神俱疲，一事無成。這難道是他智力不如奴僕和雞狗麼？是因爲他不會做一家之主的辦法。因此古人說：『坐而論道，謂之王公；作而行之，謂之士大夫。』」諸葛亮感謝楊顒的好意，卻仍不能放下心來，依舊事必躬親。

也正是在諸葛亮如此這般的操勞下，建國未久又遭變故的蜀漢新政權，經濟得到迅速的恢復和發展，開創出一片政治清明、人民安居、社會穩定的良好局面。

扶不起的阿斗

儘管諸葛亮盡心輔佐幼主，然而劉禪卻是一位庸碌無能之君。他繼位之初，由於年少，政事交由諸葛亮統管；然而他成年後，卻依舊不思政事，樂得讓諸葛亮繼續負責，自己則整日在宮中玩耍。諸葛亮肩負保國克敵、興復漢室的大任，眼見後主缺乏必要的理政能力，也就不再多此一舉，而是繼續按部就班保持對朝政的統籌。君臣之間，一個放權任其施爲，一個掌權忠心無二，形成了獨特的君臣相安互信的局面。

然而，諸葛亮憑一己之力能夠「扶助」起一個蜀漢王朝，卻「扶植」不出一個合格的君主劉禪。諸葛亮死後，蜀漢不可避免地走向了衰落。諸葛亮死後，劉禪又按照諸葛亮臨終的安排，將朝政全權委託給了老臣蔣琬和費禕。然而沒過多久，年事已高的蔣琬和費禕又先後去世。失去元老的輔佐和鞭策，劉禪變得更加昏庸無道，貪圖享樂，不理朝政。宦官黃皓乘機取寵弄權，結黨營私，殘害忠良，連身擔國家支柱重任的大將軍姜維也因害怕被加害，自請外放種麥以求避禍。在這種情況下，蜀漢王朝的壽命也就屈指可數了。

劉禪的昏庸無能在歷史上是出了名的，後人常用「扶不起的阿斗」來宣洩對無能的劉禪的不滿和無奈。後來，這一句話也用來比喻儒弱無能的人。

北伐中原

蜀漢在丞相諸葛亮的治理下逐漸得到恢復和發展。平定南中之後，蜀漢不僅穩固了後方，在兵員上也獲得補充。諸葛亮見時機已經成熟，便上奏後主劉禪，開始了興復漢室的北伐戰爭。蜀漢的北伐中原之戰前後持續了數年之久，其功過得失一直是後人爭論不休的話題。

《出師表》

平定南中叛亂之後，蜀漢的實力恢復。在丞相諸葛亮的治理下，蜀漢經濟發展，人民安居樂業，百官用命，兵馬齊備。諸葛亮見時機已經成熟，便開始著手實現北伐中原的計畫。蜀漢建興五年（二二七年），兵馬集合完畢的諸葛亮給劉禪寫了一篇請求發兵的奏章，這篇奏章就是聞名後世的《出師表》（一般認爲《出師表》分前後兩篇，《前出師表》即眾人熟知的《出師表》；《後出師表》則眞僞存疑）。

在這篇著名的《出師表》中，諸葛亮言辭懇切，向劉禪闡述了蜀漢當前的形勢和自己出兵北伐的意義：

「如今天下三分，益州疲弊，眞的已經到了危急存亡的時刻。臣本是一介平民，在南陽種地，只求在亂世中苟且偷生，而不指望能在諸侯前揚名顯達。先帝不嫌棄我出身卑微、見識淺薄，降低自己的身分，多次來看望我，向我咨詢天下的大事，我對此非常感激，於是答應先帝願爲他奔走效命。後來遭遇失敗，我在敗軍之際得到任用，在危難之間接受使命，從那時到現在已經二十一年了。先帝知道我做事謹愼，因此臨終時將國家大事託付給我。自從接受遺命以來，我日夜憂慮歎息，唯恐不能實現先帝的囑託，有損先帝的知人之明。所以我率軍五月渡過瀘水，深入不毛之地作戰。如今南方已經平定，兵甲已經充足，正應當鼓舞三軍，率領征戰，北伐中原，貢獻自己全部的才能，剷除奸凶，復興漢室，還都洛陽。這是我用來報答先帝的方式，也是忠於陛下的職責本分。」

在《出師表》最後，諸葛亮鄭重地對北伐做出了許諾：「希望陛下把討伐奸賊、復興漢室的任務託付給我，如果沒有完成，就請治我的罪，來告慰先帝在大之靈。」除此之外，諸葛亮還在《出師表》中向劉禪推薦了郭攸之、費禕、董允等一干賢良之臣，希望劉禪能遇事多多向他們徵詢意見，並且廣開言路，發揚先帝劉備的美德，而不要妄自菲薄，言談不當，以致堵塞忠臣進諫勸告的道路。

一篇洋洋灑灑的《出師表》，言辭懇切，催人淚下，道盡了諸葛亮對於國家的一片赤誠忠心，《出師表》也因此被傳爲千古佳文。南宋大詩人陸游曾有詩贊曰：「《出師》一表眞名世，千載誰堪伯仲間？」而南宋謝枋得在《文章軌範》中引用安子順之說：「讀《出師表》不哭者不忠，讀《陳情表》不哭者不孝，讀《祭十二郎文》不哭者不慈。」

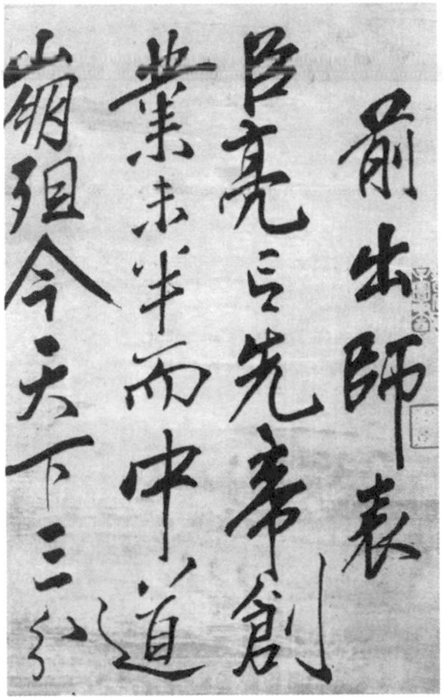

岳飛書《前出師表》（局部）

六出祁山

諸葛亮得到劉禪的應允後，親率大軍開始了北伐之戰。在《三國演義》中，這一段歷史被稱作「六出祁山」，但實際上諸葛亮率蜀軍北伐魏軍，嚴格算來的次數只有五次（另一次是魏國進攻，蜀漢抵抗），而其中路經「祁山」出兵的只有兩次。

諸葛亮的首次北伐是在蜀漢建興六年（二二八年）。他命令趙雲、鄧芝等人從斜谷道（渭水支流的河谷）出兵作爲疑兵引來魏軍，自己則率大軍向祁山方向進攻。這一計策果然奏效，魏國的主力部隊被調離。隴右的天水、南安、定安三郡（今屬甘肅）原本只知道蜀漢有個劉備，劉備死後，他們也就放鬆了警惕。當諸葛亮的蜀漢大軍出現在眼前，三郡守將頓時手足無措，紛紛投降，一時關中大震。魏國上下驚恐，魏明帝曹叡連忙派名將張郃前往抵抗。諸葛亮派馬謖督軍在前，與張郃在街亭交戰。馬謖是諸葛亮的親隨謀士，曾在南中平定戰中向諸葛亮提出「攻心爲上，收服人心」的計策，深得諸葛亮信任。但馬謖實際上是個「紙上談兵」之人，他擅自違反諸葛亮的指示，異地紮營，指揮不當，被張郃打得大敗，使得大好的戰略局面盡失。諸葛亮爲正軍紀，無奈之下「揮淚斬馬謖」，收兵回撤，第一次北伐無功而返。回到漢中後，諸葛亮主動承擔失利的責任，檢討自己用人不當，上疏自貶三級官職，以示懲罰。劉禪體諒諸葛亮的難處，同意他的請求，改任諸葛亮爲右將軍，但使他仍然代理丞相的工作，所統帥的軍隊也一如既往。

同年冬天，諸葛亮出兵散關（秦嶺北麓），第二次興兵北伐。蜀軍包圍了陳倉（今陝西寶雞），魏國大將軍曹眞率軍來救。蜀軍糧草用盡撤兵，卻被魏國將領王雙追擊。諸葛亮率軍一戰，擊退敵軍，斬殺了王雙。

蜀漢建興七年（二二九年），諸葛亮派大將陳式出兵攻打武都、陰平二郡，魏國雍州刺史郭淮領兵救援，諸葛亮聞訊出兵支援陳式，郭淮退卻，蜀國拿下二郡。劉禪下詔嘉獎諸葛亮，令其官復丞相之職。

蜀漢建興九年（二三一年），諸葛亮再次興兵北進，兵出祁山，遭遇魏軍統帥司馬懿的迎擊。魏軍知道蜀軍糧草不多，於是堅守不戰。蜀軍用「木牛」運糧，諸葛亮任命身邊親信的將軍李平（原名李嚴）督運糧草。時至夏秋之交，道路被雨水沖得泥濘不堪，糧草運輸緩慢，前線告急。李平擔心諸葛亮怪罪，便假托聖諭，命人招諸葛亮班師回朝。諸葛亮無奈，只得退兵。司馬懿命令張郃追擊，張郃在木門與諸葛亮交戰，諸葛亮設下埋伏，亂箭齊發，張郃膝蓋中箭，被蜀軍射殺。諸葛亮回到成都面見劉禪，李平爲洗脫自己的干係，佯裝吃驚地問諸葛亮：「軍糧充足，丞相爲何退兵？」諸葛亮向劉禪展示了證明李平前後不一的個人信件，李平理虧認罪。諸葛亮念李平曾屢立戰功，只將其廢爲庶人，然而北伐卻因此再一次以失敗告終。

北伐的功與過

諸葛亮屢次北伐，大都無功而返，因此惹來後世很多爭議。有人依

甘肅隴南市禮縣的祁山堡

祁山堡建於西漢，坐落於西漢水北岸的孤峰上，是三國時蜀漢丞相諸葛亮統帥三軍、揮師北上進攻曹魏的營堡，因諸葛亮「六出祁山」而聞名。

眞假「空城計」

在《三國演義》中，「空城計」是一段家喻户曉的情節。諸葛亮城頭撫琴，虛實之中嚇退司馬懿十萬大軍。然而，眞實的歷史並非如此，諸葛亮從未使用過空城計，這只是《三國演義》爲展現其謀略而杜撰的情節罷了。

空城計是中國古代戰略戰術的一項奇謀，不少將領都曾使用過。空城計的例子最早可以追溯到春秋時期，到了漢代，「飛將軍」李廣也曾使用過空城計。

在三國歷史中，空城計的眞正使用者是曹操。漢獻帝興平二年（一九五年），曹操率軍攻打呂布。呂布糾合萬餘人襲擊大部隊被調離的曹操本營，危急時刻，曹操大膽使用空城計虛張聲勢，嚇得呂布不敢進攻，而曹操則從容地從後方調回了部隊，一舉擊潰了呂布。

此認爲諸葛亮不善用兵，一味地窮兵黷武，由此造成了蜀國國力的嚴重消耗，間接導致了後來蜀漢的滅亡。《三國志》的作者陳壽也認爲諸葛亮不擅長軍事，作戰過於保守，因此對諸葛亮的評價是「連年動眾，未能成功，蓋應變將略，非其所長！」

客觀看來，諸葛亮用兵偏重穩妥，習慣步步爲營，而不善於出奇兵。史書記載，蜀漢大將魏延跟隨諸葛亮北伐，他曾向諸葛亮獻策，願仿照漢初韓信的故事，自己帶一支人馬作爲奇兵，順秦嶺向東，孤軍深入，十日便可以到達長安。然而諸葛亮認爲此計太過冒險，不如穩妥地從大路進兵，爲愼重起見，始終沒有採納。

過於求穩使得本已弱勢的蜀漢很難有驚人的逆轉，但也不能因此一概否定諸葛亮的軍事能力。縱觀幾次北伐，諸葛亮用兵雖未獲得實質上的勝利，但也沒遭到什麼損失，這對於保存蜀國僅有的實力是非常重要的。而且從幾次與魏國交手的細節來看，諸葛亮總能用計巧取一些優勢，或擊殺對方大將，或奪取一、兩個城池。因此，諸葛亮軍事能力雖然沒有《三國演義》中描述的那麼「神乎其神」，但也應該是合格並且算得上出色的。

實際上，諸葛亮北伐無功的主要原因並不在於他的個人能力高低，而在於時空背景。夷陵之戰後，蜀漢實力削弱，而曹魏實力穩中有升，蜀漢在經濟、政治、人口、人才等各方面都遠遠落後於對手。加上地處西南，地勢險峻，交通閉塞，從長遠發展來看更加無望。諸葛亮屢次興兵北伐，意欲透過對外戰爭挽救弱勢的蜀國，但他的「鞠躬盡瘁」終歸改變不了懸殊的實力對比，北伐中原的大業也只能留下永遠的遺憾。

星落五丈原

蜀漢建興十二年（二三四年），諸葛亮第五次出兵北伐。由於長期積勞成疾，諸葛亮出師未捷，病逝五丈原。諸葛亮死後，部將魏延因與長史楊儀不和，發動了兵變，但不得人心的逆行最終為其帶來了兵敗身死的結局。

第五次北伐

四次北伐均無功而返，年逾半百的蜀漢丞相諸葛亮壯志未酬。蜀漢建興十二年（二三四年）春，諸葛亮決定再次出兵北伐，實現克復中原的夙願，而這也是他最後一次北伐。

諸葛亮親率大軍由斜谷出兵，用「流馬」搬運糧草，一路前進渭水南岸。曹魏一方則是司馬懿率軍迎戰。作爲諸葛亮的老對手，司馬懿深知對方的用兵之法，他對眾將們說：「諸葛亮若是兵出武功縣，依山向東前進，那我們就眞的該擔憂了；但我想他會上五丈原（今陝西寶雞岐山五丈原）紮營，那樣的話咱們就沒事了。」果不其然，諸葛亮選擇在五丈原紮營，司馬懿則將部隊渡過渭水，背水紮營與蜀軍對峙。

諸葛亮吸取前幾次北伐皆因糧草不濟導致無功而返的教訓，一開始就做好了長期對抗的打算。他採取分兵屯田的辦法，自籌軍糧，作爲打持久戰的基礎。蜀漢士兵分頭在渭水河岸墾田耕種，與當地百姓秋毫無犯，軍紀嚴明。而司馬懿的魏軍則採用

五丈原

陝西省寶雞市岐山縣五丈原鎮。五丈原是三國時代諸葛亮屯兵用武、勞竭命殞的古戰場。

一貫的方針，固守營壘，打算像前幾次一樣拖垮蜀軍。

星落五丈原

魏蜀兩軍對峙百餘日。諸葛亮派人不斷到魏軍營前叫陣挑釁，曹魏眾將忍無可忍，都欲出營決戰。司馬懿本不願出戰，但見眾怒難以壓制，於是狡猾的他當著眾將的面一再向魏明帝請戰。司馬懿明知魏明帝不會同意，他此舉是想透過皇帝之命約束眾人。果然如他所料，遠在洛陽的魏明帝曹叡特派衛尉辛毗持節來到前線，敕令眾將堅守勿戰。

諸葛亮見魏軍不為挑釁所動，於是又派使者前往司馬懿大營「問候」。司馬懿知道諸葛亮急於一戰，於是他任憑蜀軍使者如何去說，都談笑自若不為所動。使者臨走，司馬懿詢問使者諸葛亮的寢食和勞頓狀況，使者回答：「我家丞相夙興夜寐忙於政務，軍中二十軍棍以上的責罰，他都要親自審理；每天吃飯不過數升。」司馬懿聽後，意味深長地感歎道：「諸葛孔明食少事煩，性命豈能長久？」

果然被司馬懿說中了。每日沉重的工作，加上事必躬親的態度，年過半百的諸葛亮，身體早已「透支」，疾病已嚴重侵害了他的身體。終於，同年八月，積勞成疾的諸葛亮一病不起。

劉禪得知諸葛亮病危，連忙派尚書僕射李福趕來探望。李福到達後，詢問了諸葛亮的病情，而後離開，但沒幾日又回來了。病榻上的諸葛亮知道李福的來意，他對李福說：「我知道你回來的目的，前幾日咱們雖有交談，但很多事情沒有說盡。你還想問什麼，你就直說吧。」李福連忙說：「聖上想問，如果您百年之後，誰可接任？」諸葛亮回答：「蔣琬。」李福又問：「蔣琬之後呢？」諸葛亮回答：「費禕。」李福再問：「費禕之後呢？」諸葛亮合上眼睛，不再回答。這一刻，他已經看到了蜀漢的命運。

蜀漢建興十二年（二三四年）八月，諸葛亮「鞠躬盡瘁，死而後已」，病逝在五丈原，時年五十四歲。

陝西岐山五丈原諸葛亮廟

千載誰堪伯仲間

諸葛亮的靈柩回到成都，按照他生前的遺願，他被安葬在漢中定軍山，墓葬以山爲墳，極盡簡單，墓室只能容下一張棺材；棺材中無任何器物陪葬，入殮的服裝也是他平日所穿。後主劉禪親自爲他弔喪，封諸葛亮爲武鄉侯，謚號忠武侯。諸葛亮貴爲蜀漢丞相，死後家中沒有餘財，只有八百株桑樹和十五頃薄田。蜀漢景耀六年（二六三年），劉禪下令在沔陽爲諸葛亮建廟，接受百姓的祭拜。

諸葛亮死後的千百年間，歷朝歷代都給予他很高的評價，而在民間，他更被百姓所神話，成爲三國這個璀璨星空中最爲耀眼的一顆明星。《三國志》的作者陳壽這樣評價諸葛亮：「作爲蜀漢的丞相，他安撫百姓、明示禮法、約束官員、愼用權力，對人開誠布公、胸懷坦誠。爲國盡忠效力者，即使是自己的仇人也加以賞賜；玩忽職守犯法者，就算是自己的親信也給予處罰；只要誠心認罪伏法，就是再重的罪也給予寬大處理；巧言令色逃避責任，就是再輕的過錯也要從嚴治理；再小的善良和功勞都給予褒獎；再微不足道的過錯都予以處罰。他處理事務簡練實際，能從根本上解決問題，不計較虛名而重視實際，貪慕虛榮的事爲他所不齒，終於使全國上下的人都敬畏卻又愛戴他。使用嚴刑峻法卻沒有人心生怨言，這是因爲他用心端正坦誠、而對人的勸誡又十分明確正當的緣故。可以說，他是治理國家的優秀人才，其才能可以與管仲、蕭何相媲美。」

諸葛亮衣冠塚

位於陝西寶雞五丈原諸葛亮廟大殿西側，塚旁有落星亭，亭內有一石，相傳是諸葛亮病逝時從天上隕落的「將星石」。

魏延兵變

諸葛亮病逝，蜀軍撤退。然而就在撤軍路上，卻又發生了意想不到的

諸葛亮的妻子

諸葛亮相貌英俊，才能突出，但相傳他的老婆卻是一位十分醜陋的女子。

據説，諸葛亮年輕時與沔南名士黃承彥關係很好，二人年歲相差不少，但交往十分投機。黃承彥十分欣賞年輕的諸葛亮，想招他爲婿，於是就對諸葛亮説：「聽説你在尋找伴侶成家；我有一個相貌不佳的女兒，黃頭髮黑膚色，但她的才情可與你相配。」諸葛亮他欣然接受了這門婚事，於是二人成親。當時的人都將這件事當作笑談，鄉里爲此還有諺語：「莫作孔明擇婦，止得阿承醜女。」

但二人成親後，「醜女」眞的對諸葛亮提供了很大的幫助。據説，諸葛亮的許多謀略以及他在機械方面的知識，都是這位「阿承的醜女兒」所傳授的。

兵變，這其中涉及蜀漢軍中的兩名重要人物——魏延和楊儀。

魏延，字文長，三國時期蜀漢的名將。他早年跟隨劉備作戰，智勇雙全，勇冠三軍，深得劉備信任，劉備稱王後他受封爲漢中太守；後來諸葛亮北伐，他出任征西大將軍要職。但魏延爲人桀驁，每次跟隨諸葛亮出兵，總向諸葛亮提出要自帶萬餘人馬，倣傚韓信故事，單獨行動，諸葛亮一直不許。魏延因此認爲諸葛亮膽怯，歎息自己不能人盡其用。諸葛亮愛惜他的勇猛，也就不做深究。

而另一位楊儀，字威公，也是早年跟隨劉備。他爲人幹練機敏，諸葛亮看重他這一點，每次出兵，都由楊儀來規劃陣容，籌集糧草；而楊儀不假思考，只需片刻就能成竹於胸，將千頭萬緒的事情辦得十分妥當。但他同樣也有恃才傲物的毛病。當時，魏延性格狂傲，軍中諸將都畏懼避讓他，唯獨楊儀敢於頂撞，於是二人關係極爲敵對，水火不容。

諸葛亮死後，蜀軍撤退，楊儀遵照諸葛亮遺命，命魏延斷後。魏延不甘心受楊儀節制，他聲稱：「丞相雖死，我還健在。我可以率軍擊敵，爲何因爲他一人之死就放棄天下之事呢！況且我魏延是何許人，難道要受楊儀節制麼？」於是他拔營先走，搶在楊儀之前通過回程必經的棧道，並放火燒燬了棧道。

魏延和楊儀都向劉禪狀告對方謀反，參奏的奏章同一天送達朝廷。朝廷重臣大都支持楊儀而懷疑魏延。魏延和楊儀的部隊在南谷口展開交戰，魏延的士兵知道自己的主將理虧，於是都逃散投降了，魏延只得與其子等數人逃亡。楊儀命將軍馬岱追擊，斬殺了魏延，並滅了他的三族，平息了這次兵變。

吳侵淮南

隨著曹操、劉備、諸葛亮等一干人物的去世，三國的歷史進入了後期。吳蜀復盟後，孫權將經略的重點又移回了合肥，不斷出兵爭奪。曹魏則在滿寵的指揮下，屢屢挫敗東吳的進攻。雙方在淮南地區激烈地膠著，史稱這一系列的事件為「吳侵淮南」。

曹丕三路伐吳

曹丕繼位稱帝後，孫權進貢稱藩，貌似臣服，實則欲聯魏抗蜀。夷陵之戰後，吳國擊退了來自蜀漢的威脅，吳蜀對立的情勢也有所緩和，對魏國的依賴性也隨之減弱。曹丕爲加強對吳的控制，遣使責令孫權將兒子送去魏國做人質，無心歸順的孫權自然不從。曹丕大怒，決定出動大軍南征孫權。

魏文帝黃初三年（二二二年），曹丕命征東大將軍曹休、前將軍張遼、鎮東將軍臧霸兵出洞口，大將軍曹仁出濡須，上軍大將軍曹真、征南大將軍夏侯尚、左將軍張郃、右將軍徐晃兵圍南郡，三路大軍齊攻吳國。孫權則派建威將軍呂范總督五路軍馬，以水軍迎戰曹休，左將軍諸葛瑾、平北將軍潘璋、將軍楊粲救援南郡，裨將軍朱桓率軍在濡須阻拒曹仁，與魏軍針鋒相對。

當年十一月，心急的曹丕親臨宛城爲南征軍打氣。征東大將軍曹休上書曹丕請求渡江決戰，侍中董昭勸阻說：「現在渡江，眾心不齊，就算曹休有此志氣，也不能單獨行動，須有眾將配合。臧霸等將都已是安享富貴之人，沒有別的盼望，只想安度晚年，保住這份爵祿而已，哪肯捨生忘死出兵殺敵！如果眾將不肯積極配合，曹休自會洩氣。」不久，江面突然颳起暴風，吳軍的船隻被颳斷了纜

曹魏・四神柱礎

繩，順江飄到了曹營跟前，曹軍趁勢砍殺擒獲吳兵數千人。曹丕聞之，認為時機已到，催促三路大軍迅速渡江。然而正如董昭所料，各路軍馬人心不齊，未能同時進發，讓吳國的救兵得以趕到，拖延了戰局。戰鬥中，曹休命令臧霸率軍追擊，臧霸怠慢，出戰不利，還折損了將軍尹盧。魏軍只好撤兵，南征無功而返。

吳侵淮南

吳蜀復盟後，東吳的西部疆域得以無憂，於是，孫權再一次將經略的重點轉向東面——那個令他輾轉多年而不得的合肥。吸取之前合肥爭奪戰中的經驗教訓，為取得戰略上的主動，孫權決定設一個圈套，先殲滅對方的援軍，然後乘勝一舉拿下困守的合肥。

周魴像

東吳黃武七年（二二八年），孫權密令鄱陽太守周魴向曹魏當時已是負責合肥防務的大司馬曹休偽降，引誘曹休前來，伺機殲滅。為取得信任，周魴令家人出使曹休，說明自己被孫權責罵擔心獲罪，願與鄱陽城一起投降曹魏。急於立功的曹休果然信以為真，親率十萬大軍前往淮南接應周魴。

曹休兵至宛城。孫權任命陸遜為大都督，朱桓、全琮為左右督，統領六萬人馬迎擊曹休。曹休見吳大軍前來，才知自己被騙，但仗著己方人多，惱羞成怒的曹休還是決定與吳軍決戰。吳軍以寡擊眾，將軍朱桓上書孫權：「曹休因為是曹魏親族才被委以重任，並非是智勇名將。此次交戰，我軍必勝。」而曹魏一方的前將軍滿寵也對魏明帝曹叡說：「曹休雖然英明果敢但很少用兵，如今他的行軍路線，靠湖臨江，易進難退，這是用兵的險地。」果不出兩方所料，曹休與陸遜大戰於石亭，陸遜自領中路軍，令朱桓、全琮為左右翼，三路並進，衝擊曹休的軍陣。曹休兵法不精，被吳兵殺敗，陸遜乘勝追擊，斬首萬餘，俘獲糧草軍械無數。曹軍慘敗，兵器物資幾乎一戰全失。曹休突圍潰逃，吳軍緊追不捨。

戰前，魏明帝曹叡命建威將軍賈逵帶一支軍馬策應曹休。賈逵聽聞曹休孤軍深入，恐其有失，於是部署諸將水陸並進前往支援。沿途得知曹休中計，吳軍設伏斷其歸路，眾將一時不知所措，想等待後續大軍趕來再作打算。賈逵對眾人說：「敵軍以為曹休必無後援，才會如此部署，如今我們急進馳援，出其不意，這就叫『先人以奪其心』，敵軍見我軍必退。若是等到後方部隊到達，敵軍已佔據險要，我們兵再多也沒用了。」於是他率軍晝夜兼行，還在沿途多設旗鼓作爲疑兵。吳兵沒想到魏軍還有支援部隊，頓時不敢再做追擊。曹休險些被吳軍擒獲，全賴賈逵趕到，才撿回一條命來。

輕軍冒進，大敗而歸，回到都城的曹休向魏明帝曹叡上書謝罪。曹叡以曹休是皇親，不加問責。這令曹休更感羞愧，不久背生惡癰而死。

滿寵守疆

曹休死後，魏明帝曹叡任命前將軍滿寵接替曹休，總督揚州軍馬防禦東吳。

滿寵，字伯寧，年輕時即跟隨曹操。他爲人機智果敢，先後做過許都令、汝南太守、奮威將軍等職，所在皆有政績。關羽圍困樊城，滿寵協助征南將軍曹仁拒敵，力主死守，終得勝利。曹丕稱帝後，滿寵屢次在對抗吳國來犯的戰鬥中立下戰功，累功升爲前將軍，是魏國建立後的一名重要將領。魏明帝曹叡任命滿寵守備東南疆土，正是看中了他在對抗吳軍上的豐富經驗。

魏明帝太和四年（二三〇年），心有不甘的孫權捲土重來。孫權令人四處散播吳軍要攻打合肥的消息，滿寵於是召兗、豫兩州兵馬集合以作防備，然而吳軍卻沒過多久就散去了。魏明帝曹叡詔令各路兵馬收兵撤回，滿寵卻認爲敵人大舉進攻卻蹊蹺而回，一定是假裝撤退以使我方撤防，進而乘虛而入，攻其不備。於是他奏請魏明帝曹叡暫不收兵。不出十餘日，吳軍果然再次來攻。沒有中計的魏軍嚴陣以待，吳軍連攻數日無果，只得退還。

魏明帝太和五年（二三一年），孫權率軍再次來攻。這一次他故技重施，令中郎將孫布詐降魏國，引誘魏揚州刺史王淩出城納降，吳軍則伏兵於阜陵以待。王淩接到孫布降書，信以爲眞，請示滿寵出兵。滿寵認定這又是孫權的陰謀，不同意王淩的請求。適逢滿寵被召入京，臨走他囑咐部屬：「如果王淩出城去納降，不要

武漢龜山三國城滿寵塑像

吳蜀配合

吳蜀有著共同的敵人——魏國，因此每次軍事行動，兩國都互爲配合，一個在東，一個在西，同時向魏國施壓。

蜀漢建興六年（二二八年），蜀漢諸葛亮首次兵出祁山，率軍北伐；同年，東吳響應，周魴誘騙曹休，大敗魏軍。蜀漢建興七年（二二九年），諸葛亮再度北伐，取魏國武都、陰平二郡，而當年孫權雖因稱帝未曾發兵，但第二年便起兵再爭淮南。蜀漢建興九年（二三一年），諸葛亮再次興兵北進，兵出祁山，與司馬懿對陣；而孫權則響應出兵合肥，誘騙王淩，可惜未成。蜀漢建興十二年（二三四年），吳蜀之間進行了最大規模的一次配合行動：諸葛亮最後一次北伐，而孫權則率十萬大軍包圍合肥新城。然而這一次，兩國依舊沒能取勝。魏明帝曹叡因此非常得意地說：「孫權敗走，諸葛亮破膽，兩國大軍我國足以制之，我無憂矣！」

撥他兵馬。」滿寵走後，王淩求兵不得，於是派遣手下一將帶七百步騎兵去迎孫布。結果遭到吳軍圍攻，死傷過半。魏軍靠滿寵又躲過一次慘敗。

次年（二三二年），東吳名將陸遜領兵來攻廬江。魏國上下以爲應該馬上馳援，滿寵卻說：「廬江雖小，將強兵精，足夠堅守。敵人捨棄舟船上岸二百里來攻，與後方斷絕，他若是不來我還要引誘他呢，如今大可以任他前進，就怕他逃走咱們追不上罷了。」於是他整軍進駐楊宜口。陸遜見滿寵扼住隘口，進兵則有被抄後路的危險，於是只得趁夜撤走了。

東吳年年來攻，魏國東南防線不勝其煩，於是滿寵上書魏明帝曹叡，在合肥城西三十里修築合肥新城，據險而守，一勞永逸。魏明帝同意了他的請求。合肥新城的修築立即取得了奇效，魏明帝青龍元年（二三三年），東吳又一次出兵，孫權想命兵士包圍合肥新城，卻忌憚新城的地勢而遲遲不敢令兵士下船。滿寵料定不甘心的孫權一定會爲炫耀聲勢而派兵登岸，於是他在水邊布下伏兵。孫權果然上岸耀兵，魏兵一時俱起，吳軍死傷數百，灰頭土臉而還。

魏明帝青龍二年（二三四年），孫權兵出居巢湖口，號稱十萬之眾，再次包圍合肥新城。滿寵率軍嚴陣以待，而魏明帝曹叡也乘龍舟南下親征。孫權面對滿寵打造的淮南防線久攻不下，吳軍士氣下落，滿寵趁機招募壯士突擊吳軍，焚燒吳軍的攻城戰具，還射殺了孫權的侄子孫泰。又趕上吳軍軍中疾疫橫行，孫權見狀，只得再一次恨望淮南，率軍退去。當時，西有司馬懿阻抗蜀漢，東有滿寵防備東吳，魏國全賴此二人，疆土得以無憂。

魏平遼東

就在中原大地上群雄爭霸如火如荼的時候，遠在遼東方向還有一支勢力悄然興起，這就是後來稱霸東北亞地區的公孫氏。公孫氏依靠地勢的偏遠，長期割據一方，不聽中央調遣。為了平定四海，魏明帝派司馬懿出兵，終於平定遼東。

遼東公孫氏

提到公孫氏，很容易讓人聯想到漢末群雄混戰時幽州的「白馬將軍」公孫瓚，但這裡提到的公孫氏，只是與公孫瓚同姓，而並無血緣關係的另一支公孫家族。

遼東公孫氏的開創人物叫公孫度，字升濟，遼東襄平（今遼寧遼陽）人，年少時跟隨父親躲避戰亂遷居到了玄菟郡（漢武帝滅衛氏朝鮮之後，在其地設立的一個郡，大約是今朝鮮咸鏡南道、咸鏡北道以及中國遼寧、吉林兩省西部一帶）。公孫度年輕時做一名郡內小吏，當時的玄菟太守公孫琙的兒子叫公孫豹，年剛十八就夭折了，而公孫度小時候也曾叫做公孫豹，而且又與公孫琙的兒子同年，於是公孫琙非常喜歡他，不僅安排公孫度上學讀書，還爲他娶妻成家。

在公孫琙的推薦下，公孫度先後做過尚書郎、冀州刺史，但後來受人謠言被免職。董卓擅政後，董卓手下徐榮與公孫度是同鄉，於是推薦公孫度做了遼東太守。公孫度初到遼東赴任，郡中大族以他出身小吏，很瞧不起他。公孫度到官後，收監誅殺了郡中名豪大姓百餘家，一郡皆震，自此畏服於他。而後公孫度整頓遼東兵馬，東伐高句麗，西擊烏丸，威行海外，稱霸東北亞一帶。

三國．青瓷倉院
倉院模型，明器（隨葬的縮小實物模型）。

漢獻帝初平元年（一九○年），公孫度看到中原紛擾，漢祚傾頹，於是有了自立為王的野心。他將這一企圖詢問他人，贊成的人不多，郡中名士李敏更是厭惡公孫度的行徑，怕被他連累，於是攜家眷入海逃離。公孫度聞之大怒，命人挖了李敏的祖墳，滅了他的親族。一意孤行的公孫度擅自將遼東郡區劃改變，設置了自己的太守，還派兵越過渤海海峽佔領了山東半島的東萊諸縣，設置了「營州刺史」，並完全控制了渤海灣水道。公孫度自封為遼東侯、平州牧，衣著出行依照天子規格。曹操曾為安撫遼東而派人授予公孫度永寧鄉侯的爵位，但公孫度卻說：「我稱霸遼東，何來什麼『永寧』？」拒不接受朝廷策命，叛逆之心昭然。

包藏禍心

漢獻帝建安九年（二○四年），公孫度去世，由其子公孫康接任。公孫康頭腦較為理智，他見到曹操官渡大勝，一舉掃滅了河北的袁氏，縱橫中國北方，知道自己不是曹操的對手，便採取順從的姿態。漢獻帝建安十二年（二○七年），曹操出動大軍北征烏丸，袁紹之子袁尚和袁熙走投無路，投奔遼東而來。公孫康不想得罪強大的曹操，不待對方開口，就將袁尚和袁熙斬首，將首級送給了曹操。曹操忌憚遼東偏遠，又見公孫康如此順服，便使朝廷加封公孫康為左將軍、襄平侯，彼此相安無事。

魏文帝黃初二年（二二一年），公孫康去世，其子公孫晃和公孫淵年歲尚小，便由其弟公孫恭接替成為遼東太守。然而公孫恭身體劣弱不能治國。魏明帝太和二年（二二八年），成年後的公孫淵陰謀脅迫，奪取叔叔的權位。當時，魏國一些大臣建議趁遼東政權變動出兵剿滅，但魏明帝卻不聽從，而是授予公孫淵揚烈將軍、遼東太守之職，以示安撫。

然而公孫淵卻並不是個安分守己之人，他懷揣二心，屢次背著魏國與吳國孫權通信聯絡。魏明帝曹叡發現後，氣憤地命汝南太守田豫和幽州刺史王雄分別從水陸兩路征討遼東。

東漢・馬踏飛燕

馬高三十四・五公分，長四十五公分，甘肅雷台出土。這匹青銅馬高昂著頭，微朝左顧，馬尾上昂，以少見的「對側快步」的步法向前奔騰，只有右後足踏著一隻燕隼。同時那飛隼雙翅展開的穩定造型，又可巧妙地充作整座銅雕奔馬的支點，顯示出奔馬凌空奔騰的威猛氣勢。

散騎常侍蔣濟諫阻說：「但凡不是要相互吞併的國家，不是要造反侵犯的臣下，不宜輕易討伐。討伐而不能平定，是迫使對方成爲敵人。因此有句話叫：『虎狼當路，不治狐狸。』先除大害，小害自己就會平息。如今遼東尚且稱臣，就算我們一戰便克，得其人口不足以增益國家，得其財富不足以致富；倘若稍不如意，就成爲結怨失信之舉了。」魏明帝不聽，魏軍興師動眾而去，結果無功而返。

而後公孫淵倚仗遼東地遠難攻，在魏吳兩國之間不斷反覆，行徑十分囂張，還屢次對魏國派去的使者口出惡言。魏明帝忍無可忍，派幽州刺史毋丘儉再次領兵征討。出征前，毋丘儉對魏明帝許下海口：「陛下您即位以來，還沒有什麼載入史冊的大事，正可以用我們這些無用之士克定遼東。」而光祿大夫衛臻卻認爲毋丘儉素來有名無實，領兵必不利。魏明帝曹叡不聽衛臻勸阻，命毋丘儉率領諸軍連同鮮卑、烏丸的友軍兵發遼東南界，下詔討伐公孫淵。適值天降大雨，十餘天的暴雨讓遼河河水暴漲，公孫淵藉機攻擊地形不熟的魏軍，魏軍受挫，毋丘儉只得領兵回右北平城撤守。而正如蔣濟之前所說，魏軍的「下詔討伐」也徹底讓公孫淵和魏國撕破了臉，公孫淵遂於遼東宣布獨立，自立爲燕王，都城襄平，設置百官，改元紹漢。公孫淵還教唆鮮卑邊民叛亂，劫掠魏國北疆。

魏平遼東

公孫淵自立爲王，侵擾北方，這讓他成爲魏國要首要解決的禍患。魏明帝景初二年（二三八年）春，魏明帝吸取前幾次無功而返的教訓，搬出了魏國最爲善戰的太尉司馬懿，令他統率四萬精兵徹底討滅公孫淵。朝臣們都認爲討伐一個偏遠的遼東要用四萬人馬，軍費開銷不划算，魏明帝曹叡卻說：「四千里征伐，雖說要用兵出奇，但也要使足力氣，不應當計較這些軍費。」他力排眾議，全力支持司馬懿出兵。

出征前，魏明帝曹叡問司馬懿：「你估計公孫淵會用什麼戰法對抗你？」早已成竹在胸的司馬懿回答：「公孫淵如果棄城逃走，這對他來說是上計；若是他割據遼東阻抗我的大軍，這在其次；如果他坐守襄平城（今遼寧遼陽），那麼他就等著被擒吧。」魏明帝曹叡又問：「那你估計他會選擇哪種戰法呢？」司馬懿笑笑回答說：「只有明智之人才能審查敵我之情，而後提前準備。但這不是公孫淵所能辦到的，他一定認爲我軍孤軍深入，不能久持，所以會先在遼河拒阻我軍，而後死守襄平城。」魏明帝曹叡聽後很高興：「那愛卿此去幾日能還？」司馬懿回答：「去百日，攻百日，還百日，再拿出六十日做休息，如此，一年足夠。」

同年六月，司馬懿親率大軍兵抵遼東。公孫淵聞之，派遣大將軍卑衍、楊祚率領數萬步騎兵據守遼隧（今遼寧海城西），並在周圍二十餘里挖溝設關卡。魏軍諸將欲出兵攻擊，司馬懿攔阻道：「敵人之所以堅守，是想在此消耗我軍，我們攻打他，正中其計。敵人如今大軍在此，其巢穴一定空虛。我們直指襄平城，一定破敵。」於是，他令兵士多樹旗幟，擺出一副要從南面攻打的架勢，將敵人的部隊都吸引到南面，而部隊卻偷偷從北面繞了過去。敵軍見狀驚恐，連夜撤圍而去，魏軍與敵迎戰，大破敵軍，進而包圍了襄平城。

進入七月雨季，連綿的大雨讓遼河再次暴漲，平地水深數尺。魏軍將士恐懼，都想移營，司馬懿傳令各軍：「敢有言移營者斬！」魏軍這才安定下來。朝中大臣得知魏軍遇雨，都建議大軍收兵。魏明帝卻說：「司馬懿能臨危制變，擒敵指日可待。」不久，大雨停歇，司馬懿命將士作土山地道，各種攻城戰具一時俱發，晝夜攻城，箭石如雨。公孫淵不能抵擋，又兼糧草耗盡，城中出現人吃人的慘狀，兵士也死傷甚多，於是只得命自己的相國和御史大夫出城求降。司馬懿當即斬殺了兩位來使，並傳話城內，戲耍公孫淵說兩位來使年歲太大，言語不當，已被斬殺，要公孫淵再派年輕聰明點的過來。公孫淵無法，只得再派使者前去，並許諾送來人質。

《三國演義》插圖：公孫淵兵敗死襄平

魏主曹叡派司馬懿討伐在遼東襄平造反的公孫淵，公孫淵兵敗被殺。

司馬懿乾脆地回絕了公孫淵的請求：「軍事的大義有五條：能戰當戰，不能戰當守，不能守當走；另外兩條，就剩投降和死了。你不肯自己綁著來見我，就是決定選擇死了，不用送人質了！」於是下令繼續攻城。公孫淵軍隊徹底潰敗，襄平城破，公孫淵與子公孫修帶數百騎兵突圍而走，被魏軍趕上，盡數擒殺。司馬懿於是入城安撫，班師回朝。至此，遼東遂平。

高平陵之變

曹魏景初二年（二三八年）冬，年僅三十六歲的魏明帝病危，他召來群臣，將年幼的太子曹芳託付給了德高望重的司馬懿和大將軍曹爽。僅僅過了十一年後，司馬懿透過「高平陵之變」，誅殺了曹爽及其餘黨，獨攬曹魏朝政，為司馬氏篡魏打下了根基。

司馬懿秉政

魏明帝景初二年（二三八年）冬，年僅三十六歲的魏明帝曹叡一病不起。他自知時日無多，而自己的孩子都還年幼，因此格外擔憂身後事。他命人召來燕王曹宇（曹操之子）、領軍將軍夏侯獻（曹氏族人）、武衛將軍曹爽（曹操侄孫）、屯騎校尉曹肇（曹休之子）、驍騎將軍秦朗（曹操養子）等一干曹氏親族，囑托他們輔佐新君。然而，夏侯獻與曹肇等人平日與魏明帝曹叡的寵臣劉放、孫資不和，劉放、孫資擔心魏明帝死後自身性命難保，於是暗中進讒魏明帝，離間諸人。病入膏肓的魏明帝曹叡信以爲眞，於是在劉放、孫資的哄騙下，他改委任親族的曹爽和外姓的司馬懿一同輔政。由此，司馬懿幸運地得到了掌控朝中大權的機會。

司馬懿，字仲達，河內溫縣（今河南溫縣）人。他年少時便有非凡的志向，頭腦更是聰明多謀略。漢獻帝建安六年（二〇一年），司馬懿被曹操徵闢爲丞相府文學掾，因才幹出眾累升至丞相府主簿。而後他跟隨曹操征漢中、討孫權，屢有奇謀獻上。關羽包圍樊城，水淹七軍，許都震動，曹操有意遷都避禍，司馬懿從旁力阻，並獻上破敵妙計，最終幫助曹魏

司馬懿像

司馬懿，東漢光和二年至曹魏嘉平三年（一七九年至二五一年），字仲達，河內溫縣（今河南溫縣）人，三國時期魏國傑出的政治家、軍事家、權臣。多次率軍對抗諸葛亮，以其功著。

破敵解圍。但曹操在世時，並不曾特意提拔司馬懿。

曹丕繼位後，司馬懿因曾做過曹丕幕僚，智略爲曹丕所敬重，被提拔爲丞相長史。曹丕稱帝，封司馬懿爲尚書，後又轉任督軍、御史中丞、尚書右僕射等職，封侯晉爵，官位日顯。曹丕對司馬懿非常信任，每次出巡，都委任司馬懿鎮守居城，總理後方，內鎮百姓，外供軍資。他對司馬懿講：「我去東面，你就總管西面的事；我去西面，你就總管東面的事。」曹丕臨終前，特召來司馬懿、曹眞、陳群等人委以顧命輔政大任。

魏明帝曹叡繼位後，對司馬懿更是恩寵有加，不僅使其手握重兵，四處征討，而且接連加封其爲驃騎將軍、大將軍、大都督、大司馬等權重顯職，令其總領全國的兵馬。魏明帝還特意准許司馬懿「入殿不趨，贊拜不名，劍履上殿」，而這可是當年曹操在脅迫漢獻帝的條件下才能享受的尊榮。

但即便是位極人臣、手握重兵，司馬懿仍然進入不了曹氏皇族的權力核心圈。然而這一次魏明帝的早夭托孤，給了司馬懿一次機會。魏明帝景初三年（二三九年）正月，魏明帝托孤的詔命傳達到駐軍在外的司馬懿的營帳，司馬懿星夜馳還，君臣得見最後一面。曹叡在病榻上握著司馬懿的手，懇切地說：「我把後事囑托給你，你與曹爽好生輔佐幼主。死是能夠忍住的，我忍著不死等著你來，能夠見上一面，我沒什麼遺恨了！」接著，曹叡用手指著身邊年少的兒子曹芳示意司馬懿，又叫曹芳上前摟著司馬懿的脖子以示託付，司馬懿叩首痛哭，魏明帝曹叡於是嚥氣而亡。

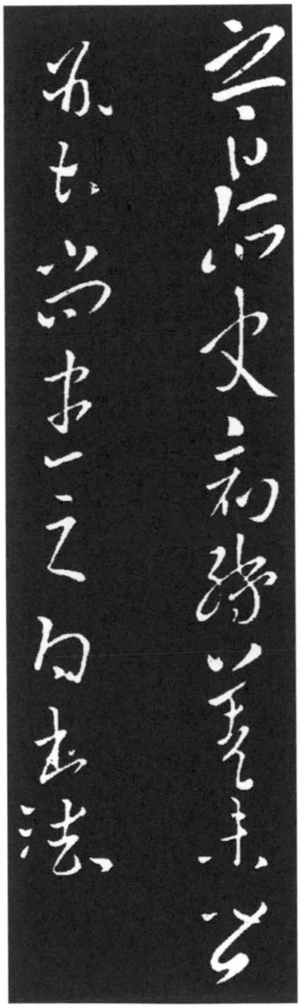
司馬懿的書法

曹爽敗魏

與同爲輔政的司馬懿相比，曹氏親族的大將軍曹爽則可謂一個徹頭徹尾的昏聵之人。司馬懿能夠最終獨攬曹魏朝政，一半的原因要歸咎在無能的曹爽身上。

曹爽，字昭伯，是已故魏國大司馬曹眞之子，曹操的侄孫。曹爽年輕時以宗族的身分與當時還是太子的曹叡結識，深爲曹叡所喜。曹叡繼位後，加封曹爽爲散騎常侍、武衛將軍，格外恩寵。然而曹爽卻是一個典型的紈袴公子，不僅缺乏智識，而且性格軟弱，不能斷事。魏明帝曹叡病危，召曹爽於榻旁，封其爲大將軍，令其都督中外軍事，與司馬懿共同輔政少主。他問一旁聽旨的曹爽：「你能當此大任麼？」曹爽竟緊張得汗流浹背，不能言語。魏明帝曹叡擔心曹爽難當大事，於是又命尚書孫禮輔助曹爽。

魏明帝曹叡死後，年僅八歲的曹芳繼位。曹爽與司馬懿共同輔佐幼主。起初，曹爽還能審慎行事，他以司馬懿年長，常以對父之禮來禮讓司馬懿，每有要事，必定要詢問司馬懿的意見，不敢專斷。但沒過多久，這一相安無事的平衡就被打破了。

當時，魏國中有一干崇尚虛華的官宦子弟，其中以并州刺史畢軌及鄧颺、李勝、何晏、丁謐等人爲首，這些人趨炎附勢，魏明帝曹叡在時就很討厭他們，都不予重用。但曹爽卻與他們非常要好，魏明帝死後，曹爽利用自身權力，將這些人盡皆提拔爲心腹。心術不正的何晏等人勸誘曹爽應將大權獨攬，排擠司馬懿。毫無遠謀的曹爽一一聽從，他讓司馬懿轉任毫無實權的太傅之職，將自己的弟弟們都提拔爲部隊領軍等要職，而鄧颺、何晏、丁謐等人也都被任命尚書等高位。鄧颺等人得勢後，利用手中權勢，胡作非爲，對向他們逢迎拍馬的人一律提拔，對不滿他們的人就罷官辭退。一時間朝中上下小人當道，烏煙瘴氣，曹爽卻沉浸其中，不聞不問。連魏明帝安排輔助曹爽的孫禮也因直言時弊，爲曹爽所不喜，被外放爲揚州刺史。

曹爽當政的種種倒行逆施引起了朝野上下的一致不滿，王公大臣們屢次進諫，曹爽等人卻毫無悔意。得意忘形的曹爽將自己衣食住行都仿照天子規格，甚至私自帶走已故魏明帝的七、八個才人作爲自己的妻妾。司農桓範警告曹爽小心招來禍端，曹爽卻大聲叫道：「我看誰敢！」

曹爽專權，自然與司馬懿產生衝突，但司馬懿知道時機未到，於是他每日稱病不朝，躲避曹爽的鋒芒。朝中不斷有人來向司馬懿訴苦，司馬懿卻只用四個字回復：「忍不可忍。」

高平陵之變

曹爽集團的種種倒行逆施，讓曹爽本人也心有畏懼，而他最擔心的就是來自司馬懿方面的行動。魏正始九年（二四八年），曹爽集團中的李勝被任命爲荊州刺史，臨行前特意去司馬懿的住所伺察探望。司馬懿知道李勝的來意，於是他佯裝病危，故意顯出一副垂垂將死的樣子，衣服不能穿上，喝粥灑了一身。李勝向他說自己要去荊州赴任，司馬懿卻故意打岔聽成是并州，言語錯亂。李勝離開後，高興地對曹爽匯報了司馬懿不日將死，曹爽等人於是徹底放心。

但此時司馬懿卻暗中集合力量，準備一舉翦除曹爽集團。魏嘉平元年（二四九年），司馬懿等待的時機終於來了。這年正月，曹爽帶著少主曹芳和自己一干親隨出城去祭拜魏明帝的陵寢高平陵。由於太過自信，曹爽幾乎沒有留下什麼重要的親信在城裡。司馬懿抓住時機，以皇太后之命下令關閉各道城門，出兵奪下了曹爽及其親族控制的軍隊，將曹爽等人困在城外。司馬懿於城內上奏曹爽各項大罪，勒令曹爽自首認罪，並許諾只是免掉曹爽的官職，不治他的死罪。

曹爽被這突如其來的兵變嚇得不知所措，一旁的司農桓範勸曹爽帶著幼主前往許昌，召集四方兵馬以自守。關鍵時刻，曹爽卻還猶豫不定。桓範急得大叫：「事情已經很明顯了，如今你們希求貧賤還能得到麼。況且如今我們有天子相隨，號令天下誰敢不應？」曹爽等人聽了卻無人回應。困局一直持續到第二天的黎明，無能的曹爽最終愚蠢地決定自首求生，他將佩刀往地上一扔：「最起碼我還可成爲一個坐擁財富的平民。」桓範聞之，號哭於地：「曹眞何等傑出，竟生出你們這樣的兄弟，豬牛一般。哪想到今日我要因你們而被滅族了啊！」

正如桓範所料，曹爽集團束手就擒後，司馬懿出爾反爾，收監了曹爽及其親族、黨羽一千人，以大逆不道之罪一併誅滅三族。而徹底剷除了曹爽勢力的司馬懿，也就將曹魏的政權牢牢地掌握在了自己手中。

繡像插畫：司馬懿詐病賺曹爽

魏主曹叡死後，兵權盡歸曹爽。因曹爽意欲篡權，排擠司馬氏勢力。魏太傅司馬懿裝病不出，曹爽為探虛實，派親信李勝前往探望。司馬懿裝病是假，滅曹爽勢力是真。見李勝探望，則故意錯亂其辭，迷惑李勝，令曹爽不再防備。

王弼與何晏

高平陵之變，曹爽集團諸人被一舉殲滅，但這卻讓中國哲學史上損失了一位大師，這個人就是何晏。魏晉時期，玄學成為最為盛行的哲學思潮，其學壇領袖就是王弼與何晏。王、何二人所提倡的「貴無」、「得意忘象」、「聖人無情」等思想，對後世哲學流派形成了深遠的影響。

英年奇才王弼

王弼，字輔嗣，生於曹魏黃初七年（二二六年），祖籍山陽高平（今山東鄒城、金鄉一帶）。王弼的六世祖王龔官至太尉，位列三公；五世祖王暢官至司空，亦位列三公，爲東漢末年「八俊」之一；曾外祖父劉表曾任荊州牧，亦在東漢末年的「八俊」之列；繼祖父王粲才學出眾，享譽文壇，是著名的「建安七子」之一。成長在這樣一個書香世家，王弼從小就深受良好學風的熏陶。

王弼幼年時即聰慧明察，飽讀經書；到了十幾歲時，精研儒道，尤好老子之學；不到二十歲，他便註解《周易》與《老子》，超脫於前人之解，而以玄學思想一以貫之，開創經學一代新風。王弼奇才善辯，常與當時的官宦名士談論哲學問題，往往佔據上風，他人無法反駁。因此，他廣受賞識，很早就才名遠播。不幸的是，王弼後來被政爭牽連，去職後不久患上傳染病，於曹魏正始十年（二四九年）病逝，得年二十四歲。

王弼的一生非常短暫，但憑藉其才學與智慧，他爲後世留下了驚人的學術成果。他的著作有《周易注》、《周易略例》、《老子注》、《老子指略》、《論語釋疑》等多種，皆是富於創見，自成體系。

王弼以遠離社會現實的玄談形式，企圖從理論上探討如何擺脫現實矛盾，於是簡明地闡述義理之玄學理論，取代兩漢神學及陰陽五行讖緯之荒誕迷信；把自然無爲絕對化、抽象化，以道家思想爲主，調和儒家思想，將宗教式的教條，提升爲思辨性的論理。他所提出的新觀點、新見解對日以後中國思想史的發展具有深遠的影響。正因如此，王弼雖小小年紀，卻被歷代公認爲玄學理論的宗師。

王弼最基本的哲學思想是「貴無」。他從老子的「有生於無」理念出發，認爲天地萬物的表現雖是有形物，但有形物還須有其原始，這個原始就是「無」。宇宙的「有」都是生於「無」，「無」就是宇宙的根本。王弼進而又說，「無」不是空無一物，而是「全有」，「無」存在於天地萬物中，「無所不適」，「無所不至」。「無」與「有」是本與末、體與用的關係。

王弼將「貴無」的思想引申到政治倫理中，論證了「以寡治眾」、君權至上的必然性。他還提出「名教出於自然」、「聖人體無」的觀點，意思是禮教也源於本體的「無」，聖人雖有情感，卻可以體認「無」。

王弼的另一重要思想是「得意忘象」、「得像忘言」，此屬認識論範疇。他發展了《周易》中的「言」（卦辭）、「象」（卦象）、「意」（義理）三個概念，提出要得「意」，需要借助「像」、「言」，卻又不執著於「象」與「言」。這對於如何認識天地萬物的問題有深刻的啓示。

玄學名士何晏

何晏也是魏晉玄學的領袖人物。他與王弼、夏侯玄等人競事清談，研習老莊，開玄學一時之風氣。

何晏，字平叔，南陽宛縣（今河南南陽）人。他出身尊貴，爲漢末大將軍何進之孫（一說爲何進之弟何苗之孫），其父早亡，其母尹氏被曹操納爲妾室，於是何晏被曹操收爲養子，深得寵愛。何晏自幼多才，遠近聞名，好老莊之學。難得的是，他還是名噪一時的美男子，天生身姿威儀，膚色白皙，猶如敷粉一般，喜愛穿婦人衣服，走起路來顧影自盼，人稱「傅粉何郎」。成年後，何晏娶曹魏金鄉公主爲妻，喜服「五石散」（一種礦物粉劑），並在士子大夫中大爲提倡，使服藥蔚然成風。由於相貌華美，衣著服飾常與帝王相似，何晏在曹丕、曹叡當政時都備受憎惡，直到曹爽秉政時才累次陞官至吏部尚書，封侯晉爵，但最終受曹爽連累，被擅權的司馬懿所殺。

作爲玄學的代表人物，何晏與王弼一樣，也堅持「以無爲本」的基本觀點。何晏對魏晉玄學的貢獻，主要在於對王弼的「名教出於自然」、「聖人體無」等思想進行了發展和完善。此外，何晏反對王弼的「聖人體無」說，而提出「聖人無情」說，認爲聖人無喜怒哀樂的情感，完全不受外物影響，所以能達到「無爲」。

晚年孫權

如果說青壯年時期的孫權是那個令曹操發出「生子當如孫仲謀」感慨的英傑，那麼就如同許多步入老年的統治者一樣，晚年的孫權則漸漸成為一位昏聵的帝王。他變得性格多疑，嫌忌異己，喜怒無節，妄斷擅殺，而東吳也在他的統治之下漸漸由盛轉衰。

嫌忌張昭

晚年的孫權卻變成了一位昏聵不堪的君王。正如《三國志》作者陳壽評價的那樣：孫權「性多嫌忌，果於殺戮」，本來心胸就不夠寬廣，到晚年愈來愈變本加厲。這一點，可以從他對東吳重臣張昭的態度得知。

張昭，字子布，少時跟從孫策創業江東，頗具才幹，江東知名。孫策非常欣賞張昭，任命他爲長史、撫軍中郎將，還親自去拜會他的母親，待張昭以朋友之禮，一切軍國之事也都全交給張昭處理。孫策臨終，將弟弟孫權託付給張昭，由張昭統領百官輔佐孫權，這也就有了孫權「內事不決問張昭」的說法。

面對這樣一位對國家忠心耿耿的股肱重臣，孫權卻打心眼兒不喜歡他，因爲張昭總是打攪他的「好事」。孫權喜歡打獵，常常乘馬射虎，猛虎兇猛，幾次差點傷到孫權。張昭爲此反覆勸阻：「做人君者，應能駕馭英雄，哪裡是在原野上對猛獸逞強？如果萬一有個閃失，豈不爲天下恥笑？」孫權笑著答應，卻不悔改。還有一次，孫權和群臣在釣台上宴飲，喝得酩酊大醉，他命人用水淋灑群臣，還說：「今日暢飲，只有醉倒在釣台上，才能停歇。」一旁的張昭正色不言，起身離去。孫權連忙命人找回張昭，張昭對孫權說：「以前商紂王造酒池徹夜酣飲，那時也是以此爲樂，而不以此爲惡。」孫權聽

吳大帝孫權畫像

後，面有慚色。正是因爲張昭總是毫不留情地指摘孫權的過失，孫權對張昭既忌憚，又怨恨。後來，孫權稱王，要設立丞相，滿朝上下都推薦德高望重的張昭，孫權卻堅決反對，而任命顧雍頂替了張昭。

如果說青壯年時的孫權還能禮敬地對待張昭的話，步入晚年的孫權對張昭就只有不滿和嫌忌了。

孫權稱帝後，有一次，他召群臣對長期以來爲吳國貢獻突出的人物進行點評。有人提到張昭，孫權卻冷冷地說了一句：「如果依著張昭之計，我今天就已經要乞食要飯了。」這讓在座的張昭聽後一身冷汗，眾人也驚訝於孫權對老臣如此刻薄。之後，張昭以年老爲由，辭退了官位和所有管轄的事。

孫權還是召見張昭，張昭每次前來，都直言不諱、義形於色，孫權乾脆眼不見心不煩，將這種儀式性的召見也取消了。後來，在對待遼東公孫淵的問題上，張昭苦勸而孫權不聽。張昭氣憤孫權不納忠言，回到家中稱疾不朝。孫權因此忌恨張昭，命人用土將張昭的家門徹底封上，以示報復。而張昭一不做二不休，也令家人用土從裡面再封一層，以示對抗。君臣關係一度緊繃。

「以人爲鏡，可以明得失」。從忠直諍臣張昭身上，可知孫權所失。

遼東夢魘

孫權晚年做過的最爲昏聵之事，就是遣使聯結遼東公孫淵了。

當時，割據遼東的公孫淵雖然對魏稱臣，卻心懷不軌，屢次遣使到達東吳，與孫權結好，想在魏吳兩家之間游弋，坐收漁利。東吳嘉禾元年（二三二年），公孫淵派遣校尉宿舒、郎中令孫綜來到東吳，奉表對東吳稱臣，並貢獻貂皮馬匹。晚年好大喜功的孫權極爲高興，不僅賜封公孫淵爲燕王，還要派己方的太常張彌、執金吾許晏、將軍賀達等一批朝廷重臣，攜帶大量的金寶珍貨，出海北上遼東封賞公孫淵。

這個舉動立即遭到了滿朝文武的強烈反對，群臣認爲公孫淵尚不可信，己方卻回賞豐厚，實在太過冒險，而張昭更是言辭懇切：「公孫淵背叛魏國懼怕被征討，所以遠道而來請求援助，這並不是他的本意。如果公

三國．吳．青釉人擎燈

孫淵改變主意，想向魏國示好，那麼我們的使者就回不來了，這不是取笑於天下麼？」張昭反覆苦勸，但孫權一意孤行，他拔出刀來放在岸上，向張昭怒吼道：「吳國的士人入宮就拜我，出宮就去拜你，我對你的尊重也足夠了，而你卻屢次曲折我的意思，我時常擔心自己會因失去理智而殺了你！」張昭聽後，盯著孫權看了好一會兒，然後平靜地說：「我知道我的話你不會聽，但每次還這樣竭盡愚忠，是因爲太后臨終時，把老臣我叫到跟前，叫我盡心輔佐你的話還在耳邊。」說完，張昭老淚縱橫。孫權也被張昭的一席話感動，他把刀扔在地上，二人哭在一起。

然而最終，面對群臣的反對和顯而易見的危險，孫權還是一意孤行地強令張彌、許晏等人出海前往遼東。結果不出眾人所料，吳國的使節到達遼東後，公孫淵就地反悔，認爲吳國距離太遠難以倚侍，於是下令將張彌、許晏等人盡皆斬首，將首級送到魏國領賞，而金銀珠寶則盡數納爲己有。消息傳到吳國，被足足戲耍了一回、損失慘重的孫權怒不可遏，他發下毒誓：「我年已六十，各種世事沒有不曾經歷過的。今日竟爲這等鼠子所騙，令人氣湧如山。不親自砍下這些鼠子的頭顱扔到海裡，我無顏再做這個皇帝。就算是爲此顛沛流離，我也絕不悔恨！」說罷，就要出動大軍跨海征討。自東吳伐遼東，無異於天大的玩笑，群臣見狀，皆上前諫阻。在群臣苦口婆心的輪番勸慰下，孫權才打消了這個荒唐的出兵念頭，避免了一錯再錯。

錯信公孫淵，將多名重臣送入虎口，血本無歸，遭受奇恥大辱，遼東成爲孫權晚年不願回想的夢魘。

自毀長城

除去上述那些昏聵的行徑，晚年的孫權還多疑擅殺，因與己意不和，就殘害、流放了很多元老大臣。

首先是丞相陸遜。陸遜是對東吳建立居功至偉的國家棟樑，他以一己之力抗禦外侮，對國對民都極盡忠貞，卻因爲爲人正直而頂撞了孫權。尤其在繼承人的問題上，孫權聽信讒言要廢黜太子孫和，而陸遜則以死力保毫無過失的太子，孫權由此對陸遜動了殺念。孫權忌憚陸遜是國之眾望，不好網羅罪名，於是他派使者不斷地前去陸遜的住所，傳達他對陸遜的責罵。陸遜無罪被屈，心中無比鬱悶，年歲已高的他不禁如此氣辱，最終含冤而死。

相似遭遇的還有元老虞翻和太常顧譚。虞翻早年跟隨孫策平定江東，以才情顯名。孫權繼位後，他屢次直言進諫，為孫權所不喜，因此官職只至騎都尉。孫權稱吳王後，有一次宴請群臣，孫權大醉卻依舊勸酒不止，虞翻佯醉避酒，被孫權發現。孫權竟氣憤得拔出寶劍追著要殺虞翻，多虧有人抱住才避免一場命案。孫權之後反省，敕令左右凡是自己喝醉之時要殺的人，一律不准殺。然而虞翻並沒有因此得到原諒，孫權累計對他的怨恨，將年事已高的他發配交州（今越南北、中部和中國廣西的一部分），虞翻最終客死他鄉。而同樣發配交州的還有太常顧譚，他早年與太子孫和友善，在太子廢立風波中，他堅定地站在無罪的太子一邊，結果遭到與太子競爭的魯王孫霸的構陷。孫權信以為真，將其遠徙交州。兩年後，四十二歲的顧譚幽憤而亡。

類似遭遇的東吳臣子還有很多，他們無不是得罪了孫權，下場非死即徙。晚年的孫權殘害了陸遜、顧譚、吾粲等一大批忠誠正直的大臣，也使東吳人迷失了善良的本性，人與人之間變得無法信任，互有敵意。

石頭城

古時為楚威王的金陵邑。東漢末年，孫權在原址石頭山上順勢築城，故稱石頭城。城址在今江蘇南京漢中門外清涼山。

吳易太子之禍

孫權晚年時昏庸胡為，他在處理太子孫和和魯王孫霸的儲位之爭中的糊塗做法，更是為東吳日後的動盪不安以及最終的滅亡埋下了伏筆。太子孫和無辜被廢，魯王孫霸賜死，一干朝廷棟樑牽連被殺、被流放，骨肉相殘，腥風血雨。

儲位之爭

東吳最早的儲君是孫權的長子孫登，然而孫登三十三歲便英年早逝。孫登死後空出的太子之位，成爲眾皇子爭奪的焦點，其中主要的競爭者是孫和與孫霸。

孫登死後第二年，孫權依長幼之分，立孫和爲太子，立孫霸爲魯王。然而孫權仍沿襲了對兩人等同視之的態度，還令二人同居一宮。這引起了朝臣們的廣泛議論，認爲既然已定新太子，就應當區分太子與魯王的差別，以示一尊一卑。孫權這才不情願地將兩個兒子分置兩宮，並爲他們各自配屬幕僚。

但儲君之位的吸引力實在是太大了，加上孫權之前在太子和魯王之間不明朗的態度，助長了魯王孫霸對太子之位的覬覦。孫霸私下結交名流，培植黨羽，大肆拉攏朝中官員，一時間氣焰甚囂塵上；而朝中忠正之臣則竭力保全太子。於是，東吳朝中出現了自僕人、賓客到王公貴胄的兩極分化，太子與魯王兩派互相仇視，相互攻訐，國家因此「一分爲二」。

吳易太子之禍

太子與魯王之爭引起了孫權的注意，孫權急忙命令兩位皇子禁斷與賓客的往來，靜下心讀書，但孫霸仍然夥同黨羽以各種手段詆毀太子孫和。

孫權的長女孫魯班嫁給了東吳的左護軍全琮，這位公主與太子的母親王夫人有嫌隙，擔心太子繼位後會報復自己，加上全琮也支持魯王孫霸，

三國・青瓷羊尊

於是，她常在孫權耳邊說太子的壞話。有一次，孫權患病，命太子前往廟裡為他禱告，太子妃的叔父張休在廟的附近居住，太子就順道去拜見了張休。孫魯班得知後，馬上跑到孫權耳邊說：「太子不在廟中禱告，反倒跑到太子妃的親人家中密謀議事。」還說：「王夫人知道聖上病了，面露喜色。」孫權頭腦昏聵，也不辨讒言的真假，就信以為真。加上魯王黨羽的反覆詆毀，孫權漸漸對太子產生不滿，信任日衰。

孫權對太子態度上的變化引發了朝中一批忠直之臣的擔憂，丞相陸遜反覆諫言，力挺太子無過，卻反而遭到孫權的不滿。太常顧譚以太子地位不穩引發的歷史教訓勸諫孫權，結果招來孫權的反感和魯王的敵視。魯王的黨羽借助孫權的反感情緒，趁機污蔑、編造支持太子的大臣們的罪名，結果孫權不問是非，將太子身邊的顧譚、顧承、張休等人流放，還追賜張休死藥；將太子太傅吾粲下獄誅殺；將丞相陸遜責備致死。經此一遭，朝中無人再敢為太子鳴冤。

當時，孫權還有一幼子，名叫孫亮，很得孫權喜愛。怙惡不悛的公主孫魯班擔心太子忌恨自己，於是又轉而在父皇面前處處誇讚孫亮，意欲讓孫權廢掉太子。孫權也早已因儲位之爭對兩位皇子喪失了信心，於是他逐漸有了廢掉孫和、改立孫亮的意思。

東吳赤烏十三年（二五〇年），糊塗的孫權先是無故命人將太子孫和幽禁了起來。朝野大震，滿朝文武盡皆前來為太子說情，驃騎將軍朱據和尚書僕射屈晃等人更是披髮自縛，連日到殿前請願，叩頭流血，為太子申辯。孫權大怒，他竟命人將固諫不止的陳正、陳象誅滅三族，罷了朱據（隨後賜死）、屈晃的官，還發配了十多名諍臣。然後，盛怒未消的孫權乾脆「一鼓作氣」，將太子孫和廢為庶人；魯王孫霸也沒有好下場，孫權殘忍地賜死了自己的兒子，並一併誅殺了楊竺、全寄、吳安、孫奇等他的一干黨羽。同年，孫權立孫亮為太子，而此時的孫亮才剛剛七歲。

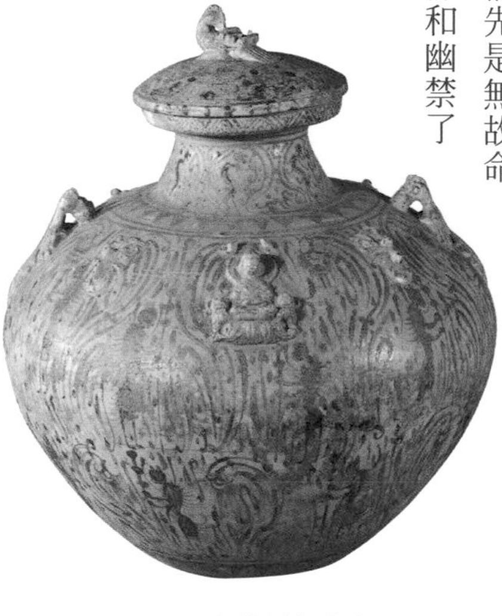

三國・吳・青釉褐彩瓷壺

瓷壺高三十二・一公分、口徑為十二・六公分，南京雨花台長崗村出土。瓷壺胎色米黃，先在胎上以褐彩繪出裝飾圖紋，然後上施青釉，再入窯焙燒，開創了中國古代釉下彩瓷器之先河。過去多認為釉下彩瓷器始燒於唐代，而孫吳釉下彩瓷壺的發現，將這一工藝發明的時間提前了三個多世紀。

矜己自敗諸葛恪

經歷了吳易太子之禍的腥風血雨後，東吳的政治動盪暫告停息。東吳太元二年（二五二年），孫權病重托孤，面對朝中元勳殆盡的窘境，他只得啓用了剛愎自用的諸葛恪。諸葛恪雖有才幹，卻矜己凌人，獨攬大權，這引起了新帝孫亮的不滿，於是在孫亮和皇族孫峻的密謀下，諸葛恪被誅。

孫權托孤諸葛恪

吳易太子之禍告終，年僅七歲的孫亮被立爲太子。孫權因太子年幼，想爲他尋找可堪託付的重臣輔佐，然而此時的朝廷中已是良臣誅盡，人人自危。侍中孫峻向孫權推薦了大將軍諸葛恪，孫權深知諸葛恪性格剛愎自用，但眼見滿朝無人再比諸葛恪合適，於是就命人召見諸葛恪。諸葛恪前來，病重的孫權在病榻上下詔，封諸葛恪爲太子太傅，命令朝中諸事都由諸葛恪統一協理。東吳神鳳元年（二五二年），一代帝王孫權病逝，享年七十一歲。同年，孫亮繼位，改元建興。諸葛恪以顧命大臣的身分，統領朝政。

諸葛恪，字元遜，是東吳元老諸葛瑾的長子。他年少時便以聰明練達出名，出口答對、辯論應機，無人可比。有一次，孫權嘲笑諸葛瑾長了一張驢臉，便命人牽上一頭驢，提名叫諸葛子瑜（諸葛瑾，字子瑜）。尷尬時刻，諸葛恪跪請孫權，爲此驢再添兩字，孫權好奇地允許其執筆，只見諸葛恪在下續上兩字：「之驢」，滿座歡笑。諸葛恪機智地化解了父親的尷尬，孫權十分賞識他，還把那頭驢賜給了諸葛恪。還有一次，蜀國的使節前來，孫權想爲諸葛恪討要一匹好馬，就對使節說：「回去告訴你們丞相諸

諸葛恪像

諸葛恪，東漢建安八年至東吳太元三年（二〇三年至二五三年），字元遜，琅琊陽都（今山東沂南南）人。三國時期吳國名將，諸葛瑾之子。

葛亮，給他侄子諸葛恪找匹好馬來（諸葛亮是諸葛瑾的弟弟，諸葛恪的叔叔）。」話剛說完，諸葛恪就跪謝聖恩。孫權不解地問：「馬還沒來你謝什麼？」諸葛恪回答：「蜀國不過是聖上在外的馬廄，聖上如今索要，好馬必至，我安能不謝？」孫權聽後大悅。

爾後，諸葛恪出任各級官職，所在皆有不錯成績。吳易太子之禍後，陸遜去世，孫權令諸葛恪接任陸遜，封大將軍。孫權死後，諸葛恪輔佐幼主，總理朝政，他廢除了朝廷中許多不合理的規定，寬刑役，去關稅，各項措施深得百姓歡心，他的聲望也日漸高漲。諸葛恪每次出門，沿街的百姓都爭相眺望，想一睹他的風采，諸葛恪儼然成爲東吳的新希望。

矜己凌人

才剛剛統領朝政不久，諸葛恪就率領吳軍打了一場大勝仗。東吳建興元年（二五二年），諸葛恪率眾在巢湖一帶修築東興堤。魏國看到吳國跑到自己的地盤上來修工程，深以爲恥，於是命大將胡遵、諸葛誕等人率眾七萬，前來攻打吳軍。諸葛恪親提四萬吳兵迎戰，派留贊、丁奉等將爲前部。魏軍將領見吳軍兵少，輕敵大意，在營中喝酒作樂。吳軍大將丁奉見敵怠慢，命令士兵卸掉鎧甲長矛，只帶盾牌砍刀，裸身逼近敵營。魏軍望見吳軍如此，大笑不止，更加不以爲意。吳軍趁魏軍鬆懈，突然擂鼓衝進敵營，大砍大殺。魏軍驚恐潰散，死者數萬。吳軍俘獲軍械無數，大勝而歸。

東漢・越窯黑褐釉印紋罐

諸葛恪得勝而歸，孫亮加封他爲陽都侯，授予其都督全國軍事的大權。得勢的諸葛恪更加心高氣傲，他不避諱功高震主的危險，反而越發驕縱。他逐漸滋生輕敵之心，破敵的第二年，他又想出動大軍與魏軍交戰。如此短時間內勞師動眾，這個想法遭到了很多朝中大臣的反對，連他的好友丹陽太守聶友也寫信好意勸阻他，認爲時機未到，不宜接連用兵勞師動眾。但諸葛恪卻全然聽不進去，他回信給聶友說：「你雖然明白自然之理，但不懂得天有大數，你再反省反省，就能開悟了。」

諸葛恪摒開眾議，執意出兵，勞師二十萬之眾，惹得沿途百姓怨聲載道。他指揮吳軍包圍合肥新城，晝夜強攻，士兵死傷慘重。攻擊持續近三月，眼見即將攻破，魏軍守將張特詐騙諸葛恪，派人前往吳營，聲稱已無心再戰，只是忌憚魏國法律規定的將士若守城不足百日，就會連坐家人，而現在已守城九十餘日，於是他求諸葛恪寬限時日，百日一到魏軍就出城投降。心浮氣躁的諸葛恪信以爲眞，下令放緩進攻，結果讓城內的魏軍得到修養調整的時機，等到百日期限到來，魏軍已將城防重又修固，拒守不降，而後續的魏國援軍已到。諸葛恪自知受騙後大怒，執意繼續攻城，結果士兵或死或病或傷，損耗大半。時值大暑，氣候炎熱，吳軍將士疲勞不堪，病患肆虐橫行。軍營中哀鴻遍野，眾皆憤恨，但諸葛恪卻晏然自若，毫無愧疚。軍醫向諸葛恪通報嚴重的病情，諸葛恪認爲軍醫扯謊，差點斬殺了軍醫；將軍朱異在作戰上與諸葛恪有不同意見，諸葛恪就將他撤職，打發他回後方；都尉蔡林屢次勸諫諸葛恪，諸葛恪絲毫不聽，失望之餘的蔡林乾脆策馬投奔魏軍而去，諸葛恪威望盡失。

最終，吳軍勞師遠征無功而返。無功回師的諸葛恪擔心朝中議論，於是變本加厲地施行專權。他罷免了有反對意見的大臣，還將宮中守衛全都換成了自己的親信。朝中爲之驚悚，民怨因之四起。

孫亮巧智破案

一日，孫亮遊覽庭苑，口中覺得乾渴，時值生梅最好的食用季節，孫亮命身旁的宦官從倉庫中取來蜂蜜，想沾著生梅服用。那名宦官平素與看管倉庫的官吏有仇，於是趁機找來老鼠屎投入蜜罐。孫亮打開蜜罐發現蜜中有鼠屎，於是他叫來倉庫的官吏問責，官吏叩首辯白是宦官誣陷。二人爭執不下，同行的大臣建議將二人交付官府審問，孫亮卻笑著說：「這很容易知曉」。他命人將老鼠屎掰開，發現裡面是乾燥的，孫亮哈哈大笑，說：「如果鼠屎早在蜜中，裡外應當都是濕的，如今外濕裡乾，一定是宦官搗的鬼。」宦官聽後跪地認罪，而倉庫的官吏也免受懲罰。

自取滅亡

早有企圖的侍中孫峻見諸葛恪人心盡失，便編造諸葛恪即將謀反的謊言，與早已對諸葛恪心存畏懼的皇帝孫亮密謀邀請諸葛恪宴飲，想藉機除掉諸葛恪。

東吳建興二年（二五三年），孫峻以孫亮之命召諸葛恪進宮。諸葛恪出發前夜，家中災異鬼怪之事不斷，諸葛恪通宵未眠。出門前，洗臉水和衣物都無故腥臭；走到門口，又有狗銜其衣不欲其行。他剛一出門，客廳的房樑就莫名其妙地折斷了。及至宮門，種種不祥之兆令諸葛恪猶豫不敢入宮。

守候在一旁的孫峻連忙出門迎

接，他採用欲擒故縱之法，有意對諸葛恪說：「您若是身體不舒服，可改日再來，我去跟聖上說一下。」這讓自負逞強的諸葛恪很是不悅，「我自己會進去。」於是，諸葛恪持劍上殿，入座宴飲。孫峻命人斟酒，警覺的諸葛恪擔心酒中有毒，遲遲不肯喝。孫峻又故作姿態地叫來侍者：「諸葛使君的病還沒痊癒，他帶有常喝的藥酒，快去取來。」侍者取來藥酒，諸葛恪這才放心。

酒過三巡，孫峻見時機已到，示意孫亮起身迴避，自己則藉口上廁所，跑到外面脫下禮服，換上格鬥的短衣，一躍跳到諸葛恪面前，大喝一聲：「有詔收諸葛恪！」諸葛恪驚起，想拔劍自衛，但還沒等他抽出寶劍，孫峻已亂刀砍下，諸葛恪倒地。諸葛恪的侍衛張約從旁用劍砍向孫峻，砍傷了孫峻的左手，孫峻回身一劍，斬斷了張約的右臂。諸葛恪的隨身衛兵聽聞有變，衝上殿來，孫峻見狀大喊：「今日要取性命的只有諸葛恪一人，今已死！」衛兵們平日已對諸葛恪心有不滿，於是都退後不問了。孫峻又令士兵在諸葛恪身上一通亂砍，然後抬出殿門，清洗地面，他則重坐回原位，飲宴繼續。諸葛恪驕吝矜己，最終自取滅亡。

諸葛恪死後，屍體被葦席裹住，棄置在石子崗，其家也被夷滅三族。諸葛恪的死雖不足惜，但本已根基動搖的東吳因他生前死後所掀起的風波，變得更加搖搖欲墜了。

繡像插畫：孫峻席間施密計

孫峻與吳主孫亮請太傅諸葛恪赴宴，於席間將諸葛恪斬殺，而後吳主孫亮封孫峻為丞相、大將軍、富春侯，總督中外諸軍事。吳國權柄盡歸孫峻。

淮南三叛

高平陵之變後，曹魏朝政完全落入司馬氏手中，而司馬氏集團的篡政野心也暴露無遺。為此，曹魏皇室的支持者不斷發起反對司馬氏集團的軍事活動。其中，以淮南地區發生的三次兵變最為著名，史稱「淮南三叛」。但三起反叛均被司馬氏鎮壓。

王淩圖謀廢立

「高平陵之變」後，司馬懿誅殺了曹爽，令朝野畏服，朝中大權自此落入了他及其族人黨羽的手中。年幼的曹魏少主曹芳迫於司馬氏強大的勢力，晉封司馬懿爲丞相，而其子司馬師和司馬昭則分別領衛將軍和安東將軍，朝廷的兵政大權實際上已爲司馬懿父子牢牢掌握。

司馬氏的行徑引起了很多支持曹魏皇室的朝臣的警覺和敵視，其中最先發難的是太尉王淩。王淩，字彥雲，他的叔父就是東漢末年因智除董卓而鼎鼎有名的司徒王允。王允被李傕、郭汜殺害後，年少的王淩逃出命來，投靠了曹操。而後他歷經曹丕、曹叡兩代，屢有功勳。曹芳繼位後，任命王淩爲征東將軍，都督揚州軍事防禦東吳。高平陵之變後，王淩被晉陞爲太尉。

當時，王淩看到司馬懿專權，皇帝曹芳闇弱，於是他與自己的外甥兗州刺史令狐愚合謀，欲利用手中掌握的淮南重兵，擁立曹魏的楚王曹彪爲帝，以此對抗司馬懿。王淩的兒子王廣知道了之後勸他說：「凡舉大事，應本人情。曹爽及其同黨因驕奢失去民心，因此被司馬懿殺掉後，百姓並無異議。如今司馬懿雖獨攬朝政，但未有謀反的具體行動，況且他的政令也深得民心。司馬懿父子都手握重兵，不是那麼容易滅亡的。」但王淩不聽。

還沒等到王淩決定起事，令狐愚便先病死了。曹魏嘉平三年（二五一

司馬懿像

司馬懿，東漢光和二年至曹魏嘉平三年（一七九年至二五一年），字仲達，河內溫縣孝敬里（今河南溫縣招賢）人，三國時期魏國傑出的政治家與軍事家。

年），東吳再次進犯淮南，王淩見時機已到，便假裝上書請戰，想整備大軍，藉機起事，但朝廷卻對王淩的請戰要求予以回絕。王淩又派手下將軍楊弘聯絡兗州刺史黃華共同舉事，然而楊弘卻與黃華聯名將王淩謀反的消息報告給司馬懿。司馬懿連忙率大軍乘水道南下討伐王淩，毫無準備的王淩倉促迎戰，兩軍江上對峙。司馬懿命人寫信給王淩，信中表示赦免他的罪過，而自己則率大軍前往只距王淩軍隊百尺遠的位置，逼迫王淩做出決定。王淩自知大勢已去，於是放棄抵抗，乘小舟來見司馬懿，自縛認罪。司馬懿令人解開王淩的綁繩，好生安慰，並命人將王淩護送到京城。王淩很是意外，以爲司馬懿眞的會赦免他、放他一條生路，於是假意向司馬懿索求釘棺材釘子，來試探司馬懿的意思。然而司馬懿卻同意了他的請求，派人送來了釘子。王淩知道必死無疑，於是在去京城的路上飲藥自盡。

王淩死後，司馬懿命人糾查相關涉案人員，並一律夷滅三族。他還讓人剖開王淩、令狐愚的墳塚，暴屍三天，以示懲戒。幾個月後，司馬懿下令賜死了楚王曹彪，並將所有曹姓的諸侯王招到京城中看管，嚴禁他們與外界接觸。

毌丘儉、文欽起兵

王淩謀反被鎮壓後不久，司馬懿病逝。按照他的遺命，朝廷任命他的長子司馬師爲大將軍，接替司馬懿統領朝政。

與司馬懿的老謀深算相比，司馬師的專政手段更爲直接和露骨，司馬氏對朝中異己的鎮壓更爲殘酷。中書令李豐爲人正派，朝野知名，曹芳不滿司馬師的專橫，常將李豐召到身邊耳語，旁人不知內容。司馬師知道是在議論自己，於是找來李豐質問談話內容，李豐不以實告之。司馬師一怒之下抽出佩刀就刺死了李豐，還將與他交往密切的夏侯玄等一干朝臣收押，以謀反罪全部誅滅三族。

李豐等人之死，令曹芳氣憤難平。而小皇帝的憤怒也引起了司馬師的警覺，這讓司馬師有了廢帝另立的打算。曹魏正元元年（二五四年），司馬師召集群臣會議，以皇帝荒淫無度、不可以承天命爲由，謀廢曹芳，群臣無人敢提異議。於是，由司馬師做主，立高貴鄉公曹髦爲曹魏第四代皇帝。曹髦繼位時年僅十四歲，成爲司馬氏一族控制朝政的一個傀儡。

司馬氏專政

到了隨意廢立皇帝的地步，這讓許多曹魏舊臣既是怒

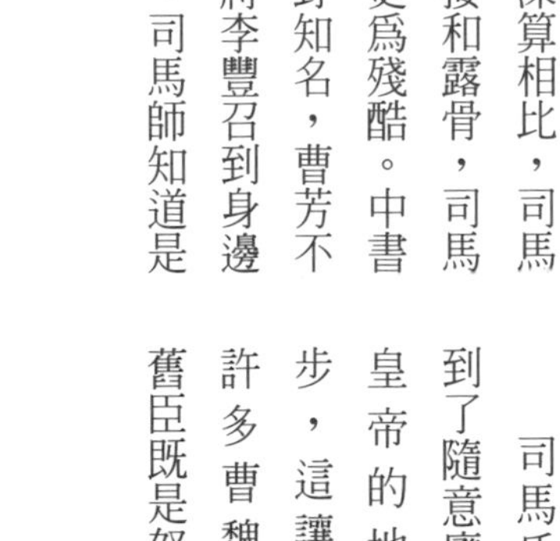

三國．青瓷水注

火中燒，又人人自危，擔心司馬氏産除異己的動作降臨到自己身上。時任揚州刺史的文欽是個驍勇絕人的猛將，當年因曹爽的賞識而得到重用。曹爽被殺後，文欽擔心會株連自己，內心時常惶恐不已。而鎮東將軍毌丘儉也因爲好友李豐、夏侯玄的被殺而心不自安。

於是，就在司馬師廢黜曹芳的第二年，曹魏正元二年（二五五年）春，毌丘儉、文欽假造太后旨意，於壽春起兵六萬反叛，率軍渡淮，進至項縣（今河南沈丘），討伐司馬師。司馬師問計於河南尹王肅，王肅以當年呂蒙擊敗關羽爲例，指出叛軍士兵家眷在北，應攻心爲上，敵自瓦解。司馬師從之，並親率三路大軍總計十萬人前往鎮壓。司馬師命荊州刺史王基爲先鋒，王基認爲淮南叛亂當地民眾未從，不過是毌丘儉等人蠱惑所致，而朝廷大軍一到，敵必破散。他不待用兵遲疑的司馬師發令，果斷地率眾進據南頓（今河南項城），與毌丘儉、文欽展開對峙交鋒。毌丘儉、文欽的部隊急求一戰，魏軍卻堅守困敵。而此時東吳又派驃騎將軍呂據、左將軍留贊率大軍偷襲毌丘儉等人的後方，毌丘儉與文欽進不能戰，退不能守，人心思歸，士氣大降，降兵無數，結果部隊不戰自潰。文欽見狀連忙逃入江東投靠東吳；毌丘儉兵敗，慌忙中隻身逃入水邊的草叢之中，被當地的百姓擒住，殺死領賞。

諸葛誕反叛

所謂「一波未平，一波又起」，文欽、毌丘儉的反叛剛剛平息，就又發生了壽春諸葛誕的反叛。

在鎮壓文欽、毌丘儉反叛的過程中，原爲鎮南將軍的諸葛誕立下赫赫戰功，被加封爲鎮東大將軍、都督魏國東南軍事。然而，諸葛誕原本也與夏侯玄等人友善，夏侯玄的被殺，王淩、毌丘儉等人相繼反叛被誅，這些都令諸葛誕感到心不能安。於是，擁兵東南的諸葛誕開始四散家財，廣招勇士，大赦有罪之人以收眾心，家中蓄養了千餘名死士。諸葛誕以東吳覬覦爲由，請求以十萬兵守壽春，意圖借此自保。

當時，司馬師已因目疾惡化而

繡像插畫：廢曹芳魏家果報

魏主曹芳懼怕丞相司馬師，要暗召外兵討伐。司馬師覺察後，廢了曹芳，立曹髦為帝。

名士夏侯玄

淮南三叛中被屢屢提及卻沒有出現的人物夏侯玄，是魏晉時期一位天下聞名的名士。

夏侯玄，字太初，是魏國征南大將軍夏侯尚之子，曹魏皇室的族人（曹姓與夏侯姓有血緣關係）。他儀表堂堂，少年時就才學出眾，尤其精通玄學，被譽爲「四聰」之一，和何晏等人開創魏晉玄學的先河，是早期的玄學領袖，天下知名的名士。在政治上，他提出「審官擇人」、「除重官」、「改服制」等制度，深得時政之要。

曹爽輔政（夏侯玄與曹爽是姑表兄弟），夏侯玄升中護軍，又任征西將軍，掌管雍、涼二州軍事。曹魏嘉平六年（二五四年），中書令李豐被司馬師以謀反罪殺死，長期不與司馬氏合作的夏侯玄被連坐處死。臨刑前，夏侯玄面不改色，舉止自若，不失一代名士之風，時年四十六。

死，繼其掌政的是他的弟弟司馬昭。司馬昭派長史賈充前往慰勞諸葛誕，實則試探其居心。賈充到了壽春，故意提到司馬昭有意禪讓稱帝的事情，諸葛誕厲聲回答：「我們世受魏國恩典，豈可把國家社稷讓給別人！如果曹氏有難，我願爲其而死！」賈充一一稟報給了司馬昭，司馬昭知諸葛誕有二心，連忙派人加封諸葛誕爲司空，想將他召到京城加以控制。諸葛誕擔心入京被司馬昭加害，於是率領手下近二十萬兵士宣布反叛，割據壽春對抗司馬昭。同時，他還聯絡東吳，稱臣請求救援。東吳大喜，派降將文欽入城聯絡，其餘眾將率三萬大軍接應諸葛誕。

司馬昭連忙調集二十六萬大軍討伐壽春，雙方參戰軍隊在五十萬人上下，戰事規模可謂三國之最了。諸葛誕犯了戰術的錯誤，手握重兵並沒有靈活運用，而是死守壽春，將主動權拱手讓人。司馬昭命大軍將壽春城團團圍住，堅壁困敵。守城的諸葛誕及外圍的東吳援軍屢次突圍均告失敗，司馬昭還令人向壽春城傳話以動搖軍心。戰事持續半年，諸葛誕糧草告急，加上東吳發生內亂，援兵撤走，諸葛誕只得率眾出城拚死突圍。然而魏軍工事牢固，諸葛誕只好又退回城中。此時，城中守軍人心散亂，諸葛誕與文欽發生爭執，文欽被殺，城中守軍分裂。司馬昭見對手疲態已極，命令大軍合攏，強攻壽春。諸葛誕再無招架之功，城破出逃被擒，三族盡滅。這場淮南二十萬大軍的反叛宣告失敗。

太尉王淩、揚州刺史文欽和鎮東將軍毌丘儉、征東將軍諸葛誕接連起兵反抗司馬氏，但最終都兵敗人亡。至此，支持曹魏皇室的武裝力量基本被消滅殆盡，司馬氏篡政的最大阻力也被削平。

姜維伐中原

諸葛亮死後，蜀漢歷史進入了「後諸葛亮時代」，朝政先後由諸葛亮生前指定的蔣琬和費禕統理，而兵權則由有「孔明繼承人」之稱的姜維掌握。三人遵照諸葛亮生前的章法進行管理，蜀漢得以保持穩定。然而，隨著蔣琬和費禕的先後辭世以及姜維數度勞而無功的北伐，蜀漢國力日益衰敗，逐漸走向末日。

後諸葛亮時代

諸葛亮死後，之前由他一人「軍政一把抓」的局面被打破。按照諸葛亮生前的遺囑，朝政大權先後由重臣蔣琬和費禕統理，而軍事則由年富力強的姜維負責。這一時期蜀漢政治基本上沿用了諸葛亮生前的章法，因此不妨稱之爲「後諸葛亮時代」。

蔣琬，字公琰，年輕時隨劉備入蜀，但只是做一任小官。蔣琬上任後整日不理政事，醉酒放閒，劉備得知後極爲憤怒，想要法辦蔣琬。唯獨諸葛亮慧眼識才，他對劉備講：「蔣琬是社稷之器，絕非是百里之才。他當官以安民爲本，不重修飾罷了。」劉備看在諸葛亮的面子上，才赦免了蔣琬，但罷去了他的官職。劉備死後，蔣琬被諸葛亮任命爲自己的助手，丞相府長史，加撫軍將軍。諸葛亮北伐，蔣琬總管後方，保證前線足兵足食。諸葛亮對蔣琬的辦事能力非常放心，他曾在寫給後主劉禪的密信中提到：「如果臣有不幸，後事可託付蔣琬。」

諸葛亮死後，蔣琬被加封爲大將軍、大司馬，領益州刺史，接替諸葛亮掌政。當時，蜀漢朝野因爲諸葛亮之死引發了不小的不安情緒，蔣琬處置得當，安之若素，很快穩定了朝野，樹立起自己的威信。他沿用諸葛亮的治國章法，對內休養生息、發展民生，對外則吸取諸葛亮屢次北伐無功的教訓，轉而計畫東進，順長江自西向東攻擊曹魏的上庸一帶。然而未等成行，年事已高的蔣琬就因疾病惡化去世了。

蔣琬死後，依照諸葛亮遺囑，劉禪又任命費禕接替蔣琬。費禕，字文偉，早先以劉璋親戚的身分入蜀，劉備平定益州後，費禕轉投在劉備麾

下，成爲太子劉禪的陪臣。諸葛亮非常欣賞費禕的才能，將前往東吳復盟修好的重任交付給他。費禕不辱使命，面對孫權和東吳群臣的故意挑釁和嘲諷，他辭順義篤，據理以答，不卑不亢，終無所失。孫權因此對費禕大加讚賞，他解下自己的寶劍贈給

蔣琬像

立於成都武侯祠文將廊，塑於清康熙十一年（一六七二年）。蔣琬，？至蜀漢延熙九年（？至二四六年），零陵湘鄉（湖南湘鄉）人。有治國之才，得諸葛亮重用。

費禕，並對費禕說：「君乃天下大德之士，必將成爲蜀漢的重臣，恐怕以後就無暇常來了。」欣賞與不捨之情溢於言表。費禕歸國後，被諸葛亮任命爲司馬。當時諸葛亮屢次北伐，費禕跟隨左右，處理軍務瑣事。他識悟過人，可以過目不忘，且辦事效率奇高；同時，自己的飲食嬉戲讀書下棋一事不落，其才力充沛若此。諸葛亮死後，蔣琬接替，而費禕則遞補蔣琬的尚書令之職。蔣琬病逝後，按照諸葛亮的遺囑，費禕接替蔣琬成爲大將軍，主掌朝政。

費禕辦事穩重妥帖，治下的蜀漢持續了穩定的局面，他本人也是生活樸素，家無餘財，家中兒女平日布衣素食，與百姓無異。但費禕天壽不終，由於性格寬放博愛，他對自身安全太過大意。在某次宴飲後，無所拘束的費禕酒酣沉醉，結果被埋伏的魏國刺客郭循暗殺。

清末·《天水關》年畫

諸葛亮出師伐魏，趙雲領兵襲天水關，不料中魏將馬遵、姜維之計而戰敗。諸葛亮乃設計取姜維之母於冀城，姜維聞而往救，諸葛亮再遣魏延假扮姜維攻天水。馬遵果信姜維降蜀，待姜維至，閉城不納。蜀將馬岱、關興、魏延等齊來截擊，姜欲投別郡而不可得，遂降。

蔣琬和費褘當政的近二十年間，蜀漢的政治保持了清明和穩定。但隨著二人的去世和一干股肱老臣的相繼離世，蜀漢的朝政逐漸淪落到了奸佞之臣手中。

孔明繼承人

諸葛亮辭世後，他未竟的北伐大業由他生前極爲欣賞的年輕將領姜維擔當此重任。

姜維，字伯約，天水冀縣（今甘肅甘谷）人。他幼年喪父，與母親相依爲命。姜維擔任過魏國的郡上計掾、州從事。因其父曾身爲郡將而死於平叛戰場，姜維被賜官中郎，參天水郡軍事。適值諸葛亮兵出祁山北伐，姜維正陪同天水太守馬遵巡視屬縣。諸葛亮一路勢如破竹，馬遵見敵勢不可擋，又懷疑姜維等郡吏心懷異志，於是丟下他們，自己連夜東奔上邽。姜維等要求進入所在縣城，城門緊閉；回到郡治冀縣，也同樣吃了閉門羹。姜維被冤，無處可去，只好投靠諸葛亮。

諸葛亮對這位新來的年輕將才非常賞識，他對蔣琬等人說：「姜維忠誠勤勉，思慮精密，我觀其人，乃是涼州的上等之士。且他精通軍事，又有膽義，深解兵法之意。」諸葛亮提拔姜維爲征西將軍，領他參見後主劉禪，還將自己的兵法心得一一傳授，儼然將姜維作爲自己繼承人來培養。

諸葛亮病逝五丈原，姜維率軍殿後，巧用妙計，上演了一出「死諸葛走生仲達」的好戲，對外祕不發喪，使司馬懿心存忌憚，使蜀軍安全撤退。回到成都後，姜維被累次提拔爲右監軍輔漢將軍、鎮西大將軍、衛將軍，總率蜀軍各路軍馬。

姜維伐中原

蜀漢延熙十六年（二五三年），費褘被刺身亡。少了費褘的阻攔，姜維終於開始實施他的北伐大計。

當年夏天，姜維配合東吳諸葛恪的大舉伐魏，親率數萬蜀軍出石營（今甘肅西和西北），包圍南安。魏國司馬師看出蜀軍的進攻不過是爲配合東吳進攻的「虛張聲勢」，於是命雍州刺史陳泰率軍前往解圍。果然，姜維見曹魏大軍到來，知道無機可乘，便率軍撤回了。

蜀漢延熙十七年（二五四年），姜維再次率領蜀軍兵出隴西，一路連克郡縣，進圍襄武。魏國派將軍徐質迎擊，卻被姜維擊破，蜀軍斬首破敵，魏軍敗退。姜維乘勝奪下河間、狄道、臨洮三縣，遷三縣民眾入蜀以增加人口。同年，因李豐、夏侯玄等人被殺，魏國大將夏侯霸擔心殃及自己，投靠蜀漢。

蜀漢延熙十八年（二五五年），姜維與新降的將軍夏侯霸一道兵出狄道，再次伐魏。蜀軍與魏國雍州刺史王經在洮西展開激戰，蜀軍殺敵數萬，王經退保狄道城。姜維意圖再接再厲，率軍包圍了狄道城。魏國急派征西將軍陳泰進兵解圍，陳泰採用堅壁清野的困敵之法，將蜀軍糧草耗盡，姜維只得撤軍。

蜀漢延熙十九年（二五六年），姜維與蜀漢鎮西大將軍胡濟約定合兵一處北伐，胡濟違約不至，打亂了姜維的部署，魏將鄧艾趁機猛攻，蜀軍大敗，死傷慘重。姜維退回成都，自貶官職以謝罪。

蜀漢延熙二十年（二五七年），魏國征東大將軍諸葛誕在淮南兵叛，魏國忙於救火，抽調西線守軍趕往淮南。姜維見敵境空虛，再次率領數萬蜀軍出征。魏國派遣大將軍司馬望拒敵，名將鄧艾亦從隴右趕來協同防禦。魏蜀兩軍對峙於芒水，姜維屢屢挑戰，魏軍堅守不戰。及到諸葛誕兵敗被殺，姜維見時機已誤，只得再次回軍。

蜀漢景耀五年（二六二年），姜維再次出兵，與鄧艾戰於侯和。鄧艾以逸待勞，先守後攻，蜀軍糧草不濟，再次敗還；而這也是姜維最後一次北伐。

連年征戰，卻沒取得實質性的進展，這讓姜維北伐之舉在後世的評價貶多褒少。《三國志》的作者陳壽評價姜維是：「粗有文武，志立功名，而玩眾黷旅，明斷不周，終致隕斃。」更有人認爲正是姜維的連年北伐，極大地消耗了蜀漢的國力，直接導致了蜀漢的滅亡，姜維實在是蜀漢的罪人。然而，我們也應看到，縱觀姜維歷次北伐，勝多敗少，軍隊損耗也是魏重蜀輕。也正是因爲姜維多次主動攻擊，才使得魏軍一直被鉗制在秦嶺一線，這是姜維以攻爲守戰略的戰果；而土狹民寡、僅有益州之地的蜀漢竟迫使擁有九州之地的強大的曹魏被迫採取戰略防守長達數十年，這在中國軍事史上極爲罕見。所以也可以說，姜維的北伐在某種程度上維繫了不斷衰退的蜀漢政權。

繡像插圖：姜維背水破大敵

蜀將姜維趁魏國內亂而舉師討伐，於洮水背水一戰大破魏軍。

鄧艾滅蜀

蜀漢後期，後主劉禪昏庸，宦官黃皓弄權，國政漸衰。而曹魏則乘此機遇圖謀伐蜀，鄧艾、鍾會等將領蓄勢待發。曹魏景元四年（二六三年），魏軍分三路大舉進蜀，二十九年來首次主動進攻，卻一擊致命。蜀漢滅亡後，蜀將姜維誘使魏將鍾會反叛魏國，試圖挽救亡國的命運，然而最終沒有成功。

宦官黃皓弄權

蜀漢後期，開國元老相繼逝去，而後主劉禪昏庸無能，寵信奸讒宦官黃皓，致使佞臣橫行，國運日衰。

宦官黃皓以巧言令色得寵於劉禪，他原先因爲經常遭到朝中元老董允的斥責，才不敢爲非作歹。然而董允一死，劉禪派佞臣陳祗接替董允的位置，黃皓與陳祗互爲表裡，開始操弄權柄。黃皓從黃門令升任中常侍，後遷奉車都尉，權勢日盛，朝中士大夫多依附於他。

黃皓有恃無恐，更是大肆結黨弄權，迫害忠良。劉禪的弟弟、甘陵王劉永憎惡黃皓，黃皓就在劉禪面前誣陷劉永，致使劉永十年不得朝見。宣信校尉羅憲爲人正直，誓不與黃皓同流合污，黃皓懷恨在心，就將羅憲貶到偏遠的巴東去做太守。秘書令郤正與黃皓鄰屋辦公，爲防黃皓迫害，整日以寫字爲樂，從政三十餘年，只做到食俸六百石的官，如此才免於罹禍。黃皓弄權亂政，致使忠良或被劉禪疏遠，或主動明哲保身，蜀漢的朝政陰晦可見一斑。

黃皓專橫朝野，大將軍姜維屢次勸諫劉禪誅殺黃皓，劉禪卻輕描淡寫，不以爲然。姜維見劉禪無

鄧艾像

鄧艾，東漢建安二年至曹魏景元五年（一九七年至二六四年），三國時期魏國傑出的政治家、軍事家、名將。

能，又害怕自己的諫言被黃皓得知，反遭小人戕害，於是心存疑懼的他乾脆主動要求去沓中（今甘肅舟曲西北）務農種麥，以此避禍。而蜀漢的軍事防備也只得就此荒懈下來。

奇才鄧艾

正在蜀國日衰之際，曹魏的奇才將領鄧艾漸漸成長起來，蜀國在遭受內憂之餘又埋下了外患。

鄧艾，字士載，義陽郡棘陽（今河南南陽南）人，自幼喜歡軍事，每見高山大澤，都要指揮規劃軍營處所的位置，時人多笑之。鄧艾出身卑微，少時喪父，母親為屯田民，加上他天生口吃，起初只擔任稻田守叢草吏之類的小官。過了近二十年，鄧艾才升任典農綱紀，協助管理屯田。一個偶然的機會，鄧艾奉旨拜見時任太尉的司馬懿，司馬懿視之為奇才，特召其為太尉府的掾屬，後又提拔為尚書郎。

鄧艾很快就顯現出他在軍事上的過人才幹。曹魏嘉平元年（二四九

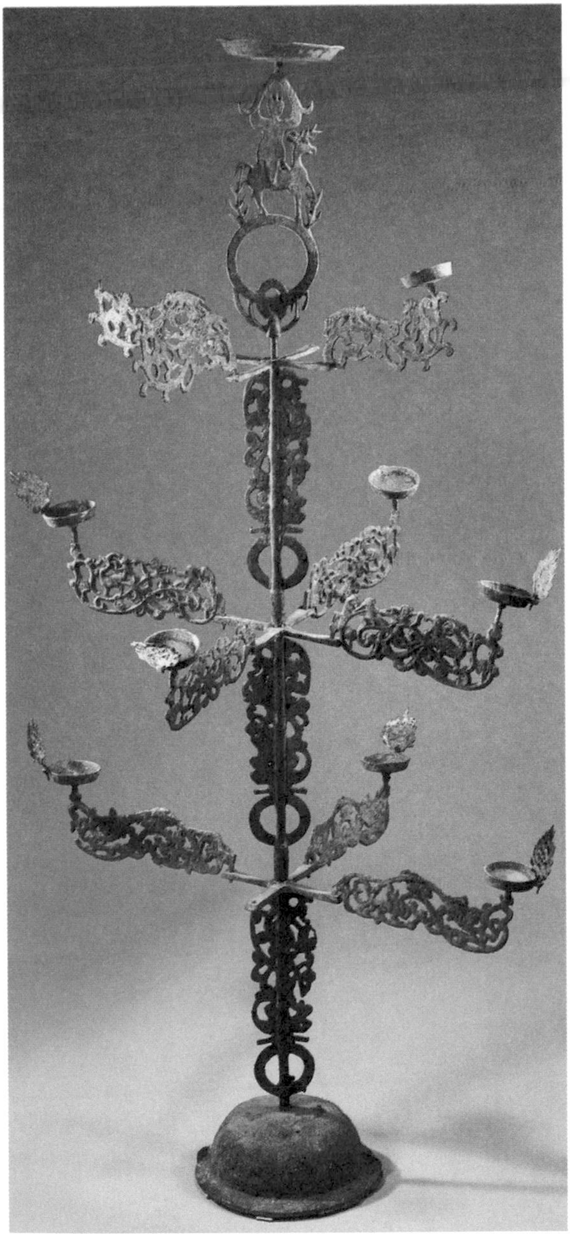

魏晉．十二連枝燈

燈高一百四十六公分，甘肅雷台出土。在覆缽形燈座上，插樹燈幹。燈幹分三截製作，附有圓環和鏤空花飾，插合成整體。共有三層燈盞，燈盞的尺寸層層遞減，愈高愈小。原應有十二燈盞，出土時已有缺失。這件銅燈製工精巧，當所有燈盞都點燃後，燈光透過花葉，光影重重，美不勝收。

年），蜀將姜維率軍進攻雍州（今陝西省關中及甘肅東部），時爲南安太守的鄧艾參與戰事，進圍蜀軍佔領的曲城，斷其交通和水源，大困蜀軍。姜維迅速撤兵，鄧艾説：「敵人撤去不遠，恐會折回，應分諸軍備戰，以防不測。」三天後，蜀軍果然返回，鄧艾告訴諸將：「姜維復返，我軍人少，我料姜維必向東襲取洮城。」當夜，鄧艾疾奔六十里搶佔洮城，姜維果然奔襲，見到魏軍已佔洮城，只得退走。魏軍得以不敗，鄧艾以功封關內侯，加討寇將軍。

曹魏正元二年（二五五年），姜維趁司馬師病亡之機北伐，一路連戰連捷，包圍狄道。鄧艾出任安西將軍，出其不意地避開蜀軍鋒芒，援救了狄道之圍。蜀軍退後，魏軍多認爲姜維已力竭，不會再興兵北上，唯獨鄧艾頗具遠見地提出姜維定會伺機再犯。果然，次年姜維捲土重來，鄧艾早有防備，據險拒守，在段谷（今甘肅天水西南）大敗蜀軍，因功加鎮西將軍，封鄧侯。曹魏景元三年（二六二年），姜維再度攻魏，進入侯和，鄧艾領兵迎敵。他認爲姜維出師遠征，給養困難，於是搶佔有利地形，以逸待勞，後尋機反擊，重創蜀軍。經此一役，蜀軍元氣大傷，退居沓中。

鄧艾滅蜀

曹魏景元四年（二六三年），曹魏集諸軍大舉伐蜀，分三路出擊：征西將軍鄧艾領三萬大軍自狄道取沓中，以牽制姜維；雍州刺史諸葛緒率三萬兵自祁山取武街橋頭，斷絕姜維歸路；鎮西將軍鍾會率十幾萬大軍分別從斜谷、駱谷、子午谷出擊，直取漢中。

蜀漢得知魏軍將至，急忙遣廖化率兵往沓中，支援姜維，張翼、董厥等赴陽安關口。當時駐守關口的蜀將是傅僉，其副手蔣舒心中不服，便慫恿傅僉出城迎敵，傅僉以奉命保城爲

樂不思蜀

蜀漢滅亡後，曹魏封劉禪爲安樂公，好生厚待。有一次，司馬昭請劉禪等人赴宴，故意讓人表演蜀地的歌舞，在場的人無不感到悲愴，唯獨劉禪嘻笑自若。

又一日，司馬昭問劉禪：「你很思念蜀國麼？」劉禪答道：「我在這裡很快樂，不思念蜀國。」隨侍劉禪的郤正聽説後，對劉禪説：「如果司馬昭再問，您應哭著回答：『先人的墳墓遠在蜀地，我沒有一天不在思念』，然後閉上眼睛。」後來，司馬昭又問起同樣的問題，劉禪就按照郤正所説的做了一遍。司馬昭説：「你剛才的話，怎麼如此像郤正的語氣呢！」劉禪竟驚訝地看著司馬昭説：「您説的沒錯呢！」左右隨侍都笑了。「樂不思蜀」的典故就出於此。

重，不聽其言，蔣舒就自行率兵貿然出擊，致使魏軍乘虛攻城，關口被佔。姜維聽說鍾會已入漢中，急忙引兵回還，不料在強川口遭遇鄧艾派來的魏軍，兩軍大戰，姜維敗走。途中，姜維聽說諸葛緒屯兵橋頭，欲繞至魏軍身後，被諸葛緒偵知。諸葛緒退兵三十里，使姜維一無所獲，姜維只得返回橋頭，卻被諸葛緒阻截。無奈之下，姜維只好返回陰平，集合餘部開赴關城，但還沒到就聽說關城也被魏軍攻破。姜維退取白水，與廖化、張翼、董厥等會合，堅守劍閣。同時，蜀國告急於吳，請求兵援。

姜維列營守險，鍾會發兵進攻，不能攻克，又因糧草不濟，想要退回。鄧艾進言道：「敵軍已摧折，應乘機攻之。如果從陰平取小道，經德陽亭攻取涪城（今四川綿陽東），則可西出劍閣百里，距成都三百餘里，這便是出奇兵直搗腹心。劍閣守軍必會前來營救涪城，那時再率軍進攻，則劍閣大軍未還，而接應涪城之兵也是力寡。」於是，鄧艾率人自陰平行至無人之地七百餘里，鑿山造橋，將士們都沿著石崖攀走，魚貫而進。由於山高谷深，地勢艱險，運糧困難，鄧艾便用氈布裹糧，推轉而下。鄧艾與將士們同甘共苦，終於克服萬難，行至涪城。這時，蜀將諸葛瞻（諸葛亮之子）率軍拒敵，尚書郎黃崇勸諸葛瞻盡快據險而守，避免敵軍進入平地，但諸葛瞻優柔寡斷，未予採信。結果鄧艾長驅直入，擊破蜀軍前鋒，諸葛瞻退守綿竹。鄧艾下書給諸葛瞻說：「投降的話，可封你爲琅琊王！」諸葛瞻中激將法，怒而出兵，被魏軍大敗，諸葛瞻及其子諸葛尚還有黃崇盡皆戰死。

鄧艾逼近成都，蜀人大驚失色，守城將士不聽調遣，百姓紛紛逃入山林。無能的劉禪召群臣緊急商議對策，或說投靠東吳，或說逃往南中險地。光祿大夫譙周提出：「自古以來，沒有寄居他國的天子，入吳則必稱臣，只能是辱上加辱。」群臣皆以爲然，勸劉禪南下。然而，劉禪已做出了投降的決定。劉禪之子、北地王劉諶憤怒地說：「哪怕是禍敗將至，我們父子君臣也要背城一戰，同死社稷，尚可面見先帝，如何能夠投降！」劉禪不聽，遣使去鄧艾軍中奉上璽綬。自此，存在了四十二年的蜀漢政權滅亡。劉諶痛哭於祖廟，不忍受辱的他先殺子女，而後自殺殉國。姜維等將士聞知國家已亡，拔刀斫石，悲憤交加。

劉禪投降後，被封爲安樂公，老死於洛陽。

司馬氏篡曹魏

司馬懿死後，其子司馬師、司馬昭二兄弟相繼掌權，專政肆虐比其父有過之而無不及。廢曹芳，殺曹髦，篡位謀逆之心昭然若揭。曹魏咸熙二年（二六五年），司馬昭之子司馬炎代魏建晉，完成司馬氏篡曹魏之業。司馬師、司馬昭分別被追封為晉景帝、晉文帝。

司馬氏二兄弟

歷經了「高平陵之變」與「淮南三叛」，曹魏反對司馬氏專權的勢力幾被消除殆盡，朝野成爲司馬氏的天下，司馬懿之子司馬師、司馬昭二兄弟則先後把持朝政。

司馬師，字子元，爲司馬懿長子，自幼堅毅沉著，頗有才略，累遷散騎常侍、中護軍等職。「高平陵之變」中，司馬師協助其父司馬懿謀劃消滅曹爽，因功封長平鄉侯，食邑千戶，後領衛將軍。曹魏嘉平三年（二五一年），司馬懿病逝，司馬師繼任爲大將軍，獨攬大權。司馬師的專橫比其父司馬懿更甚幾倍，他大肆剷除異己，肅清政敵，以達到控制朝政的目的。他先是親手殺死了心向曹魏的中書令李豐，而後將與李豐關係不錯的夏侯玄等朝臣連同李豐的家人一同族滅，以除後患。中領軍許允與李豐、夏侯玄素來交好，曹魏正元元年（二五四年），許允被派往河北督軍。臨行前，曹芳召見群臣，獨將許允叫到身邊，不捨其出征，許允也哭泣著與曹芳拜別。這一舉動立即爲許允招來殺身之禍，司馬師得知此事後，立即將許允收押，最後許允被害於出征的路上。

李豐、許允等人的死令少主曹芳極爲憂憤，對司馬師的專權也愈來愈不滿。同年春天，司馬昭奉召率兵征伐蜀將姜維，領兵入見曹芳，左右忠

司馬昭像

司馬昭，三國時期魏大臣。字子上，司馬懿次子。河內溫縣（今河南溫縣西）人。西晉奠基者之一。

於曹魏的大臣都勸曹芳趁機殺掉司馬昭，奪其兵以對抗司馬師，詔書也已經擬好了，但曹芳卻因一時害怕而不敢發作。而司馬師早已看出曹芳的情緒，打定了廢帝另立的心思。不日，司馬師突然召集群臣，假傳太后之令，稱曹芳「荒淫無度，褻近倡優，不可以承天緒」，要廢曹芳帝位，降爲齊王，在場群臣無人敢言。接著，他派大鴻臚郭芝去宮中通告帝后，絕望的曹芳聽後默然離開，太后則表示不服，聲言要去找司馬氏理論。郭芝怒言：「太后教子無方，如今大將軍心意已定，您只當順從旨意，還囉唆什麼！」太后無奈，只得交出璽印。司馬師聞訊大喜，立即派人催促曹芳離開皇宮。曹芳與太后揮淚而別，數十位朝臣相送，連司馬懿之弟、司馬師的叔父司馬孚也爲眼前這一切悲痛流淚。

曹芳被廢後，司馬師做主立曹丕之孫、高貴鄉公曹髦爲帝。次年，司馬師帶兵討伐毋丘儉、文欽叛亂，途中目疾惡化發作，眼珠迸出，軍士驚恐不已，急忙扶其回城。然而回到居城後不久，司馬師便病死了。

司馬師死後，朝廷遵其遺命任其弟司馬昭爲大將軍。司馬昭，字子上，爲司馬懿次子，早年隨父征戰，不乏軍事才識，歷任洛陽典農中郎將、散騎常侍等，「高平陵之變」後升安東將軍，鎮守許昌。正元二年（二五五年），司馬昭繼任大將軍，執掌大權，開始陰謀篡代曹魏。

甘露元年・青瓷熊燈

司馬昭之心

「司馬昭之心，路人皆知」的俗語流傳甚廣，此話反映出司馬昭的不軌之心又甚於司馬師。在他專政期間，曹魏發生了弒君事件。

曹魏正元元年（二五四年），年僅十四歲的曹髦即位，成爲司馬氏控制下的又一個少主。曹髦年紀雖小，但飽經家庭變故和政治爭鬥，因而表現出超越年齡的德行與才能。曹髦奉太后之命趕赴洛陽時，群臣在玄武館恭候，請曹髦入住前殿，曹髦回絕道：「這是先帝舊所，我當住在西廂」；曹髦進洛陽後，群臣在西掖門南迎拜，曹髦下轎，欲回拜還禮，負責禮儀的官員勸止說：「依照禮制，君不能拜臣。」曹髦答道：「我還未登基，也是人臣。」說罷恭敬行禮；到了宮門前，曹髦下車步行，左右官員紛紛勸他按皇帝儀禮乘車入宮，曹髦說：「我被太后召見，尚不知所爲何事。」群臣都以曹髦謙遜得體而交相稱讚。

曹髦剛登基時，司馬師曾問鍾會：「新帝如何？」鍾會毫不猶豫地說：「才同陳思，武類太祖。」就是說文才堪比曹植，武功可追曹操。司馬師聽到如此高的評價，輕聲地說：「倘如你所言，是社稷之福。」但心裡實有隱憂。史書亦稱曹髦「才慧夙成」、「有大成之量」，這樣一位才能出眾的少年皇帝，當然不甘於做一個傀儡。

當時司馬昭獨斷專行，重用心腹大臣鍾會、賈充等人，排除異己，牢握實權，使曹髦根本無法接觸核心政務，遑論有所作爲。曹魏景元元年（二六〇年），司馬昭在群臣的「擁戴」下加大將軍昭位相國，封晉公，加九錫，愈加飛揚跋扈。積怨已久的曹髦眼見皇權日去，不勝憤恨，於是召來侍中王沈、尚書王經、散騎常侍王業，對他們說：「司馬昭之心，路人所知也。我不能坐受其辱，今日諸卿與我一同討伐之！」王經懇勸道：「昔日魯昭公因無法忍受季氏專權而敗走失國，被天下取笑。如今，大權被司馬氏操縱爲日已久，朝廷四方皆有其親信死士，況且宮中衛隊實力弱小，兵甲虛空，陛下靠什麼成大事呢？一旦起兵，無異於要祛病反而使病情更重啊！禍患難測，請陛下三思。」曹髦不聽：「我已決定！死有何懼，何況未必會死！」曹髦說完拔劍而出，乘著御駕，親率宮中侍衛、官僮殺向司馬昭公府。皇帝親自去殺權臣，這在中國歷史上還屬首次。

正當曹髦氣勢洶洶出宮時，王沈、王業已匆匆去向司馬昭告密。曹

繡像插畫：曹髦驅車死南闕

曹魏甘露五年（二六〇年）夏，魏丞相司馬昭與賈充合謀篡位，賈充於南闕使人刺死魏主曹髦。

陳壽曲筆護司馬氏

陳壽的《三國志》成書於晉，出於自保的需要，因而對司馬篡曹魏的歷史多有曲筆和回護。其中，最大的曲筆當屬司馬昭殺曹髦一事。《漢晉春秋》、《魏氏春秋》、《魏末傳》等史書都詳載了司馬昭專權禍國、陰謀弒君的情形，但陳壽在《三國志》中卻隻字不提，只寫道：「高貴鄉公卒，年二十。」後面卻記載了太后關於曹髦罪狀的詔令，說曹髦當誅，應以庶人禮葬之。而對於司馬師廢曹芳一事的記載，陳壽在《三國志》中也只記載了太后之命，言曹芳「春秋已長，不親萬機」、「毀人倫之敘，亂男女之節」等等。

陳壽回護司馬氏的曲筆引起了後世史學家的一些微詞，不過身處魏晉之交的時代環境，陳壽的苦衷是可以理解的。《三國志》當中，除了對魏晉醜事有些隱諱外，絕大多數的史料卻是公正可信。

髦行至半路，遇上了司馬昭之弟、屯騎校尉司馬胄。司馬胄見勢大驚，欲阻止曹髦，不料曹髦大喝一聲，天子之威畢竟震住了所有人，司馬胄率眾慌忙躲開。接著，曹髦又遇到司馬昭的心腹賈充的阻擋。曹髦揮舞寶劍，嚇得眾人紛紛欲退。太子舍人成濟忙問賈充：「事態緊急，該怎麼辦？」賈充橫下心說：「司馬公養你們就爲今日，不必再遲疑了！」成濟便抽出鐵戈刺向曹髦，曹髦當即死於車下，年僅二十歲。

司馬篡曹魏

司馬昭害死曹髦之事雖經多番掩蓋，但仍是世人共知，連《晉書》都不得不承認「反雖討賊，終爲弒君」。除掉曹髦後，司馬昭立年僅十五歲的曹奐爲帝，更加有恃無恐。

曹魏景元四年（二六三年），司馬昭派鍾會、鄧艾、諸葛緒領三路大軍伐蜀，得勝而歸，次年晉封爲晉王，不少朝臣開始對司馬昭行跪拜之禮。不久，司馬昭授其子司馬炎爲大將軍，又冊封爲世子。曹魏咸熙二年（二六五年），司馬昭加封文王，其王妃稱后，世子司馬炎稱太子，篡魏之勢已顯而易見。

同年八月，司馬昭因中風猝死，司馬炎繼任爲相國、晉王。接著，司馬炎開始迫不及待地取魏而代之。他效仿當年魏文帝曹丕的做法，鼓動群臣不斷上疏奏請魏帝禪位。十二月，曹奐宣布禪讓，司馬炎稱帝，建晉朝，改元泰始。稱帝後，司馬炎追封司馬師爲景帝，廟號世宗；追封司馬昭爲文帝，廟號太祖；又廣封司馬宗室爲王，將魏帝曹奐降爲陳留王，將曹魏諸王都降爲侯。自此，司馬氏篡魏之業終於完成。

暴君孫皓

東吳在經歷了易太子之禍後，接連兩任皇帝孫亮、孫休都只在位六年。多年的內部爭鬥已使東吳元氣大傷，偏偏此時繼位的新皇帝孫皓又是個嗜殺成性、荒淫無度的暴君。他濫殺忠臣，沉湎女色，妄用酷刑，以致朝野人人自危，百姓苦不堪言，終將吳國一步步帶向了滅亡。

孫皓即位

東吳的第二任皇帝孫亮是個年幼君主，七歲即位，先是顧命大臣諸葛恪擅權，諸葛恪死後，東吳宗室孫峻又把持朝政。孫峻死後，其從弟孫綝接管大權。東吳太平三年（二五八年），孫綝發動政變，廢掉孫亮，改立孫權的第六子、孫亮的哥哥孫休爲帝。

孫休治政還算賢明，即位後不久便剷除了跋扈朝野的孫綝，實施了一系列有利於東吳發展的政策，使飽經政局動亂的東吳獲得了短暫的安定。可惜僅六年後，孫休就去世了，東吳帝位再次懸缺。此時，孫休之子年幼，時值蜀漢剛剛滅亡，東吳群臣鑒於蜀漢立幼主劉禪的教訓，決定推選一位年長有爲的君主。

丞相濮陽興、左將軍張布以孫權之孫——孫皓聰慧好學、才高明斷爲由，欲擁立孫皓爲帝。他們向孫休的皇后朱氏徵求意見，朱氏流著淚說：「我一介女流之輩，也不懂江山社稷，只要於吳國無損，讓宗廟有依就行了。」

東漢·綠釉陶榭

於是，東吳永安七年（二六四年），孫皓即位，是爲東吳第四任皇帝，也是末代之君。

孫皓，字元宗，是孫權時廢太子孫和的長子。孫皓即位後，一度表現出難得的仁和。他將自己的父親孫和追謚爲文皇帝，爲其舉行祭祀；下令開倉賑濟貧民，撫恤百姓；將宮中的部分宮女放出宮去，許配給無妻的男子；將宮中多餘的珍禽異獸放生；等等。孫皓即位初期，朝野民間呼之爲

「明主」。

嗜殺荒淫

但是，孫皓的本來面目很快就顯露出來，首先表現在他對前任皇帝孫休的親人的態度上。依照禮制，孫皓應尊朱皇后爲太后，可是孫皓不僅不冊封，還將朱氏貶爲景皇后。不久，孫皓乾脆逼死了朱皇后，而且不以皇后禮制辦後事，只是在一間簡陋小屋治喪。他還將孫休的四個兒子發配到偏遠的小城，途中又派兵暗殺了年長的兩個兒子。

孫皓的暴行使滿朝大臣頓覺心寒，曾經擁立孫皓的濮陽興、張布痛心地說：「眞後悔當初推舉了他啊。」結果此話傳到孫皓耳中，孫皓一怒之下就誅殺了兩位大臣。佞臣何定欲爲其子求少府李勖之女爲妻，李勖不許，何定就在孫皓面前進讒言詆毀李勖。孫皓竟然聽信，下令誅殺李勖，並焚燒其屍體。

孫皓每次設宴款待群臣，一定要把大臣灌醉，然後再讓他們互相揭發罪過，輕則用刑，重則殺戮，酷刑則有剝面、鑿眼等。他還在宮中引入激流，宮女侍衛有不合意者，就殺死拋入水中。

孫皓荒淫好色，不僅整日沉湎於後宮的聲色犬馬中，還下令食俸滿兩千石的大臣之女滿十五、六歲者都要先供自己挑選，挑不中的才可以出嫁。在孫皓的搶掠下，後宮佳麗竟達五、六千人。爲了縱慾享樂，孫皓還下令大興土木，廣建昭明宮等宮殿樓台，命食俸兩千石以下的官員都進山督辦伐木，耗費以億萬計，百姓苦不堪言。

孫皓的殘暴統治使原本風雨飄搖的東吳更加不堪一擊。東吳甘露元年（二六五年），即孫皓即位的第二年，司馬氏建立西晉，東吳有許多官僚、將領、富戶都舉家投靠西晉，連孫皓的弟弟孫秀都率軍降晉，平民百姓也盼著西晉大軍早日到來。東吳的根基已毀，人心散盡，只待滅亡了。

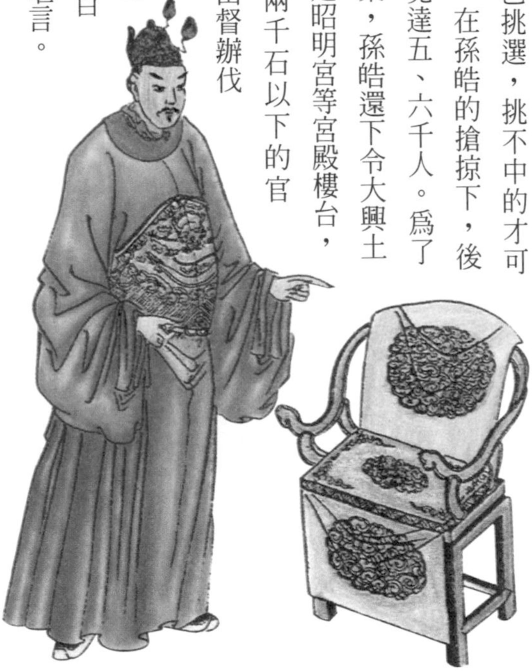

孫皓像

孫皓，曹魏正始三年至西晉太康四年（二四二年至二八三年），三國吳國皇帝，東吳永安七年至西晉咸寧六年（二六四年至二八〇年）在位。一名彭祖，字元宗，又字皓宗，孫權的孫子。

羊祜與陸抗

司馬炎篡魏建晉後，最迫切的事情就只剩下消滅東吳，統一中國了。為此，他任命名將羊祜坐鎮荊州，主持滅吳大計。東吳此時也崛起了一位新的傑出領袖陸抗。於是，晉吳兩國的成敗與命運，在羊祜與陸抗鬥智鬥勇又不乏溫情的對抗中上演開來。

平吳首功——羊祜

司馬炎篡魏建晉後，天下不臣者只剩東吳一家。西晉泰始五年（二六九年），司馬炎選定名將羊祜作爲平吳主將，開始籌劃統一大計。

羊祜，字叔子，泰山南城（今山東費縣）人。他出身累世的名門大族，其父羊道做過上黨太守，而他的外祖父更是東漢末年鼎鼎有名的大文學家蔡邕（蔡文姬之父）。出生在如此優越的家庭，羊祜從小受到良好的教育，他博聞強識，十分孝順懂事，長大後更是儀表堂堂，風度儒雅，尤其喜歡縱論古今人物，見解非凡。太原名士郭奕見之，稱讚他是「今日之顏子（顏回，孔子最得意的弟子，儒家之『復聖』）」。

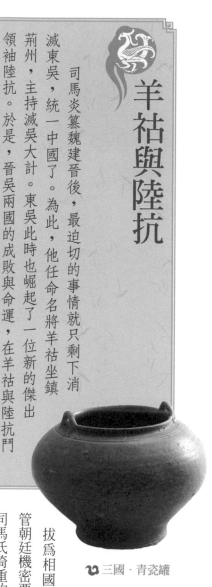

羊祜年輕時適值朝中曹氏與司馬氏明爭暗鬥，因此他屢次迴避了朝廷的徵辟。司馬昭掌權後，徵召羊祜爲中書侍郎。身在朝廷的羊祜持身正直，從不與周圍的士大夫們結黨營私，因此得到司馬昭的欣賞和朝中有識之士的尊崇。之後他被累次提拔爲相國從事中郎、中領軍，掌管朝廷機密要事和皇宮的守備，成爲司馬氏倚重的要員之一。

三國·青瓷罐

司馬炎稱帝後立志滅吳，滿朝文武中他挑中最爲英明持重的羊祜，任命他都督荊州軍事，主掌滅吳之事。當時，荊州被晉吳一分爲二，晉國佔據襄陽、樊城等荊州北部地區，而東吳則擁有江陵、南郡等荊州南部區域。荊州是晉吳兩國邊境相接最長的區域，因此荊州的歸屬是決定滅吳成敗的關鍵。

羊祜到達荊州後，發現晉軍的荊州戰備很不充分，不僅軍糧匱乏，而且與當地百姓關係很差。羊祜於是精心經營荊州，他將負責戍衛的兵士裁撤一半，用來開闢出八百餘頃屯田，採取自給自足的策略，很快就解決了糧草的問題，軍中存糧從先前的不足百日之糧發展到可供十年之用；他還安撫百姓，懷徠遠人，對居住在荊州的東吳居民開誠佈公，對想回東吳的百姓也任其去留。如此一來，晉軍在東吳百姓之中的口碑愈來愈好，加上東吳皇帝孫皓殘暴不仁，江漢一帶的東吳百姓前來投靠者不絕於路。

羊祜像

羊祜，曹魏黃初二年至西晉咸寧四年，（二二一年至二七八年），字叔子，泰山南城（今山東費縣西南）人，西晉著名的軍事家、政治家。

江東屏障——陸抗

晉國由名將羊祜領軍，滅吳箭在弦上；而已是日薄西山的東吳又如何應對呢？幸運的是，東吳又出現一位少帥，他就是陸遜的兒子陸抗。

陸抗，字幼節，是名將陸遜的次子，孫策的外孫。陸遜因正義直言，被晚年昏庸的孫權遣使責罵，憂憤而死。陸抗以二十歲的年紀接掌父親的兵馬，封建武校尉。陸抗繼承了父親正直的品格和出眾的才能，孫權曾以他人誣告陸遜的二十條罪狀質問陸抗，陸抗讓孫權遣散眾人，然後無所迴避地逐條回應，爲父辯駁，爲父親洗刷了冤情。孫權聽後非常慚愧，他哭著對陸抗說：「我之前聽信讒言，辜負了你父親的拳拳大義。咱們剛才答問的所有紀錄一律焚燬，我不能讓人知道我做過如此錯事。」

陸抗領兵的才能十分出色，治軍嚴整，深得將士擁戴。他曾與當時名噪朝野的諸葛恪互換防區，臨行他令軍士修繕城圍，打掃房舍，等到諸葛恪到來，軍營儼然如新；而諸葛恪的柴桑防區則頗爲毀壞，這讓諸葛恪也深感慚愧。而後，陸抗陸續做過奮威將軍、征北將軍、鎮軍將軍等職，參與了東吳大小戰事。孫皓即位之後，加封陸抗爲鎮軍大將軍，領益州牧，都督荊州各地軍事，成爲東吳抗晉的第一道屏障。

陸抗西陵大捷

晉國羊祜、吳國陸抗——兩位時代造就的名將在荊州相遇，一場場激烈而又不失風範的對抗就此展開。晉吳兩國的交手，實質上就是羊祜與陸抗二人的鬥智與鬥勇。

羊祜與陸抗的第一次正面交鋒發生在西陵之戰中。西晉泰始八年（二七二年），吳主孫皓派人召西陵都督步闡入京覲見。由於孫皓殘暴成性，之前很多被召入京的官員都遭遇不幸，所以步闡非常害怕自己也是有去無回。於是，他決定鋌而走險，舉西陵全城投降晉國，並將兩個侄子送到晉國當人質。晉武帝司馬炎聞之大喜，即刻冊封步闡爲衛將軍、宜都公，並派軍隊接應步闡。

東吳得知步闡叛變，立即派陸抗領三萬人馬前往征討。而晉國則派羊祜率軍八萬阻擊陸抗。陸抗命令吳軍將西陵團團圍住，內困步闡，外禦晉兵，而不急於攻城，以防晉軍從後背襲來；同時，陸抗命人在江陵以北的道路上圍堰積水，斷絕西陵與晉國的聯繫。

不久，羊祜兵至江陵。他見到吳軍圍堰積水阻路，於是將計就計，想利用圍出的水面以船隻運糧，省時省力。羊祜故意命人聲稱要拆毀圍堰，以此迷惑吳軍，暗中則加緊準備船隻。然而這一做法卻騙不過陸抗，陸抗知敵有詐，不顧眾將勸阻，派兵將剛剛築好的圍堰盡毀。這一招不僅讓羊祜的如意算盤落了空，而且堰毀水退後留下的道路泥濘不堪，使晉軍運糧變得異常困難，嚴重阻礙羊祜對西陵的馳援。

同年，晉軍另一路增援人馬由荊州刺史楊肇帶領，趕到西陵。陸抗親自於圍前對峙楊肇。此時，吳軍突然發生了都督俞贊叛逃晉軍的事件。面對不利情況，陸抗巧妙地變害爲利，他利用俞贊深知吳軍底細的情況，連夜將原先陣形中最爲薄弱部分的部隊替換上最精銳的士兵。到了次日，敵

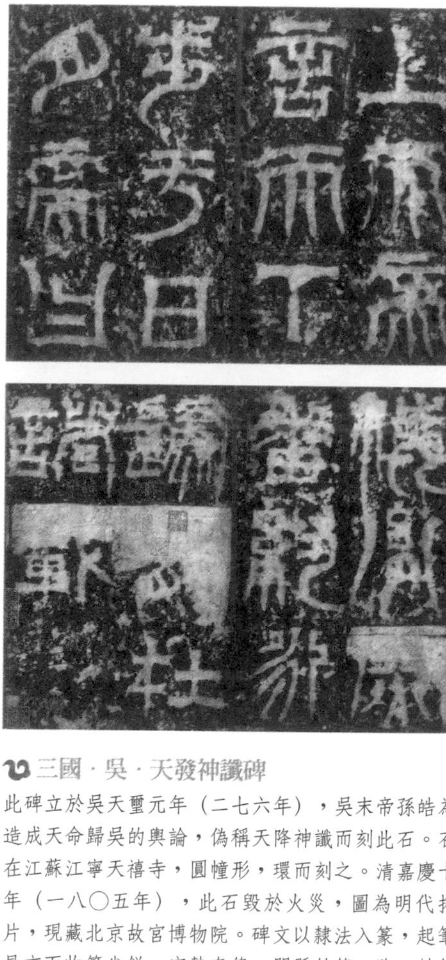

三國·吳·天發神讖碑

此碑立於吳天璽元年（二七六年），吳末帝孫皓為造成天命歸吳的輿論，偽稱天降神讖而刻此石。石在江蘇江寧天禧寺，圓幢形，環而刻之。清嘉慶十年（一八〇五年），此石毀於火災，圖為明代拓片，現藏北京故宮博物院。碑文以隸法入篆，起筆見方而收筆尖銳，字勢奇偉，開懸針篆一路，於後世書壇頗有影響。魏晉時，隸書走著漢末程式化的老路，楷書和草書逐漸發展成熟，篆書仍在某些場合出現，但已成古體。

人果然從該處突擊。陸抗一聲令下，矢石雨下，遭遇東吳精銳抵抗的晉兵死傷無數。楊肇見不是陸抗的對手，於是趁夜逃遁，陸抗率軍追擊，晉兵大敗，進而導致了羊祜的救援西陵的全盤計畫告吹，羊祜只得引軍而還。缺乏晉軍的援救，西陵很快被陸抗攻克，步闡一黨也被族滅。而羊祜救援不力，被降職處分。西陵之戰，以陸抗獲勝結束。

羊祜以德服人

西陵一戰，讓羊祜明白東吳並非輕易可取，尤其是還有陸抗這樣強勁的對手。於是，他決定採取提倡信義爲先的策略，以德服人，瓦解東吳。在邊界交兵前，他總是先與對手約定交戰時刻，從不突然襲擊。將領中有想施奇襲計者，羊祜就擺宴將其灌醉，封住他的嘴。晉軍進入吳境，收割穀物作爲軍糧，羊祜命人計算糧價，用絹絲相抵退還吳國。而如果有吳國百姓獵傷的禽獸被晉兵所得，羊祜也命人將之送還吳國百姓。久而久之，吳國軍民對羊祜都心悅誠服，談起羊祜，都尊稱其爲「羊公」。

對於羊祜的這些作法，陸抗心中很清楚，所以他常告誡將士們說：「對方行德義之事，而我方有殘暴之名（孫皓以殘暴聞名），是想不戰而征服我們。你們各自堅守崗位，不要去貪求那些小利。」但羊祜的做法仍然對吳軍產生了極大的影響，陸抗手下不斷有將領轉投羊祜。對此，陸抗也是毫無辦法，只能聽任東吳人心日漸向晉。

就這樣，羊祜與陸抗這兩位戰場上的老對手沿邊境對峙，緊張中又不失緩和，平靜下又暗潮洶湧，而晉吳兩國也因此保持了很長一段時間的和平。然而這他們兩個人誰也沒等到晉吳決戰時刻的到來：陸抗英年早逝，他死後東吳再無良將，六年後東吳滅亡；而羊祜於晉滅吳的前夕病逝，此後晉武帝司馬炎談起滅吳的功勞，流著淚說：「此羊太傅之功也。」（羊祜死後追封太傅）

英雄相惜

戰場之上，羊祜與陸抗鬥智鬥勇，互有勝負；戰場之外，兩位對手則彼此惺惺相惜。

羊祜與陸抗平日往來書信使者不斷，陸抗命人將好酒送與羊祜共享，羊祜飲之不疑；陸抗生病了，向羊祜求藥，羊祜就派人將做好的藥送去，陸抗也毫不懷疑地服用。互為對手的二人以君子之德相交，一時傳為美談。吳主孫皓不能理解，派人責問陸抗，陸抗卻說：「一邑一鄉不可以無信義，何況大國！我不這樣做，反倒是彰顯了羊祜的德行，對他並沒有損害。」鄙薄的孫皓聽後，十分慚愧。

西晉滅吳

曹魏景元四年（二六三年），司馬昭遣兵滅蜀；次年，司馬炎篡魏建晉，魏蜀吳三國中只剩下一國。而此時東吳屢經政變，又受孫皓暴政，早已行將就木。經過數年準備，西晉咸寧五年（二七九年）十一月，司馬炎終於下令揮軍伐吳。晉軍以摧枯拉朽之勢連連告捷，四個月便橫掃東吳，統一中國。

西晉伐吳

東吳自孫權晚年起就一直陷在朝政動亂的局面中，除了孫休當政時的短暫中興，其餘時間都是昏君當道，佞臣橫行，忠臣良將被接連枉殺，民怨四起。東吳甘露二年（二六六年），因民勞怨，永安山賊施但率數千民眾，挾持孫皓庶弟永安侯孫謙作亂，後被鎮壓。內憂外患之下，東吳的基業盡毀。

曹魏景元四年（二六三年），司馬昭遣鍾會、鄧艾、諸葛緒伐蜀，蜀漢滅亡，三國鼎立的格局變爲南北對峙，曹魏的力量進一步擴充。司馬炎代魏以後，更是躊躇滿志，「密有滅吳之計」，蓄勢統一全國。

在西晉，對於是否伐吳也形成了兩派意見。賈充等保守派認爲東吳有天險，又善水戰，晉軍斷難取勝；而羊祜、張華、杜預等人則認爲孫皓腐化至極，東吳已上下離心，晉出兵定能不戰而勝。司馬炎堅決主戰，先是派羊祜經營重鎮荊州，向鄰近的東吳將士大施恩惠，瓦解對方軍心；繼而派益州刺史王濬祕密製造大船，習練水軍，準備順流之計。

西晉咸寧五年（二七九年），王濬建立起一支強大的水軍，上疏司馬炎說：「孫皓荒淫暴戾，宜盡快征伐，一旦孫皓死後另立賢主，東吳則可能成爲強敵。臣造船已長達七年，造好的船隻因囤積日久每日都有朽壞。臣年已七十，恐無多日。以上三者俱備，望陛下勿失良機。」司馬炎認爲時機已經成熟，十一月，他下令兵分六路，大舉伐吳。

三國一統

六路晉軍出擊，將吳軍切分爲幾個部分，欲各個擊破，東面晉軍牽制吳軍主力，西面晉軍主要進攻。鎮軍將軍、琅琊王司馬伷出塗中（今安徽滁河流域），安東將軍王渾出江西，建威將軍王戎出武昌，平南將軍胡奮出夏口（屬今湖北武漢），鎮南大將軍杜預出江陵，龍驤將軍王濬、巴東監軍唐彬自巴蜀順流而下，總計二十餘萬大軍，由太尉賈充為大都督。

沿長江北岸進攻的前五路晉軍勢如破竹，所到之處吳軍或四散而逃，或望風而降，次年（二八〇年）正月，晉軍就佔領了江陵、江安（今湖北公安西北）等重鎮，抵達橫江（今安徽和縣東南），直逼東吳國都建業。此時，孫皓被突然襲來的晉軍打得手足無措，只好急令丞相張悌發兵三萬渡江迎敵。結果吳軍大敗，張悌等將領及七千餘名士兵被殺。東面晉軍大獲全勝，暫停進攻，等待西面晉軍的會合。

王濬、唐彬率軍沿長江向東，所遇吳軍也是全無鬥志，晉軍很快便攻克丹城（今湖北秭歸）。在巫峽附近，晉軍遭遇吳軍設置的「鐵鎖橫江」，無數個鋒利異常、長十幾丈的鐵錐暗立江中，在江面狹窄的地方又有粗重的鐵鏈封鎖。吳軍以為憑此足以阻擋晉軍，竟沒有派一兵一卒駐守。王濬用早已預備好的數十個大竹筏載水性好的士兵先行，用竹筏將鐵錐拔除；又用猛火把鐵鏈燒斷，終於消除了吳軍的障礙。此後，晉軍以摧枯拉朽之勢連克西陵、夷道（今湖北宜都）、樂鄉（今湖北松滋），兵臨建業。

西晉太康元年（二八〇年）三月，各路晉軍匯集建業城下。孫皓急忙糾集水軍萬人抵抗，但吳軍紛紛投降。孫皓又徵兵兩萬，但這些士兵都在出戰前的夜晚逃亡。這時，吳國已無兵可用，孫皓想出最後一計，即遣使分別向王濬、司馬胄、王渾等獻降，企圖離間各路。但王濬不予理會，直接揮軍八萬鼓噪而行，奪取建業。孫皓走投無路，受縛出降。至此，歷經五十二年的東吳滅亡，西晉統一全國，分裂百年的三國時期宣告終結。

司馬炎像

國家圖書館出版品預行編目 (CIP) 資料

三國風雲 / 童超主編 . -- 第一版 . -- 新北市：
風格司藝術創作坊出版：知書房出版發行，
2021.03
面； 公分 . -- (圖說天下) (中國大歷史)
ISBN 978-986-5493-06-6(平裝)

1. 三國史

622.3　　110003301

三國風雲

主　　編：童　超
責任編輯：苗　龍
發　　行：知書房出版
出　　版：風格司藝術創作坊
地　　址：235 新北市中和區連勝街 28 號 1 樓
Tel：(02) 8245-8890
總 經 銷：紅螞蟻圖書有限公司
Tel: (02) 2795-3656　Fax: (02) 2795-4100
地　　址：台北市內湖區舊宗路二段 121 巷 19 號
http://www.e-redant.com
版　　次：2021 年 6 月初版　第一版第一刷
訂　　價：320 元

ISBN　978-986-5493-06-6　　Printed in Taiwan